本成果受到中国人民大学2020年度“中央高校建设世界一流大学（学科）和特色发展引导专项资金”支持

横截面相关的面板数据分析

章永辉◎著

Cross Sectional Dependent Panel Data Analysis

中国社会科学出版社

图书在版编目（CIP）数据

横截面相关的面板数据分析／章永辉著．—北京：
中国社会科学出版社，2020. 5

ISBN 978 - 7 - 5203 - 6458 - 4

Ⅰ.①横…　Ⅱ.①章…　Ⅲ.①计量经济学—研究
Ⅳ.①F224.0

中国版本图书馆 CIP 数据核字(2020)第 077409 号

出 版 人　赵剑英
责任编辑　马　明
责任校对　闫　萃
责任印制　王　超

出　　版　中国社会科学出版社
社　　址　北京鼓楼西大街甲 158 号
邮　　编　100720
网　　址　http://www.csspw.cn
发 行 部　010 - 84083685
门 市 部　010 - 84029450
经　　销　新华书店及其他书店

印　　刷　北京君升印刷有限公司
装　　订　廊坊市广阳区广增装订厂
版　　次　2020 年 5 月第 1 版
印　　次　2020 年 5 月第 1 次印刷

开　　本　710 × 1000　1/16
印　　张　12.5
插　　页　2
字　　数　151 千字
定　　价　69.00 元

前　言

传统面板数据模型中通常假设不同横截面个体之间是相互独立的。然而，经济和金融中的个体往往是存在相关性的。例如，不同国家或地区会同时受到宏观经济政策、国际金融市场以及国际能源市场冲击的影响；股票市场上不同公司的股票超额收益取决于各种潜在的风险因子；在国际贸易模型中，交易的双方是相互影响的。在某些特定情境下，如金融市场中，这种个体之间的普遍相关性与系统性风险具有紧密联系，这种横截面相关性是研究者所特别关心的。因而，近些年来，具有横截面相关性（Cross-Sectional Dependence，CSD）的面板数据模型已成为计量经济学中最为活跃的研究领域之一。在现有处理横截面相关计量经济学文献中，空间计量（Spatial Econometrics）模型和因子误差结构（Factor Structural Error）模型是两类最主要的建模方法。前者利用空间（地理）信息来捕获不同个体的空间相关性（如 Lee 和 Yu，2010），而后者则利用低维公共因子结构来刻画不同个体同时受到一组潜在变量或者冲击的影响所带来的横截面相关性。

考虑到横截面相关的重要性，Pesaran（2006）和 Bai（2009）在线性面板数据模型中分别引入多因子结构误差项（Multifactor Structural Error）和交互固定效应（Interactive Fixed Effects，IFE），并分别提出了斜率系数的公共相关效应（Common Correlated Effects，CCE）估计量和主成分分析（Principal Component Analysis，PCA）估计量。前者利用可观测变量的横截面（加权）平均作为不可观测的公共因子的代理，而后者则分析方差并以迭代形式来同时估计出斜率系数、公共因子和因子载荷。基于他们的研究框架，很多学者在不同方向上都做了进一步的拓展，如动态面板、非平稳面板、非参数面板、具有异质性群组结构的面板等；同时，Pesaran 的 CCE 估计量和 Bai 的 PCA 估计量也已经被广泛地应用于经济学实证研究。在 Google Scholar 网站上可以看到，Pesaran（2006）和 Bai（2009）的被引用次数分别为 2500 + 和 900 + 。

另外，由于非参数方法在探索数据结构中所具有的灵活性以及在模型设定中的稳健性，近些年来非参数面板数据模型已经引起了广大学者的关注。但是，当非参数变量的维度很高时，完全的非参数（Fully nonparametric）模型设定通常会导致“维度诅咒”（Curse of Dimensionality）问题；而且当维度大于 2 时，非参数估计结果在实证分析中不容易展示和解释。为了克服这些缺点，作为非参数和参数设定的折中方法，半参数方法已经被应用到面板数据模型中。通过对未知函数施加不同的结构，许多半参数模型，如可加模型、部分线性模型、单指标模型、变换模型以及可变系数模型等，已在面板数据模型文献中得到了广泛的研究。关于非参数和半参数面板数据模型的综述，可参见 Su 和 Ullah（2011），Chen 等（2013）以及 Sun 等（2015）。

本书包括了作者在过去几年中与合作者在上述这两个热门方向上

发表的一组论文的主要结果。本书的第二章内容主要来源于我和周前坤合作发表在 *Journal of Economic Theory and Econometrics*（2016 年第 20 期）上的学术论文"Common Correlated Effects Estimation of Unbalanced Panel Data Models with Cross-Sectional Dependence"。该文章首次将 Pesaran 的 CCE 估计量拓展到了非平衡面板数据，并系统性地研究了估计量的大样本性质。第三章的主要内容来源于我和苏良军、金赛男发表在 *Journal of Econometrics*（2015 年第 186 期）上的学术论文"Specification Test for Panel Data Models with Interactive Fixed Effects"。该文章为 Bai（2009）模型设定中的函数形式是否为线性提供了一个非参数的设定检验，为实证研究者提供了诊断和分析工具，从而进一步完善了 Bai 的 PCA 框架。第四章内容来源于我和苏良军、Peter Phillips 发表在 *Econometric Journal*（2012 年第 15 期）上的学术论文"Testing for Common Trends in Semiparametric Panel Data Models with Fixed Effects"。该文章主要为具有非参数时间趋势的局部线性面板数据模型提供了一个基于非参数 R^2 的检验统计量，用于评估不同的横截面个体是否具有公共的时间趋势，丰富了面板数据时间趋势的建模方法。第五章内容来源于我和苏良军发表在 *Advances in Econometrics*（2016 年第 36 卷）上的学术论文"Semiparametric Estimation of Partially Linear Dynamic Panel Data Models with Fixed Effects"。该文章主要详细研究了局部线性动态面板数据模型的两种估计方法，同时为函数形式的参数设定提供了检验统计量，为经济和金融的实证研究提供了新的计量分析工具。在本书中使用这些研究成果，均获得了他们的许可。在此，我对我的合作者们表示衷心的感谢，尤其是苏良军教授，是他一步步引领我走向计量经济学的研究道路。

在本书的写作过程中得到了我的研究生张佳和张祺的大力帮助与

支持，他们在翻译过程中做出了不少贡献。另外，在本书的写作过程中，我非常感谢我家人的理解和支持。最后，衷心地感谢刘守英教授、李勇教授、于春海教授、韩松教授、范志勇教授和赵峰教授一直以来的鼓励和帮助。

目　录

第一章

导　论

第一节　具有横截面相关的线性面板数据模型

Bai（2009）考虑如下的面板数据模型：

$$Y_{it} = X_{it}^{'}\beta + F_t^{0'}\lambda_i^0 + \varepsilon_{it} \tag{1.1}$$

其中，$i = 1,\cdots,N,t = 1,\cdots,T$, X_{it} 是由可观测的解释变量组成的 $p \times 1$ 维随机向量，并可能包含被解释变量 Y_{it} 的滞后项，β 是一个 $p \times 1$ 维的未知参数向量，F_t^0 是由不可观测的公共因子组成的 $R \times 1$ 维向量，λ_i^0 是由不可观测的因子载荷组成的 $R \times 1$ 维向量，ε_{it} 是异质的误差扰动项。注意到，公共部分 $F_t^{0'}\lambda_i^0$，又称为交互固定效应（interactive fixed effects，IFE），比通常的双向（two - way）固定效应设定更加一般和灵活，可以用于捕获不同个体同时以不同程度地受到同一时变潜在向量 F_t^0 影响带来的横截面相关性。例如，在经济增长模型中，F_t^0 可以代表各个国家受到的共同冲击（例如技术冲击、石油价格冲击、金融危机），而各个国家对这些冲击的异质性响应反映在因子载荷 λ_i^0 当中。该模型主要关注在 N 和 T 都是大的时候如何估计未知参数向量 β。

Pesaran（2006）在模型（1.1）的基础上进一步对解释变量做假设：

$$X_{it} = \alpha_{x,i} + \Gamma_i F_t^0 + \epsilon_{it} \tag{1.2}$$

其中，$\alpha_{x,i}$ 是 $p \times 1$ 向量，表示个体固定效应的，Γ_i 是 $p \times r$ 的因子载荷矩阵，ϵ_{it} 是 $p \times 1$ 的随机误差向量。由于（1.1）中的解释变量 X_{it} 和被解释变量 Y_{it} 同时受到潜在向量 F_t^0 的影响，Pesaran 将模型（1.1）的多因子结构误差设定称为公共相关效应（Common Correlated Effects，CCE）。

由于（1.1）中的因子 F_t^0 是不可观测的，而且和 X_{it} 是相关的：Bai 的模型中允许任意形式的相关，而 Pesaran 的模型给定了相关的具体形式（1.2）。因此，忽略 F_t^0 会导致遗漏重要变量（omitted important varaibles）并引起内生性问题，最小二乘（OLS，Ordinary Least Squares）估计量是有偏且不一致的。为了解决该问题，Bai（2009）将 F_t^0 和 λ_i^0 看成未知参数，和 β 一起估计。具体目标函数和约束为：

$$(\hat{\beta}, \hat{\lambda}, \hat{F}) = \underset{(\beta,\lambda,F)}{\operatorname{argmin}} L_{NT}(\beta, \lambda, F) \tag{1.3}$$

其中 $F \equiv (F_1, \cdots, F_T)'$ 和 $\lambda \equiv (\lambda_1, \cdots, \lambda_N)'$ 需要满足模型的识别约束（Identification Restrictions）：$F'F/T = I_R$ 和 $\lambda'\lambda$ 为对角矩阵，$L_{NT}(\beta, \lambda, F) \equiv NT^{-1} \sum_{i=1}^{N} \sum_{t=1}^{T} (Y_{it} - X_{it}'\beta - F_t'\lambda_i)^2$。上述估计量称为 PCA 估计量。不同于 Bai（2009），Pesaran（2006）注意到 $\bar{Y}_t = N^{-1} \sum_{i=1}^{N} Y_{it}$ 和 $\bar{X}_t = N^{-1} \sum_{i=1}^{N} X_{it}$ 可以近似地表示成 F_t^0 的线性组合，在满足一定的秩（Rank）条件下，可以反解出 F_t^0。具体地，F_t^0 可以近似地表示成 $\bar{Y}_t$ 和 $\bar{X}_t$ 的线性组合，因此，可以将 $\bar{Y}_t$ 和 $\bar{X}_t$ 作为 F_t^0 的代理变量，加入模型（1.1）代替 F_t^0，从而控制内生性问题。此时，得到的估计量称为 CCE

估计量。在文献中，上述模型已经在各个方向得到了进一步拓展。本书的第二章和第三章也是对上述模型的拓展和完善，分别考虑将 CCE 估计量拓展到非平衡面板数据当中，以及为 Bai（2009）中的线性函数形式给出一个设定检验。

第二节　半参数面板数据模型

考虑如下的具有固定效应的部分线性动态面板数据模型：

$$Y_{it} = Z_{it}^{'}\theta_0 + m(X_{it}) + \alpha_i + \varepsilon_{it} \tag{1.4}$$

其中，$i = 1, \cdots, N, t = 1, \cdots, T$，$Y_{it}$ 是个体 i 在时期 t 的因变量，Z_{it} 是进入模型线性部分的 $d_z \times 1$ 维的自变量，未知参数 $\theta_0 \in \Theta$，$\Theta \subset \mathbb{R}^{d_z}$ 为一紧集参数空间，$m(\cdot)$ 是定义在 $\mathbb{R}^{d_x+1}$ 上的未知平滑函数，X_{it} 是进入非参数分量 $m(\cdot)$ 的 d_x 维的自变量（可能包含滞后因变量 $Y_{i,t-1}$），α_i 是不可观测的个体效应，ε_{it} 是随机干扰项。θ_0 的下标 0 表示的是真实的参数值。变量 Z_{it} 和 X_{it} 与 α_i 可能是相关的；Z_{it} 或 Z_{it} 的子集是内生的；X_{it} 是外生的。此时，模型（1.4）主要关注如何估计 θ_0 和 $m(\cdot)$。

当（1.4）没有线性部分时，该模型就是通常的非参数面板数据模型。Henderson 等（2008）为静态模型提出了基于核方法（Kernel method）的估计量，而 Su 和 Lu（2013）研究了动态模型基于第二类 Fredholm 积分方程的估计量。对于上述局部线性模型，当具有交互固定效应时，Su 和 Zhang（2017）将筛分（Sieve）法和 Bai 的 PCA 方法结合在一起为未知参数 θ_0 和未知函数 $m(\cdot)$ 提供了一致估计量。

当 X_{it} 表示时间变量 t/T 时，$m(t/T)$ 表示所有个体共同的非参数形式的时间趋势。本书第四章研究了如何检验不同个体是否具有相同的时间趋势，进一步完善了半参数面板数据模型中时间趋势的研究。当 X_{it} 同时包含滞后因变量 $Y_{i,t-1}$ 和其他变量时，本书第五章研究了在 N 大 T 小时如何估计 θ_0 和 $m(\cdot)$，以及检验未知函数 $m(\cdot)$ 的参数形式，为基于面板数据的实证分析提供了新的计量分析工具。

第三节　本书的安排

本书的剩余部分安排如下：

在第二章中，主要研究了在 N 大 T 小时具有多因子误差结构的非平衡面板数据模型的估计和推断问题。据我们所知，这是文献中第一次系统性地研究非平衡面板的 CCE 估计。具体来说，我们修正了 Pesaran（2006）的 CCE 估计量，使之能用于非平衡面板数据，并且提出两种非平衡面板截面均值的方法来获取潜在因子的代理。出于效率的考虑，我们更多地关注对每一期所有可得的观测值取截面平均。和 Pesaran（2006）一样，我们给出非平衡面板数据模型的 CCE 估计（简称 CCE－UB）。在一些正则条件下，当 $N\to\infty$ 且 T 是固定的时候，我们证明 CCE－UB 估计量的一致性，且渐近服从正态分布。我们通过蒙特卡洛模拟来考察 CCE－UB 估计量的有限样本表现。从模拟的结果中，发现 CCE－UB 估计量具有非常良好的有限样本性质。

在第三章中，我们为具有交互固定效应的面板数据模型提出了线性函数设定的非参数检验。首先，在原假设的约束下估计线性模型，获得用于构建检验统计量的参数残差。当线性模型设定正确时，参数残差不包含有关回归函数的有用信息；反之则有。这一事实促使我们考虑基于残差的检验。我们证明了，在经过适当地标准化之后，提出的检验统计量在原假设和一系列 Pitman 局部备择假设下服从渐近正态分布。此外，我们还提出了一个自助法再抽样方法来获取 p 值。该检验方法被应用于跨国经济增长面板数据，并揭示了不同模型设定在不同的样本区间存在显著的非线性关系。

在第四章中，我们为面板数据中的不同个体是否存在共同时间趋势构造一种非参数检验。在共同趋势的原假设下，我们合并横截面和时间维度的观测值来估计模型中的有限维参数和非参数的时间趋势函数，获取回归的残差。此时，原假设成立的情况下，残差不应在数据中包含任何关于时间趋势的有用的信息。这促使我们对共同趋势的零假设构建基于残差的检验。具体而言，对每一个横截面单位，我们将残差非参数地回归到时间趋势上，然后将非参数拟合优度（R^2）的横截面平均值作为检验统计量。在原假设下，这里的非参数 R^2 的横截面均值应该接近零；如果原假设不成立，则会偏离零。我们证明了，在恰当的标准化后，该统计量在原假设和一系列 Pitman 局部备择假设下服从渐近正态分布。我们还证明了该检验具有一致性，并提出了一种自助法（Bootstrap）再抽样方法来获得自助法 p 值。

在第五章中，我们为部分线性动态面板模型提供了两种估计方法，一种是基于第二类 Fredholm 积分方程的解，而另一种是基于 Sieve－Ⅳ估计量。在适当的条件下，我们证明了参数分量估计量服从渐近正态性，非参数分量的估计量具有一致性并且服从渐近正态性。此外，为了检验非参数部分是否为线性的，我们提供了基于半参数和参数两个估计量之间的加权平方距离的非参数检验。蒙特卡洛模拟显示本书的估计量和检验在有限样本中的表现相当不错。我们将本书的模型和估计方法应用于知识产权保护与经济增长之间关系的经验分析。

最后是本书的参考文献。

第二章

具有横截面相关性的非平衡面板数据模型的公共相关效应估计

◈ 第一节 引言

正如 Hsiao（2014）所讨论的，面板数据为计量经济学研究带来了更多的便利和可能性。相对于横截面数据，面板数据具有众多的优势，包括自由度的增加、多重共线性的缓解以及估计偏误的消除等。过去几十年，面板数据模型在实证和理论上都受到越来越多的关注，已经成为计量经济研究的一个重要领域。

在进行参数估计和统计推断时，几乎所有面板模型都要面临一个重要问题：不同个体之间可能相互依赖和相关。如何刻画和捕捉截面相关性（Cross-Sectional Dependence，CSD）极大地吸引了众多研究者的兴趣，参见 Sarafidis 和 Wansbeek（2012）的文献综述。目前在文献中，主流的处理 CSD 的方法包括空间计量模型和因子结构。前者利用空间距离信息来处理不同个体的相关性（Lee 和 Yu，2010），而后者利用低维因子向量结构。本书主要考虑后者，通常假设误差项包含有限个不能被观测的因子，这些因子通过影响个体特有的因子载荷来影响每个个体［例如，Bai（2009），Bai 和 Li（2012，2014），以及 Pesaran（2006）］。针对截面和时间维度都趋于无穷的大面板数据，因子结构法分化出三种主要方法，即 Bai（2009）的主成分方法、Bai 和 Li（2012，2014）的极大似然估计法（Maximum Likelihood Estimation，MLE）和 Pesaran（2006）的公共相关效应法（Common Correlated Effects，CCE）。前两种方法需要估计公共因子和因子载荷，而 CCE 只需用观测值的截面均值来近似未知的共同因子，从而估计斜率系数。此外，因为研究者们（特别是微观计量经济学家）面对的通常是个体数 N 很大，时间段 T 较小的面板。例如，调查数据通常包含很多人或家庭较短年限的观测值（如 NLS 和 PSID 数据集）。当时间段较短或固定时，具有 CSD 的面板模型处理起来更加困难。对于平衡面板的处理，最近的研究可以参考 Ahn 等（2013），Juodis 和 Sarafidis（2018），Hayakawa（2012），Bai（2013），以及 Hayakawa（2014）。前三篇文章用的 GMM（Generalized Moment Method），后两篇用的 MLE。

在实证分析中，面板数据模型面临的另一个问题是数据结构的不平衡。有许多原因可能导致非平衡面板的出现，例如，由于一些预先指定的政策，某个变量在一定时间段内不可观测，或者一开始参与面板的个体不愿或不能继续参与。因此，在估计面板模型时把非平衡的特征纳入考虑就非常重要了。更多关于非平衡面板的讨论，见 Baltagi 和 Chang（1994），Wansbeek 和 Kapteyn（1989），以及 Baltagi 和 Song（2006）。注意到，几乎所有非平衡面板的文献讨论的都是不存在 CSD 特征的面板数据模型。

据我们所知，只有 Bai 等（2015）考虑了当 N 和 T 都很大时具有交互式固定效应的非平衡面板模型。他们采用结合了 EM（Expectation

Maximum）算法、LS（Least Squares）方法和 PCA 的 LS－EM－PCA 算法来估计参数。这种算法包含两个循环，内层循环运用 EM 算法，外层循环估计斜率系数。这种迭代算法可能会非常耗时，并且由于可能存在局部最优而不稳定。此外，他们只通过模拟来证明 EM－型的估计量一致，且当 N 和 T 都很大（比如，$N, T \geqslant 50$）时估计收敛得很快。由于一致性的证明和进一步的统计推断面临技术性难题，他们没有进行渐近分析。

本书中，我们考虑 N 大 T 小时具有 CSD 的非平衡面板模型的估计和推断。据我们所知，这是第一篇系统性研究非平衡面板的 CCE 估计量的论文，同时我们也为小 T 的具有 CSD 的面板文献做出了贡献。具体来说，我们修正了 Pesaran（2006）的 CCE 估计量，使之能用于非平衡面板，并且提出了两种非平衡面板横截面均值作为因子的代理变量。出于效率的考虑，我们更多地关注对每一期所有可得的观测值取截面平均。和 Pesaran（2006）一样，我们给出非平衡面板模型的 CCE 估计（以下简称 CCE－UB），在一些正则条件下和 N 大 T 小时，证明了 CCE－UB 估计量的一致性，且渐近服从正态分布。我们通过蒙特卡洛模拟来考察 CCE－UB 估计量的有限样本表现。从模拟的结果中，我们发现 CCE－UB 估计量具有非常良好的有限样本性质，在 N 大 T 小时，确实适合估计具有 CSD 的非平衡面板数据模型。

接下来的行文安排如下。在第二节中，我们给出具有 CSD 的面板数据模型，并列出模型的主要假设。第三节介绍 CCE－UB 估计量，并推导它的渐近性质。第四节通过蒙特卡洛模拟来展现 CCE－UB 估计量在有限样本下的表现。第五节进行了简短的总结。

符号：本书中，C 表示常数，它的具体取值视情况而定。“IID”

指“独立同分布”。$\|A\| = [tr(A'A)]^{1/2}$ 表示矩阵 A 的 Frobenius 范数。$\xrightarrow{p}$ 和 $\xrightarrow{d}$ 分别表示依概率和依分布收敛。

第二节 模型和假设

我们主要考虑如下非平衡面板模型：

$$y_{it} = \alpha_{yi} + x_{it}'\beta + e_{it} \tag{2.1}$$

$$e_{it} = \lambda_i' f_t + v_{it} \tag{2.2}$$

$$i = 1,\cdots,N, t = t_i \in T_i \equiv \{t_i(1),\cdots,t_i(T_i)\} \tag{2.3}$$

其中，T_i 是个体 i 观测到的所有时间点的集合，α_{yi} 是个体固定效应，x_{it} 是由严格外生的变量组成的 $k \times 1$ 向量，λ_i 和 f_t 是 $r \times 1$ 的潜变量，v_{it} 是随机误差。通常，f_t 表示不可观测的因子向量，λ_i 表示因子载荷向量，研究者并不知道真实的 r 是多少。

在本书中，我们假设面板的非平衡来自观测值的随机缺失。显然，这是比较强的假设，引入缺失机制会更加合理，但是也导致模型更加复杂。因此，本书集中考虑随机缺失导致的非平衡。对于每个个体 i，共有 T_i 个观测值 $[t_i(1),\cdots,t_i(T_i)]$，T_i 对于不同的 i 可以不同。$T = \max_{i=1,2,\cdots,N}\{T_i\}$。对于每个 t，$N_t = \sum_{i=1}^{N} 1(t \in T_i)$ 表示在第 t 期能够观察到的观测值个数。我们关心 N 大 T 固定时 β 的估计和推断。

此外，我们还假设 x_{it} 和 f_t 相关

$$x_{it} = \alpha_{x,i} + \Gamma_i f_t + \varepsilon_{it} \tag{2.4}$$

其中，$\alpha_{x,i}$ 表示的是个体固定效应的 $k \times 1$ 向量，Γ_i 是 $k \times r$ 的因子载荷矩阵，ε_{it} 是 $k \times 1$ 的随机误差向量。上述设定和 Bai 和 Li（2014）、

Pesaran（2006）类似。在本书中，我们主要关注 β 的估计和推断。

对于模型（2.1）至（2.4），我们为下一节的渐近性质研究做如下假设。

假设 A1 $v_i = (v_{i1}, \cdots, v_{iT})' \sim \text{IID}(0, \Omega_v)$，且 $\max_t E v_{it}^4 < C < \infty$。

假设 A2 $\varepsilon_i = (\varepsilon_{i1}, \cdots, \varepsilon_{iT})'$ 对于 i 是 IID 的，ε_{it} 对于每个 t 都有有限的四阶矩。

假设 A3 误差项 v_i 和 ε_j 关于所有 i 和 j 独立。

假设 A4 个体固定效应 α_{yi} 和 α_{xi} 关于 i 是 IID 的，并且和 v_{jt}，ε_{jt}，f_t 关于所有 j 和 t 都独立。

假设 A5 (λ_i, Γ_i) 对于 i 是 IID 的，且存在有限四阶矩，与 v_{jt}，ε_{jt}，f_t 关于所有 j 和 t 独立。

假设 A6 因子 f_t 存在有限的四阶矩，和 v_{is}，ε_{is} 关于所有 i, s 和 t 独立。

假设 A7 随着 $N \to \infty, \tilde{n} \to \infty, N/\tilde{n}^2 \to 0$，其中 $\tilde{n} \equiv \min_{t=1,\cdots,T}\{N_t\}$。

假设 A1 - A2 对于 i 施加了 IID 结构，同时考虑了时间上的非平稳。假设 A3 - A6 对数据生成过程施加了一些独立性结构，从而保证自变量 x_{it} 严格外生，且考虑了不可观测的因子与 x_{it} 之间的相关性。可以放松假设 A1 - A2，像 Bai（2009）一样允许 $\{v_{it}\}$ 或 $\{\varepsilon_{jt}\}$ 的 CSD，但是论证会更复杂。为了对独立但不同分布（INID）的序列应用 LLN 和 CLT，我们要求 v_{it} 存在有限四阶矩。假设 A7 要求所有时期最小的观测值个数 $\tilde{n}$ 趋近于无穷的速度不小于 $N^{1/2}$，我们在建立 CCE - UB 估计量的极限分布时会用到这一点。但是，注意到，CCE - UB 的一致性只要求 $\tilde{n} \to \infty$。

◇ 第三节　具有 CSD 的非平衡面板的 CCE 估计量

本书中，我们使用 Pesaran（2006）的 CCE 方法，用可观测的变量组合作为未知因子的代理。当 N 大时，这种方法更少受到缺失数据的影响。选择 CCE 的另一个原因是，正如 Westerlund 和 Urbain（2015）近期研究指出，尽管因子的 PC 估计量比截面均值更有效，斜率系数的 CCE 估计量在系数同质且未知公共因子个数已知时表现最好。同时，值得一提的是，由于我们假设 T 固定，Bai 等（2015）的 LS－EM－PCA 算法在此处并不适用。

Pesaran（2006）的 CCE 方法的基本思想是用截面均值 $\bar{y}_i$ 和 $\bar{x}_i$ 的线性组合来近似不可观测的 f_t。在非平衡面板的设定中，我们注意到模型（2.1）至（2.4）可以写成更简洁的形式

$$\begin{pmatrix} y_{it} \\ x_{it} \end{pmatrix} = \begin{pmatrix} \alpha_{yi} + \beta' \alpha_{xi} \\ \alpha_{x,i} \end{pmatrix} + \begin{pmatrix} \beta' \Gamma_i + \lambda_i' \\ \Gamma_i \end{pmatrix} f_t + \begin{pmatrix} v_{it} + \beta' \varepsilon_{it} \\ \varepsilon_{it} \end{pmatrix} \tag{2.5}$$

其中 $t = t_i(s), s = 1, \cdots, T_i, i = 1, \cdots, N$。通过定义

$$\underset{(k+1)\times 1}{z_{it}} = \begin{pmatrix} y_{it} \\ x_{it} \end{pmatrix}, \underset{(k+1)\times 1}{\mu_i} = \begin{pmatrix} \alpha_{y,i} + \beta' \alpha_{xi} \\ \alpha_{xi} \end{pmatrix},$$

$$\underset{(k+1)\times r}{C_i} = \begin{pmatrix} \beta' \Gamma_i + \lambda_i' \\ \Gamma_i' \end{pmatrix}, \underset{(k+1)\times 1}{u_{it}} = \begin{pmatrix} v_{it} + \beta' \varepsilon_{it} \\ \varepsilon_{it} \end{pmatrix},$$

（2.5）可以被写成

$$z_{it} = \mu_i + C_i f_t + u_{it} \tag{2.6}$$

对于非平衡面板，有两种典型的方法来取截面均值。第一种是对

不同时期用同一组个体，第二种是基于每期实际观测到的个体数。对于第一种方法，$S_t = \{i:1 \leqslant i \leqslant N,\ t \in T_i\}$ 表示第 t 期观测到的个体的下标。对于每期 t，我们对同一个集合 $S = \cap_{t=1}^{T} S_t$ 取横截面均值，即

$$\bar{z}_{St} = \bar{\mu}_S + \bar{C}_S f_t + \bar{U}_{St} \tag{2.7}$$

其中，$\bar{z}_{St} = n^{-1}\sum_{i=1}^{N} z_{it} 1_i$，$\bar{\mu}_S = n^{-1}\sum_{i=1}^{N} \mu_i 1_i$，$\bar{C}_S = n^{-1}\sum_{i=1}^{N} C_i 1_i$ 和 $\bar{U}_{St} = n^{-1}\sum_{i=1}^{N} u_{it} 1_i$，其中 $n = |S|$ 是集合 S 的基数，$1_i \equiv 1(i \in S)$。这种情况下，（2.7）的 f_t 的系数矩阵为 $\bar{C}_S$，和接下来的式（2.8）不同，这里的系数矩阵不随时间变化，但是和 Pesaran（2006）的结构相同，因而简化了估计量的渐近分析。然而，因为许多观测值在截面平均时都未使用，对因子的近似显然存在效率损失。此外，为了使用 CCE，公共集合 S 的个体数趋于无穷的速度应该大于 $N^{1/2}$。这个要求在实际数据中可能会过于严格，常常得不到满足。因此，我们偏好第二种方法：在每期 t，对所有观测值求截面均值，

$$\bar{z}_t = \bar{\mu}_t + \bar{C}_t f_t + \bar{U}_t \tag{2.8}$$

其中，$\bar{z}_t = N_t^{-1}\sum_{i=1}^{N} z_{it} 1_{it}$，$\bar{\mu}_t = N_t^{-1}\sum_{i=1}^{N} \mu_i 1_{it}$，$\bar{C}_t = N_t^{-1}\sum_{i=1}^{N} C_i 1_{it}$，$\bar{U}_t = N_t^{-1}\sum_{i=1}^{N} u_{it} 1_{it}$，$1_{it} \equiv 1(t \in T_i)$。然而，（2.8）中 f_t 的系数矩阵 $\bar{C}_t$ 和 Pesaran（2006）不同，会随时间变化。如果我们直接基于（2.8）构建 f_t 的近似值，不能得到后续式（2.10）中 $\bar{z}_t$ 不随时间变化的系数。幸运的是，由假设 A6，A7 和 Chebyshev 不等式，我们可以证明当 $N_t \to \infty$，$\bar{C}_t = C + O_p(N_t^{-1/2})$，$\bar{\mu}_t = \mu + O_p(N_t^{-1/2})$，其中 $C = E(C_i)$，$\mu = E(\mu_i)$。我们有

$$\bar{z}_t = \mu + Cf_t + \bar{U}_t^* \tag{2.9}$$

其中，$\bar{U}_t^* = \bar{U}_t + (\bar{\mu}_t - \mu) + (\bar{C}_t - C) f_t$ 包含额外的两项：$\bar{\mu}_t - \mu$ 和 $(\bar{C}_t - C) f_t$。现在我们有

$$f_t = (C'C)^{-1} C'(\bar{z}_t - \mu) + O_P(N_t^{-1/2})。$$

由 rank $(C) = r \leqslant k + 1$ 和当 $N_t \to \infty$时 $\bar{U}_t^* = O_p(N_t^{-1/2})$，那么对于任意 t，运用 Frish-Waugh 定理（Sarafidis 和 Wansbeek，2012），f_t 可以用μ 和 $\bar{z}_t$ 的线性组合来近似。因此，用 $(C'C)^{-1} C'(\bar{z}_t - \mu)$ 替代f_t，我们可以得到如下（2.10）的增广回归模型

$$y_{it} = \alpha_{yi}^* + x_{it}'\beta + b_i'\bar{z}_t + \epsilon_{it} \tag{2.10}$$

其中 $\alpha_{yi}^* = \alpha_{yi} + a_i'\mu$，$a_i$ 和 b_i 是冗余参数。将模型（2.10）重新写成向量形式，我们有

$$y_{iT_i} = \alpha_{yi}^* 1_{T_i} + X_{i,T_i}\beta + \bar{z}_{T_i} b_i + \epsilon_{iT_i} \tag{2.11}$$

其中 $y_{iT_i} = (y_{it_i(1)}, \cdots, y_{it_i(T_i)})'$，$X_{i,T_i} = (x_{it_i(1)}, \cdots, x_{it_i(T_i)})'$，$\bar{z}_{T_i} = (\bar{z}_1, \cdots, \bar{z}_{T_i})'$，$\epsilon_{iT_i} = (\epsilon_{it_i(1)}, \cdots, \epsilon_{it_i(T_i)})'$，$1_{T_i}$ 是由分量全为 1 组成的 $T_i \times 1$ 向量。

基于模型（2.11）的β 的 CCE－UB 估计量为

$$\widehat{\beta}_{CCE}^{UB} = \left(\sum_{i=1}^{N} X_{iT_i}' M_{H_i} X_{iT_i}\right)^{-1} \sum_{i=1}^{N} X_{iT_i}' M_{H_i} y_{iT_i} \tag{2.12}$$

其中，估计量的上标“UB”表示非平衡面板（Unbalanced Panel），$M_{H_i} = I_{T_i} - \bar{H}_{T_i}(\bar{H}_{T_i}' \bar{H}_{T_i})^{-1} \bar{H}_{T_i}'$ 和 $\bar{H}_i = (1_{T_i}, \bar{z}_{T_i})$。

记 $F_{T_i} = (f_{t_i(1)}, \cdots, f_{t_i(T_i)})'$，$G_{T_i} = (1_{T_i}, F_{T_i})$，$M_{G_i} = I_{T_i} - G_{T_i}(G_{T_i}' G_{T_i})^{-1} G_{T_i}'$。定义

$$D_N(G) = \frac{1}{N}\sum_{i=1}^{N} X_{iT_i}' M_{G_i} X_{iT_i} \text{ 以及 } D = plim_{N\to\infty} D_N(G)。$$

类似地，$D_N(H) = N^{-1} \sum_{i=1}^{N} X_{iT_i}' M_{H_i} X_{iT_i}$。

我们在下面这个定理中建立 $\widehat{\beta}_{CCE}^{UB}$ 的渐近性质。

定理 2.1 假设 A1 – A6 成立和 rank（C）$= r \leqslant k+1$。当 $N \to \infty$ 时，$\tilde{n} \to \infty$，那么

$$\widehat{\beta}_{CCE}^{UB} \xrightarrow{p} \beta。$$

进一步，如果假设 A7 也成立，那么

$$\sqrt{N}(\widehat{\beta}_{CCE}^{UB} - \beta) \xrightarrow{d} N(0, V),$$

其中 $V = D^{-1} \Sigma D^{-1}$ 和 $\Sigma = plim_{N\to\infty} N^{-1} \sum_{i=1}^{N} X_{iT_i}' M_{G_i} \Omega_v M_{G_i} X_{iT_i}$。

定理 2.1 建立了 CCE – UB 估计的一致性和极限分布。证明过程有些冗长，放在了本章的附录当中。注意，建立估计量的一致性时对 $\tilde{n}$ 施加的条件比推导渐近分布中用到的条件弱得多。

要进行统计推断，我们需要建立 $\widehat{\beta}_{CCE}^{UB}$ 的渐近方差矩阵的估计量。一个一致的方差估计量是

$$\widehat{V} = D_N^{-1}(\bar{H}_{T_i}) \widehat{\Sigma} D_N^{-1}(\bar{H}_{T_i}) \tag{2.13}$$

其中，V 中的 D 替换成了 $D_N(\bar{H}_{T_i})$，

$$\widehat{\Sigma} = \frac{1}{N} \sum_{i=1}^{N} X_{iT_i}' M_{H_i} \widehat{e}_{iT_i} \widehat{e}_{iT_i}' M_{H_i} X_{iT_i} \tag{2.14}$$

其中 $\widehat{e}_{iT_i} = M_{H_i} y_{iT_i} - M_{H_i} X_{iT_i} \widehat{\beta}_{CCE}^{UB}$。当 T 大时，我们可以依据 White（2001）和 Pesaran（2006）来构造一个一致的方差估计量。

注 2.1 当 $T_i = T_j$ 对于所有的 $i \neq j$ 都成立时，即在平衡面板数据集中，Sarafidis 和 Wansbeek（2012，第 497 页）认为当 T 固定时，异质性面板的合并（pooled）CCE 估计量的极限分布是非标准的。正如我们证明的，对于同质面板，即使 T 固定，合并 CCE – UB 估计量（2.12）仍然收敛到一个没有冗余参数的正态分布。下面的模拟结果显示，在有限样本下，合并 CCE 估计量（2.12）是一致的，且基于渐

近分布的 t 检验具有合理的尺度（size）和功效（power）。

第四节 蒙特卡洛模拟

在本节，我们研究非平衡面板 CCE - UB 估计量的有限样本表现。数据生成过程（Data Generating Process，DGP）为

$$y_{it} = 1 + \alpha_{yi} + x_{1,it}\beta_1 + x_{2,it}\beta_2 + \lambda_{1i}f_{1t} + \lambda_{2i}f_{2t} + u_{it} \quad (2.15)$$

x_{it} 由以下过程生成

$$x_{k,it} = 1 + c_{k1}\lambda_{1i} + c_{k2}\lambda_{2i} + \pi_{i,k1}f_{1t} + \pi_{i,k2}f_{2t} + \eta_{k,it}, k = 1,2;$$

其中

$$\eta_{k,it} = \rho_{ki}\eta_{k,it-1} + v_{k,it}$$

ρ_{ki} 是从 $U[0.1,0.9]$ 中抽取的 IID 随机变量，$k = 1,2$，$i - 1,\cdots,N$。$\alpha_{yi} \sim \text{IID}N(0,1)$，$u_{it} \sim \text{IID}N(0,\sigma^2_{u,i})$，$v_{k,it} \sim \text{IID}\, N(0,\sigma^2_{vk,i})$，$k = 1,2$。$\sigma^2_{u,i}$，$\sigma^2_{v1,i}$，$\sigma^2_{v2,i}$ 独立同分布，且服从 $0.5[1+0.5\chi^2(2)]$。对于因子，$f_{jt} \sim \text{IID}N(0,1)$，$j = 1,2$。对于因子载荷，$\lambda_{ri}$ 是从 $N(1,1)$ 抽取的 IID 随机变量，$\pi_{i,kr}$ 是来自 $U[0,2]$ 的 IID 变量，对于 $i = 1,2,\cdots,N$，$k = 1,2$，以及 $r = 1,2$。我们取 $c_{11} = 0.5$，$c_{12} = 2$，$c_{21} = 2$，$c_{22} = 0.5$。

β_1 和 β_2 的真实值分别取作 $\beta_1 = 1$ 和 $\beta_2 = 2$。我们考虑不同样本量大小：$N \in \{50,100,200,400\}$，T_i 是每次重复从 $[5,20]$ 中均匀抽取的整数。我们考虑两种非平衡数据的模式：

1. UB1：观测值连续且有共同的初始期［$t_i(1) = 1$ 对于所有 i］。个体 i 观测到的时间段为 $1,2,\cdots,T_i$。

2. UB2：观测值不连续，初始期也不同。对于个体 i，随机从 $\{1,2,\cdots,T_{\max}\}$ 中抽取 T_i 期。

重复的次数是 1000。我们在表 2－1 中报告了偏误、绝对偏误（Abias）和均方根误差（RMSE）。我们发现，当 N 大 T 小时，CCE－UB 估计量是一致的。在两种非平衡模式中，偏误和 RMSE 都随着截面维度 N 的增大而减小，这说明我们的 CCE－UB 估计量在估计未知斜率系数时的有限样本表现很好。

表 2－1　　　　蒙特卡洛模拟估计结果

N		UB1		UB2	
		β_1	β_2	β_1	β_2
50	Bias	0.0194	0.0196	0.0093	0.0167
	Abias	0.1088	0.1122	0.0996	0.1022
	RMSE	0.1411	0.1441	0.1273	0.1309
100	Bias	0.0088	0.0109	0.0093	0.0099
	Abias	0.0780	0.0853	0.0754	0.0723
	RMSE	0.1008	0.1100	0.0951	0.0935
200	Bias	0.0041	0.0026	0.0024	0.0029
	Abias	0.0554	0.0587	0.0538	0.0515
	RMSE	0.0742	0.0757	0.0685	0.0663
400	Bias	0.0027	－0.0006	0.0008	0.0029
	Abias	0.0411	0.0407	0.0384	0.0392
	RMSE	0.0526	0.0524	0.0486	0.0500

注：Abias 为绝对值偏差，RMSE 为均方误差。

为了考察 CCE－UB 的统计推断表现，对于 UB1，我们分别在图 2－1 和图 2－2 中画出了当 $N=100$ 时，检验 H_{01}：$\beta_1=1$ vs H_{11}：$\beta_1\neq 1$ 和 H_{02}：$\beta_2=2$ vs H_{12}：$\beta_2\neq 2$ 的拒绝概率，我们使用了

(2.13) – (2.14) 中的方程估计量。从图 2 – 1 和图 2 – 2 可以看出，两个检验在原假设下都有正确的 size，且检验的 power 随着参数取值偏离 H_{01} 和 H_{02} 增加得很快。

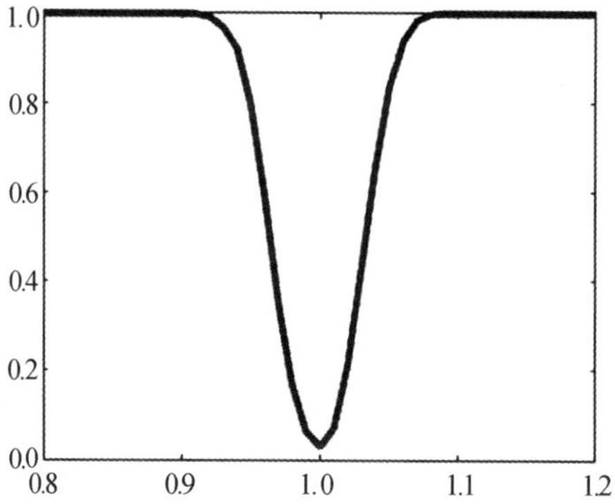

图 2 – 1　检验 $\beta_1 = 1$ 的拒绝概率

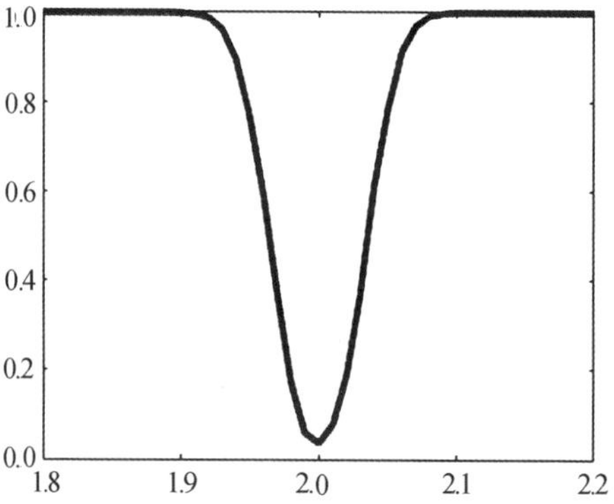

图 2 – 2　检验 $\beta_2 = 2$ 的拒绝概率

综上，我们的结论是，本书提出的 CCE－UB 估计量有很好的有限样本性质，并可以进行有效的统计推断。

第五节　结论

在本书中，我们考虑了 N 大、T 小或固定时，具有截面相关性的非平稳面板模型的估计和推断。我们修改了 Pesaran（2006）的 CCE 方法，提出了针对非平稳面板的 CCE－UB 估计量，并讨论了它的渐近性质。我们证明了它是一致且渐近正态得到。通过模拟，我们发现 CCE－UB 在有限样本下表现很好。

附件　定理 2.1 的证明

在分析 $\widehat{\beta}_{CCE}^{UB}$ 的渐近性质前，我们先推导几个关于不可观测因子的等式。令 $A = (C'C)^{-1}C'$，

$$\bar{z}_t = \mu + Cf_t + \bar{U}_t^*,$$

$$f_t = A\bar{z}_t - A\bar{\mu} - A\bar{U}_t^*,$$

其中 $\bar{U}_t^* = \bar{U}_t + (\bar{\mu}_t - \mu) + (\bar{C}_t - C)f_t$。那么

$$F_{T_i} = (f_{t_i(1)},\cdots,f_{t_i(T_i)})' = \bar{z}_{T_i}A' - (1_{T_i}\otimes\mu')A' + U_{T_i}^*A' \tag{2.16}$$

其中 $\bar{z}_{T_i} \equiv (\bar{z}_{t_i(1)},\cdots,\bar{z}_{t_i(T_i)})'$，$U_{T_i}^* = (\bar{U}_{t_i(1)}^*,\cdots,\bar{U}_{t_i(T_i)}^*)'$，$1_{T_i}$ 是由 1 组成的 $T_i\times 1$ 向量。让 $\bar{\mu}_{iT_i} = (\bar{\mu}_{t_i(1)},\cdots,\bar{\mu}_{t_i(T_i)})'$，$\bar{C}_{iT_i} = (\bar{C}_{t_i(1)},\cdots,\bar{C}_{t_i(T_i)})'$。

把（2.4）和（2.8）重新写成下面的形式

$$X_{iT_i} = G_{T_i}\Pi_i + \varepsilon_{iT_i} \tag{2.17}$$

$$\bar{H}_{T_i} = G_{T_i}P + U_{T_i}^{\dagger} \tag{2.18}$$

其中 $\Pi_i = (\alpha_{xi}, \Gamma_i)'$，$\varepsilon_{iT_i} = (\varepsilon_{it_i(1)}, \cdots, \varepsilon_{it_i(T_i)})'$，$P = \begin{pmatrix} 1 & \mu' \\ 0 & C' \end{pmatrix}$，$U_{T_i}^{\dagger} = (0, U_{T_i}^{*})$，$U_{T_i}^{*} = \bar{U}_{T_i} + U_{T_i}^{\mu} + U_{T_i}^{c}$，$\bar{U}_{T_i} = (\bar{U}_{t_i(1)}, \cdots, \bar{U}_{t_i(T_i)})'$，$U_{T_i}^{\mu} = \bar{\mu}_{T_i} - (1_{T_i} \otimes \mu')$，和$U_{T_i}^{C} = [C_{T_i} - (1_{T_i} \otimes C')]F_{T_i}$。

我们在下面的引理中总结一些初步的结果，它们会被用于主要定理的证明。

引理 2.1　在假设 A1 – A7 下，当 T 固定且 $N \to \infty$，我们有

(i) $\|\bar{H}_{T_i} - G_{T_i}P\| = O_p(\tilde{n}^{-1/2})$；

(ii) $\|(\bar{H}_{T_i}'\bar{H}_{T_i})^{-1} - (P'G_{T_i}'G_{T_i}P)^{-1}\| = O_p(\tilde{n}^{-1/2})$；

(iii) $\|M_{H_i} - M_{G_i}\| = O_p(\tilde{n}^{-1/2})$。

证明：(i) 令 $\bar{H}_T = (1_T, \bar{z}_T)$，其中，$\bar{z}_T = (\bar{z}_1, \cdots, \bar{z}_T)'$，$1_T$是由各个分量都是 1 组成的 $T \times 1$ 向量。定义 $G_T = (1_T, F)$，$U_T^{\dagger} = (0, U_T^{*})$ 和 $U_T^{*} = \bar{U}_T + U_T^{\mu} + U_T^{c}$，其中，$\bar{U}_T = (\bar{U}_1, \cdots, \bar{U}_T)'$，$U_T^{\mu}$ 和 U_T^{c} 类似地定义。注意

$$E\|\bar{U}_T\|^2 = \sum_{t=1}^{T} E\|\bar{u}_t\|^2 = \sum_{t=1}^{T}\frac{1}{N_t^2}\sum_{i=1}^{N} E(\|u_{it}\|^2 1_{it})$$

$$= \sum_{t=1}^{T} O(\frac{1}{N_t}) = O(\frac{1}{\tilde{n}})$$

由 Markov 不等式，我们有 $\|\bar{U}_T\| = O_p(\tilde{n}^{-1/2})$。类似地，我们可以证明 $\|U_T^{\mu}\| = O_p(\tilde{n}^{-1/2})$ 和 $\|U_T^{c}\| = O_p(\tilde{n}^{-1/2})$。因此，我们有 $\|\bar{H}_T - G_TP\| = \|U^{\dagger}\| \leqslant \|\bar{U}_T\| + \|U_T^{\mu}\| + \|U_T^{c}\| = O_p(\tilde{n}^{-1/2})$。注意到 $\bar{H}_{T_i}$ –

$G_{T_i}P$ 是 $\bar{H}_T - G_TP$ 的子向量，因此，我们有 $\|\bar{H}_{T_i} - G_{T_i}P\| = O_p(\tilde{n}^{-1/2})$ 对所有 i 都成立。

(ii) 由 $A^{-1} - B^{-1} = A^{-1}(B - A)B^{-1}$ 和 $a'a - b'b = a'(a - b) + (a - b)'b$，我们有

$$
\begin{aligned}
&\|(\bar{H}_{T_i}'\bar{H}_{T_i})^{-1} - (P'G_{T_i}'G_{T_i}P)^{-1}\| \\
&= \|(\bar{H}_{T_i}'\bar{H}_{T_i})^{-1}(\bar{H}_{T_i}'\bar{H}_{T_i} - P'G_{T_i}'G_{T_i}P)(P'G_{T_i}'G_{T_i}P)^{-1}\| \\
&\leqslant \|(\bar{H}_{T_i}'\bar{H}_{T_i})^{-1}\|\|(\bar{H}_{T_i}'\bar{H}_{T_i} - P'G_{T_i}'G_{T_i}P)\|\|(P'G_{T_i}'G_{T_i}P)^{-1}\| \\
&\leqslant \|(\bar{H}_{T_i}'\bar{H}_{T_i})^{-1}\|(\|\bar{H}_{T_i}'\| + \|G_{T_i}P\|)\|\bar{H}_{T_i} - G_{T_i}P\|\|(P'G_{T_i}'G_{T_i}P)^{-1}\| \\
&= O_p(\tilde{n}^{-\frac{1}{2}}),
\end{aligned}
$$

其中，我们利用了（i），$\|\bar{H}_{T_i}'\| = O_p(1)$，$\|G_{T_i}P\| = O_p(1)$，$\|(\bar{H}_{T_i}'\bar{H}_{T_i})^{-1}\| = O_p(1)$，和 $\|(P'G_{T_i}'G_{T_i}P)^{-1}\| = O_p(1)$。

(iii) 由 M_{H_i} 和 M_{G_i} 的定义，(i) – (ii)，我们有

$$
\begin{aligned}
\|M_{H_i} - M_{G_i}\| &= \|\bar{H}_{T_i}(\bar{H}_{T_i}'\bar{H}_{T_i})^{-1}\bar{H}_{T_i}' - G_{T_i}P(P'G_{T_i}'G_{T_i}P)^{-1}P'G_{T_i}'\| \\
&\leqslant \|\bar{H}_{T_i}(\bar{H}_{T_i}'\bar{H}_{T_i})^{-1}(\bar{H}_{T_i}' - P'G_{T_i}')\| \\
&\quad + \|(\bar{H}_{T_i} - G_{T_i}P)(P'G_{T_i}'G_{T_i}P)^{-1}]P'G_{T_i}'\| \\
&\quad + \|\bar{H}_{T_i}[(\bar{H}_{T_i}'\bar{H}_{T_i})^{-1} - (P'G_{T_i}'G_{T_i}P)^{-1}]P'G_{T_i}'\| \\
&\leqslant (\|\bar{H}_{T_i}\| + \|P'G_{T_i}'\|)\|(\bar{H}_{T_i}'\bar{H}_{T_i})^{-1}\|\|\bar{H}_{T_i}' - P'G_{T_i}'\| \\
&\quad + \|\bar{H}_{T_i}\|\|P'G_{T_i}'\|\|(\bar{H}_{T_i}'\bar{H}_{T_i})^{-1} - (P'G_{T_i}'G_{T_i}P)^{-1}\| \\
&= O_p(\tilde{n}^{-\frac{1}{2}}).
\end{aligned}
$$

证毕。

引理 2.2　在假设 A1 – A7 下，

(i) $N^{-1}\sum_{i=1}^{N} X_{iT_i}'M_{H_i}X_{iT_i} = N^{-1}\sum_{i=1}^{N} X_{iT_i}'M_{G_i}X_{iT_i} + O_p(\tilde{n}^{-\frac{1}{2}})$；

(ii) $N^{-1}\sum_{i=1}^{N} X_{iT_i}^{'} M_{H_i} F_{T_i} \lambda_i = O_p[(N\tilde{n})^{-\frac{1}{2}}] + O_p(\tilde{n}^{-1})$;

(iii) $N^{-1}\sum_{i=1}^{N} X_{iT_i}^{'} M_{H_i} v_{iT_i} = N^{-1}\sum_{i=1}^{N} X_{iT_i}^{'} M_{G_i} v_{iT_i} + O_p(\tilde{n}^{-1})$。

证明:(i)由引理 2.1(iii),我们有

$$\begin{aligned}\left\|\frac{1}{N}\sum_{i=1}^{N} X_{iT_i}^{'}(M_{H_i} - M_{G_i}) X_{iT_i}\right\| &\leqslant \frac{1}{N}\sum_{i=1}^{N} \|X_{iT_i}^{'}(M_{H_i} - M_{G_i}) X_{iT_i}\| \\ &\leqslant \frac{1}{N}\sum_{i=1}^{N} \|X_{iT_i}\|^2 \|M_{H_i} - M_{G_i}\| \\ &\leqslant \frac{1}{N}\sum_{i=1}^{N} \|X_{iT_i}\|^2 \max_i \|M_{H_i} - M_{G_i}\| \\ &= O_p(\tilde{n}^{-\frac{1}{2}})。\end{aligned}$$

(ii)由(2.16)–(2.17),$M_{H_i}\bar{z}_{T_i} = 0$ 以及 $M_{H_i}(1_{T_i}\otimes\mu^{'}) = 0$,我们有

$$\begin{aligned}\frac{1}{N}\sum_{i=1}^{N} X_{iT_i}^{'} M_{H_i} F_{T_i}\lambda_i &= \frac{1}{N}\sum_{i=1}^{N} \varepsilon_{iT_i}^{'} M_{H_i} U_{T_i}^{*} A^{'} \lambda_i \\ &+ \frac{1}{N}\sum_{i=1}^{N} \Pi_i^{'} G_{T_i}^{'} M_{H_i} U_{T_i}^{*} A^{'} \lambda_i \\ &\equiv J_{N1} + J_{N2}。\end{aligned}$$

对于 J_{N1},我们有

$$\begin{aligned}J_{N1} &= \frac{1}{N}\sum_{i=1}^{N} \varepsilon_{iT_i}^{'} U_{T_i}^{\dagger} A^{'} \lambda_i - \frac{1}{N}\sum_{i=1}^{N} \varepsilon_{iT_i}^{'} \bar{H}_{T_i}(\bar{H}_{T_i}^{'}\bar{H}_{T_i})^{-1}\bar{H}_{T_i}^{'} U_{T_i}^{\dagger} A^{'} \lambda_i \\ &= J_{N11} - J_{N12}。\end{aligned}$$

注意到 $U_{T_i}^{\dagger} = (0, \bar{U}_{T_i} + U_{T_i}^{\mu} + U_{T_i}^{c})$,我们有

$$\begin{aligned}J_{N11} &= \frac{1}{N}\sum_{i=1}^{N} \varepsilon_{iT_i}^{'}(0, \bar{U}_{T_i} + U_{T_i}^{\mu} + U_{T_i}^{c}) A^{'} \lambda_i \\ &= (0, J_{N11a} + J_{N11b} + J_{N11c})。\end{aligned}$$

显然，在上式中有 $J_{N11a}=N^{-1}\sum_{i=1}^{N}\varepsilon_{iT_i}^{'}\bar{U}_{T_i}A^{'}\lambda_i$，$J_{N11b}=N^{-1}\sum_{i=1}^{N}\varepsilon_{iT_i}^{'}U_{T_i}^{\mu}A^{'}\lambda_i$，和 $J_{N11c}=N^{-1}\sum_{i=1}^{N}\varepsilon_{iT_i}^{'}U_{T_i}^{c}A^{'}\lambda_i$。对于最后两项，注意 $U_{T_i}^{\mu}A^{'}\lambda_i$ 和 $U_{T_i}^{c}A^{'}\lambda_i$ 都与 ε_{iT_i} 相互独立，由 Chebyshev 不等式和 $E\|U_{T_i}^{\mu}\|^2=O(\tilde{n}^{-1})$ 以及 $E\|U_{T_i}^{c}\|^2=O(\tilde{n}^{-1})$，我们很容易证明 $J_{N11b}=O_p((N\tilde{n})^{-1/2})$。注意到 $\bar{U}_{T_i}=(\bar{V}_{T_i}+\bar{\varepsilon}_{iT}\beta,\bar{\epsilon}_{iT_i})$ 其中 $\bar{V}_{T_i}=(\bar{V}_{t_i(1)},\cdots,\bar{V}_{t_i(T_i)})^{'}$，$\bar{\varepsilon}_{iT_i}=(\bar{\varepsilon}_{t_i(1)},\cdots,\bar{\varepsilon}_{t_i(T_i)})^{'}$，我们有

$$
\begin{aligned}
J_{N11a}&=\frac{1}{N}\sum_{i=1}^{N}(\varepsilon_{iT_i}^{'}\bar{V}_{T_i}+\varepsilon_{iT_i}^{'}\bar{\varepsilon}_{iT}\beta,\varepsilon_{iT_i}^{'}\bar{\varepsilon}_{iT_i})A^{'}\lambda_i\\
&=\frac{1}{N}\sum_{i=1}^{N}\varepsilon_{iT_i}^{'}\bar{V}_{T_i}(\beta^{'}\Gamma+\lambda^{'})\lambda_i\\
&+\frac{1}{N}\sum_{i=1}^{N}\varepsilon_{iT_i}^{'}\bar{\varepsilon}_{iT_i}[\beta(\beta^{'}\Gamma+\lambda^{'})+\Gamma^{'}]\lambda_i\\
&=J_{N11a}(1)+J_{N11a}(2)
\end{aligned}
$$

我们在第三个等式中用到了 A 的定义。注意 ε_{iT_i} 和 $\bar{V}_{T_i}$、λ_i 相互独立，$E\|\bar{V}_{T_i}\|^2=O(\tilde{n}^{-1})$，再一次，我们可以用 Chebyshev 不等式证明 $J_{N11a}(1)=O_p((N\tilde{n})^{-1/2})$。对于 $J_{N11a}(2)$，令 $L=[\beta(\beta^{'}\Gamma+\lambda^{'})+\Gamma^{'}]$，我们有

$$
\begin{aligned}
J_{N11a}(2)&=\frac{1}{N}\sum_{i=1}^{N}\varepsilon_{iT_i}^{'}\varepsilon_{iT_i}L\lambda_i\\
&=\frac{1}{N}\sum_{i=1}^{N}\sum_{l=1}^{T_i}\varepsilon_{it_i(l)}\bar{\varepsilon}_{it_i(l)}L\lambda_i\\
&=\frac{1}{N\,N_{t_i(l)}}\sum_{i=1}^{N}\sum_{j=1}^{N}\sum_{l=1}^{T_i}\frac{1}{N_{t_j(l)}}\varepsilon_{it_i(l)}\varepsilon_{jt_j(l)}1_{jt_j(l)}L\lambda_i\\
&=\frac{1}{N}\sum_{i=1}^{N}\sum_{l=1}^{T_i}\frac{1}{N_{t_i(l)}}\varepsilon_{it_i(l)}^{2}1_{it_i(l)}L\lambda_i
\end{aligned}
$$

$$+\frac{1}{N}\sum_{i=1}^{N}\sum_{j=1,\neq i}^{N}\sum_{l=1}^{T_i}\frac{1}{N_{t_j(l)}}\varepsilon_{it_i(l)}\varepsilon_{jt_j(l)}1_{jt_j(l)}L\lambda_i$$

$$=O_p(\tilde{n}^{-1})+O_p[(N\tilde{n})^{-\frac{1}{2}}]=O_p(\tilde{n}^{-1})。$$

其中，倒数第二个等式来自 Chebyshev 不等式。对于 J_{N12}，我们有

$$J_{N12}=\frac{1}{N}\sum_{i=1}^{N}\varepsilon_{iT_i}'G_{T_i}P(P'G_{T_i}'G_{T_i}P)^{-1}P'G_{T_i}'U_{T_i}^{\dagger}A'\lambda_i$$

$$+\frac{1}{N}\sum_{i=1}^{N}\varepsilon_{iT_i}'(M_{H_i}-M_{G_i})U_{T_i}^{\dagger}A'\lambda_i$$

$$=J_{N12a}+J_{N12b}。$$

和 J_{N11} 随机阶数的确定方法一样，我们可以证明 $J_{N12a}=O_p(\tilde{n}^{-1})$。由引理 2.1 可以证明

$$\|J_{N12b}\|\leqslant\frac{1}{N}\sum_{i=1}^{N}\|\varepsilon_{iT_i}\|(\|M_{H_i}-M_{G_i}\|)\|U_{T_i}^{\dagger}\|\|A\|\|\lambda_i\|=O_p(\tilde{n}^{-1})。$$

现在，我们考虑 J_{N2}。注意 $G_{T_i}\Pi_i=1_{T_i}\otimes\alpha_{xi}'+F_{T_i}\Gamma_i$，我们有

$$J_{N2}=\frac{1}{N}\sum_{i=1}^{N}(\alpha_{xi}\otimes\iota_{T_i}')M_{H_i}U_{T_i}^{\dagger}A'\lambda_i+\frac{1}{N}\sum_{i=1}^{N}\Gamma_iF_{T_i}'M_{H_i}U_{T_i}^{\dagger}A'\lambda_i$$

$$=\frac{1}{N}\sum_{i=1}^{N}\Gamma_iA\,U_{T_i}^{\dagger\prime}M_{H_i}U_{T_i}^{\dagger}A'\lambda_i$$

其中，我们用到了 $(\alpha_{xi}\otimes 1_{T_i}')M_{H_i}=0$ 和 $M_{H_i}F_{T_i}=M_{H_i}U_{T_i}^{\dagger}A$。接下来，我们有

$$\|J_{N2}\|\leqslant\frac{1}{N}\sum_{i=1}^{N}\|A\|^2\|\Gamma_i\|\|U_{T_i}^{\dagger}\|\|M_{H_i}\|\|U_{T_i}^{\dagger}\|\|\lambda_i\|=O_p(\tilde{n}^{-1}),$$

其中，我们用了事实 $\|U_{T_i}^{\dagger}\|=O_p(\tilde{n}^{-1/2})$ 和 $\|M_{H_i}\|\leqslant\sqrt{\mathrm{tr}(M_{H_i}M_{H_i})}\leqslant\sqrt{T_i}\leqslant T^{1/2}<\infty$。

（iii）我们有

$$\frac{1}{N}\sum_{i=1}^{N} X_{iT_i}'(M_{H_i} - M_{G_i})\, v_{iT_i}$$

$$= \frac{1}{N}\sum_{i=1}^{N} X_{iT_i}' G_{T_i}P(P' G_{T_i}' G_{T_i}P)^{-1} P' G_{T_i}' - \bar{H}_{T_i}(\bar{H}_{T_i}' \bar{H}_{T_i})^{-1} \bar{H}_{T_i}']\, v_{iT_i}$$

$$= \frac{-1}{N}\sum_{i=1}^{N} X_{iT_i}' G_{T_i}P(P' G_{T_i}' G_{T_i}P)^{-1}(\bar{H}_{T_i}' - P' G_{T_i}')\, v_{iT_i}$$

$$+ \frac{1}{N}\sum_{i=1}^{N} X_{iT_i}' G_{T_i}P[(P' G_{T_i}' G_{T_i}P)^{-1}(\bar{H}_{T_i}' \bar{H}_{T_i})^{-1}]\, \bar{H}_{T_i}' v_{iT_i}$$

$$- \frac{1}{N}\sum_{i=1}^{N} X_{iT_i}'(\bar{H}_{T_i} - G_{T_i}P)(\bar{H}_{T_i}' \bar{H}_{T_i})^{-1} \bar{H}_{T_i}' v_{iT_i}$$

$$= \Delta_{N1} + \Delta_{N2} + \Delta_{N3}。$$

对于Δ_{N1}，我们有

$$\Delta_{N1} = \frac{1}{N}\sum_{i=1}^{N} X_{iT_i}' G_{T_i}P(P' G_{T_i}' G_{T_i}P)^{-1} U_{T_i}^{\dagger} v_{iT_i}$$

$$= \frac{1}{N}\sum_{i=1}^{N} X_{iT_i}' G_{T_i}P(P' G_{T_i}' G_{T_i}P)^{-1}(0' v_{iT_i}, \bar{U}_{T_i}' v_{iT_i} + U_{T_i}^{\mu'} v_{iT_i} + U_{T_i}^{c'} v_{iT_i})'$$

$$= (0, \Delta_{N1a} + \Delta_{N1b} + \Delta_{N1c})$$

其中，显然有定义：$\Delta_{N1a} = N^{-1}\sum_{i=1}^{N} X_{iT_i}' G_{T_i}P(P' G_{T_i}' G_{T_i}P)^{-1} \bar{U}_{T_i}' v_{iT_i}$，$\Delta_{N1b} = \frac{1}{N}\sum_{i=1}^{N} X_{iT_i}' G_{T_i}P(P' G_{T_i}' G_{T_i}P)^{-1} U_{T_i}^{\mu'} v_{iT_i}$ $\Delta_{N1c} = \frac{1}{N}\sum_{i=1}^{N} X_{iT_i}' G_{T_i}P(P' G_{T_i}' G_{T_i}P)^{-1} U_{T_i}^{c'} v_{iT_i}$。用 Chebyshev 不等式、$E\|U_{T_i}^{c}\|^2 = O(\tilde{n}^{-1})$ 和 $E\|U_{T_i}^{\mu}\|^2 = O((\tilde{n})^{-1})$，很直接就能证明 $\Delta_{N1b} = O_p((N\tilde{n})^{-1/2})$ 和 $\Delta_{N1c} = O_p((N\tilde{n})^{-1/2})$。对于第一项$\Delta_{N1a}$，进一步分解如下

$$\Delta_{N1a} = \frac{1}{N}\sum_{i=1}^{N} \Pi_i' G_{T_i}' G_{T_i}P(P' G_{T_i}' G_{T_i}P)^{-1} \bar{U}_{T_i}' v_{iT_i}$$

$$+ \frac{1}{N}\sum_{i=1}^{N} \varepsilon_{iT_i}' G_{T_i}P(P' G_{T_i}' G_{T_i}P)^{-1} \bar{U}_{T_i}' v_{iT_i},$$

和 $J_{N11a}=O_p((N\tilde{n})^{-1/2})$ 的证明一样，可证 Δ_{N1a} 上面分解出来的两项都是 $O_p((N\tilde{n})^{-1/2})$。

对于 Δ_{N2}，我们有

$$\Delta_{N2}=\frac{1}{N}\sum_{i=1}^{N}X'_{iT_i}G_{T_i}P[(P'G'_{T_i}G_{T_i}P)^{-1}-(\bar{H}'_{T_i}\bar{H}_{T_i})^{-1}]G_{T_i}Pv_{iT_i}$$

$$+\frac{1}{N}\sum_{i=1}^{N}X'_{iT_i}G_{T_i}P[(P'G'_{T_i}G_{T_i}P)^{-1}-(\bar{H}'_{T_i}\bar{H}_{T_i})^{-1}](\bar{H}_{T_i}-G_{T_i}P)v_{iT_i}$$

$$=\Delta_{N2a}+\Delta_{N2b}$$

由引理2.1，我们有

$$\|\Delta_{N2b}\|\leqslant\frac{1}{N}\sum_{i=1}^{N}\|X'_{iT_i}\|\|G_{T_i}P\|\|v_{iT_i}\|\|(P'G'_{T_i}G_{T_i}P)^{-1}$$

$$-(\bar{H}'_{T_i}\bar{H}_{T_i})^{-1}\|\|(\bar{H}_{T_i}-G_{T_i}P)\|=O_p(\tilde{n}^{-1})。$$

我们把 Δ_{N2a} 重新写成

$$\Delta_{N2a}=\frac{1}{N}\sum_{i=1}^{N}X'_{iT_i}G_{T_i}P(P'G'_{T_i}G_{T_i}P)^{-1}$$

$$\times[\bar{H}'_{T_i}\bar{H}_{T_i}-P'G'_{T_i}G_{T_i}P](\bar{H}'_{T_i}\bar{H}_{T_i})^{-1}G_{T_i}Pv_{iT_i}$$

$$+\frac{1}{N}\sum_{i=1}^{N}X'_{iT_i}G_{T_i}P(P'G'_{T_i}G_{T_i}P)^{-1}[\bar{H}'_{T_i}\bar{H}_{T_i}-P'G'_{T_i}G_{T_i}P]$$

$$\times[(\bar{H}'_{T_i}\bar{H}_{T_i})^{-1}-(P'G'_{T_i}G_{T_i}P)^{-1}]G_{T_i}Pv_{iT_i}$$

$$=\frac{1}{N}\sum_{i=1}^{N}X'_{iT_i}G_{T_i}P(P'G'_{T_i}G_{T_i}P)^{-1}P'G'_{T_i}U^{\dagger}_{T_i}(P'G'_{T_i}G_{T_i}P)^{-1}G_{T_i}Pv_{iT_i}$$

$$+\frac{1}{N}\sum_{i=1}^{N}X'_{iT_i}G_{T_i}P(P'G'_{T_i}G_{T_i}P)^{-1}U^{\dagger'}_{T_i}U^{\dagger}_{T_i}(P'G'_{T_i}G_{T_i}P)^{-1}G_{T_i}Pv_{iT_i}$$

$$+\frac{1}{N}\sum_{i=1}^{N}X'_{iT_i}G_{T_i}P(P'G'_{T_i}G_{T_i}P)^{-1}U^{\dagger'}_{T_i}G_{T_i}P(P'G'_{T_i}G_{T_i}P)^{-1}G_{T_i}Pv_{iT_i}$$

$$+O_p(\tilde{n}^{-1})=O_p(\tilde{n}^{-1})$$

其中，和 $\Delta_{N1}=O_p(\tilde{n}^{-1})$ 的证明一样，我们证明第一项和第三项都是 $O_p(\tilde{n}^{-1})$；由 $\|U_{T_i}^{\dagger}\|^2=O_p(\tilde{n}^{-1})$，可得第二项为 $O_p(\tilde{n}^{-1})$。

最后，由引理2.1，我们有

$$\Delta_{N3}=\frac{1}{N}\sum_{i=1}^{N}X_{iT_i}'U_{T_i}^{\dagger}(P'G_{T_i}'G_{T_i}P)^{-1}G_{T_i}Pv_{iT_i}+O_p(\tilde{n}^{-1})。$$

和 Δ_{N1} 的证明类似，容易证明 Δ_{N3} 的第一项是 $O_p(\tilde{n}^{-1})$。因此，我们有 $\Delta_{N3}=O_p(\tilde{n}^{-1})$。证毕。

定理2.1的证明：(i) 注意模型 (2.1) 可以写成如下向量形式

$$y_{iT_i}=\alpha_{yi}1_{T_i}+X_{iT_i}\beta+F_{T_i}\lambda_i+v_{iT_i}\tag{2.19}$$

那么CCE－UB估计量 (2.12) 可以被写成

$$\begin{aligned}\widehat{\beta}_{CCE}^{UB}&=\Big(\sum_{i=1}^{N}X_{iT_i}'M_{H_i}X_{iT_i}\Big)^{-1}\sum_{i=1}^{N}X_{iT_i}'M_{H_i}\\&\quad\times(\alpha_{yi}1_{T_i}+X_i\beta+F_{T_i}\lambda_i+v_{iT_i})\\&=\beta+\Big(\frac{1}{N}\sum_{i=1}^{N}X_{iT_i}'M_{H_i}X_{iT_i}\Big)^{-1}\\&\quad\times\frac{1}{N}\sum_{i=1}^{N}X_{iT_i}'M_{H_i}(F_{T_i}\lambda_i+v_{iT_i})\\&=\beta+\Big(\frac{1}{N}\sum_{i=1}^{N}X_{iT_i}'M_{G_i}X_{iT_i}\Big)^{-1}\\&\quad\times\frac{1}{N}\sum_{i=1}^{N}X_{iT_i}'M_{G_i}v_{iT_i}+O_p(\tilde{n}^{-1})\end{aligned}$$

我们在第二个等式用到了 $M_{H_i}1_{T_i}=0$，最后一个等式用到了引理2.2。给定 $F\equiv\sigma\{f_1,\cdots,f_T\}$，即 $f_1,\cdots,f_T$ 生成的 σ 域，在假设A1－A6下，我们用独立且不同分布（INID）随机变量的大数定理（LLN）证明 $N^{-1}\sum_{i=1}^{N}X_{iT_i}'M_{G_i}X_{iT_i}\xrightarrow{p}D$ 和 $N^{-1}\sum_{i=1}^{N}X_{iT_i}'M_{G_i}v_{iT_i}\xrightarrow{p}0$。由连续映射定理，当 $N\to\infty$ 时，有 $\widehat{\beta}_{CCE}^{UB}\xrightarrow{p}\beta$。

（ii）在假设 A1 - A7 下，给定信息集 F，我们可以用 INID 的中心极限定理（CLT）来证明 $\frac{1}{\sqrt{N}}\sum_{i=1}^{N} X_{iT_i}^{'} M_{G_i} v_{iT_i} \xrightarrow{d} N(0,\Sigma)$。另外，注意到 $N^{-1}\sum_{i=1}^{N} X_{iT_i}^{'} M_{G_i} X_{iT_i} \xrightarrow{p} D$，由 Slutsky 引理，我们有

$$\sqrt{N}(\widehat{\beta}_{CCE}^{UB} - \beta) \xrightarrow{d} N(0, D^{-1}\Sigma D^{-1})。$$

证毕。

第三章

具有交互固定效应的面板数据模型的线性设定检验

◈ 第一节 引言

近些年来，越来越多的文献开始研究具有交互固定效应（Interactive Fixed Effects，IFE）的高维面板数据模型。通过采用低维的公共因子结构，相较于传统的固定/随机效应模型，这些模型能够更加灵活地捕捉异质性特征。这里，公共因子是指那些同时以不同程度影响不同截面个体的因子。这种灵活性使得这些模型成为处理截面相关问题最流行和最成功的工具之一，特别是在截面维度 N 和时间维度 T 都很大的时候。例如，Pesaran（2006）用公共相关效应方法（Common Correlated Effect，CCE）来估计具有 IFE 的面板模型；Bai（2009）提出主成分分析（PCA）估计量。Moon 和 Weidner（2015，2017）重新考察 Bai（2009）的 PCA 估计，并把它放在高斯准（拟）极大似然估计（Quasi Maximum Likelihood Estimation，QMLE）的框架下讨论；Su 和 Chen（2013）在具有 IFE 的面板模型中检验斜率系数的同质性。此外，这类模型还有很多其他相关的研究，如 Ahn 等（2001，2013）考

虑在 N 很大而 T 固定时的 GMM 估计，Kapetanios 和 Pesaran（2007），Greenaway-McGrevy 等（2012）研究因子增强的面板回归模型，Pesaran 和 Tosetti（2011）提出同时具有多因子误差结构和空间误差相关时的面板模型的估计，Zafaroni（2010）考虑用广义最小二乘（GLS）估计来改进估计效率。

在经济学中，具有 IFE 的面板数据模型也一直被广泛使用。例如，在劳动经济学中，Carneiro 等（2003）和 Cunha 等（2005）两篇论文都运用因子误差结构来研究个体的教育决策。在宏观经济学中，Giannone 和 Lenza（2010）使用 IFE 模型为 Feldstein 和 Horioka（1980）的谜题提供了一种解释。在金融里，Ross（1976）的套利定价理论正是基于一个资产收益率的因子模型；Bai 和 Ng（2006）提出了几种检验来衡量宏观和金融中潜在地观测到的因子是否能够相互解释；Ludvigson 和 Ng（2009）通过对大数据集进行动态因子分析，将大量的经济信息总结在少数几个因子中，从而考察了风险—收益率的实证关系；Ludvigson 和 Ng（2011）用因子增广回归分析了债券超额收益和宏观因子的关系。

上述所有论文都在具有 IFE 的面板模型回归关系中采用线性设定。最近，具有 IFE 的非参数面板数据模型开始引起关注，参见 Freyberger（2018），Su 和 Jin（2012），Jin 和 Su（2013）以及 Su 和 Zhang（2017）。Freyberger（2018）考虑当 N 大且 T 固定时，具有 IFE 的非参数面板数据模型的识别和筛分（sieve）估计。Su 和 Jin（2012）通过筛分方法将 Pesaran（2006）的 CCE 估计从静态线性模型扩展到静态非参数模型。Jin 和 Su（2013）为具有 IFE 的非参数回归模型构建了一个数据是否可合并的非参数检验。Su 和 Zhang（2017）将 Bai（2009）的 PCA 估计扩展到了具有 IFE 的非参数动态面板数据模型中。尽管非参数估计和检验很稳健，但是与参数方法相比，它们的收敛速度通常较慢。另外，如果存在模型误设，基于参数（通常为线性）模型的估计和检验会产生误导。因此，为具有交互作用的线性面板数据模型的正确设定提出一个检验是很有价值的。

在本书中，我们关心下面这个面板数据模型的线性检验

$$Y_{it} = m(X_{it}) + F_t^{0'} \lambda_i^0 + \varepsilon_{it} \tag{3.1}$$

其中，$i = 1,\cdots,N, t = 1,\cdots,T$，$X_{it}$ 是由可观测的解释变量组成的 $p \times 1$ 维向量,并可能包含被解释变量的滞后项,$m(\cdot)$ 是一个未知的光滑函数，F_t^0 是由不可观测的公共因子组成的 $R \times 1$ 维向量，λ_i^0 是由不可观测的因子载荷组成的 $R \times 1$ 维向量，ε_{it} 是异质的误差扰动项。当 $m(X_{it}) = X_{it}'\beta^0$ 对于某些 $\beta^0 \in \mathbb{R}^p$ 几乎必然（a. s.）成立时，（3.1）成了最流行的具 IFE 的线性面板模型设定，Pesaran（2006），Bai（2009）以及 Moon 和 Weidner（2015，2017）均对此进行了研究。他们考虑了模型中 β 和（λ_i, F_t）的各种估计，建立了估计量的渐近分布。我们通常需要对估计量进行偏差的校正。

我们以经济增长模型为例来考察非参数模型（3.1）的设定和线性检验的动机。在 20 世纪 90 年代中期以前，几乎所有的跨国增长实证研究都依赖 Solow 模型或其变体所要求的参数（通常为线性）假设。20 世纪 90 年代中后期的几项研究质疑这种线性假设，提出了非线性的增长模型。例如，Liu 和 Stengos（1999）在横断面研究中使用部分线性模型来揭示初始收入和教育水平影响增长率的非线性模式。Su 和 Lu（2013）以及 Lee（2014）最近通过动态面板数据模型研究了经济增长并发现显著的非线性模式。前一篇论文考虑当 N 大且 T 固定时仅具有个体固定效应的传统面板数据模型；后者考虑当 N 和 T 都很大时同时具有个体和时间效应的高维面板。鉴于上述论文都拒绝线

性的假设，我们考虑下面这个非参数的面板数据模型

$$Y_{it} = m(X_{it}) + \alpha_i + f_t + \varepsilon_{it} \tag{3.2}$$

这里 α_i 和 f_t 是通常所说的个体和时间固定效应，Y_{it} 是国家 i 在第 t 期的人均 GDP 增长率，X_{it} 是一个向量，它可能包含上一期的经济增长率 $Y_{i,t-1}$ 以及一些决定经济增长的变量，例如初始收入水平，人力资本和投资占 GDP 的比重。显然，选用（3.2）中的面板数据模型来刻画增长，让我们既能控制每个国家所特有的个体异质性效应，又能控制时间效应。但是，它的局限性也显而易见。简单来说，（3.2）假设共同冲击（例如技术冲击、石油价格冲击、金融危机）以时间效应 f_t 的形式进入方程，因而对所有国家具有相同的影响。现实中却不是这样的，一个小的经济体往往比大经济体更容易受到冲击影响，这促使具有 IFE 的非参数面板模型（3.1）在经济增长文献中的使用。我们应当在使用 IFE 替代通常的固定效应后，检查是否还有非线性模式。

更一般地，尽管经济理论规定某些经济变量对于其他变量具有影响作用，但它并没有规定变量应当怎样进入统计模型。从基本定理推出的模型，例如效用函数和生产函数，只在某些严格的函数形式限制下才具有线性的模式。人们采用线性模型往往只是出于简单的考虑。一个设定正确的线性模型可能会提供精确的统计推断结果，一个误设的线性模型却会造成严重的误导性结果。当 $m(\cdot)$ 是一个非线性函数，之前讨论的参数方法通常不能为真实的回归函数提供一致估计，相应地，也得不到因子空间的一致估计。更进一步，基于这些估计量的假设检验具有误导性。例如，在因子分析中决定公共因子个数［Bai 和 Ng（2002），Onatski（2009），以及 Lu 和 Su（2016）］、在面板数据模型中检验可加性和交互性［Bai（2009）］等重要课题，但如果估计基于的模型存在误设，这二者的结果都将失效或变得不可靠。因

此，为了避免模型误设的严重后果，我们有必要在对参数和因子空间进行统计推断之前，先检验模型是不是线性的。

许多文献已经对参数模型提出了线性设定，或者更广义的，模型设定是否正确的检验。Ramsey（1969）提出的 RESET 检验被广泛地用在线性模型设定检验中，但它并不是一致的。从 Hauseman（1978）开始，大量文献开始讨论函数形式设定检验，参见 Bierens（1982，1990），Wooldridge（1992），Yatchew（1992），Härdle 和 Mammen（1993），Hong 和 White（1995），Fan 和 Li（1996），Zheng（1996），Li 和 Wang（1998），Stinchcombe 和 White（1998），Chen 和 Gao（2007），Hsiao 等（2007），以及 Su 和 Ullah（2013），等等。此外，Hjellvik 和 Tjøstheim（1995），Hjellvik 等（1998）提出了非参数回归中的线性设定检验，Hansen（1999）在自激励门限自回归（SETAR，Self - Exciting Threshold Autoregression）模型中回顾了线性的检验问题。最近，Su 和 Lu（2013），Lee（2014）分别考虑了基于参数和非参数估计的加权二乘距和个体广义光谱导数的动态面板模型线性检验；Lin 等（2014）在具有固定效应的静态面板模型中提出了线性函数形式的一致检验。然而，据我们所知，尚无针对具有 IFE 的面板数据模型的线性检验。

在本书中，我们提出了具有 IFE 的面板数据模型中线性设定的非参数检验。首先，在原假设下估计线性模型，我们获得用于构建检验统计量的残差项。当线性模型设定正确时，残差不包含有关回归函数的有用信息；反之则有。因此，残差向回归空间的投影在原假设成立时下应当接近零，在备择假设下远离零。就像文献中许多其他基于残差的检验一样［Fan 和 Li（1996），Zheng（1996），Hsiao 等（2007），以及 Su 和 Ullah（2013）］，这促使我们考虑基于残差的检验。我们证明了，在经过适当标准化之后，本书的检验统计量在原假设和一系列 Pitman 局部备择假设下服从渐近正态分布。我们还提出了一个自助法（Bootstrap）再抽样方法来获取 p 值。显然，在拒绝原假设的情况下，不能使用具有 IFE 的线性面板数据模型，必须考虑非线性或非参数模型。我们将检验应用在 Penn World Table（PWT 7.1）的经济增长面板数据集上，并发现不同模型设定在不同的样本区间都存在显著的非线性关系。这表明了我们检验的实证相关性和必要性。

与文献中对其他模型的现有检验相比，我们的检验的主要困难在于三个方面。第一个困难是因子和因子载荷估计的收敛速度较慢。在前述论文中，残差在原假设下以通常的速率收敛到真实的随机误差项，因此，在原假设或 Pitman 局部备择假设下，参数估计误差在检验统计量的渐近分布中不起作用。相反，对于具有 IFE 的面板数据模型，只能以比斜率系数更慢的速率来估计因子和因子载荷，估计误差很重要，因为它们使得局部 power 的渐近分析变得非常复杂。第二个困难是由于面板数据模型中允许动态结构。检验统计量［参见后文（3.5）］本身具有双重（two - fold）V 统计量的结构，其中个体和时间维度都需要求和。当第一阶段参数估计误差进入渐近分布时，这种统计量的渐近分析变得与滞后因变量的存在密切相关。第三个困难是因为在具有 IFE 的动态面板数据模型中，观测值通常不是截面独立的，或者在时间上强混合（strong mixing）。当我们允许未观察到的因子和因子载荷都随机时，这种情况就会出现。但是，给定未观察到的因子和因子载荷，观测值可能在截面上具有独立性，同时在时间上强混合。幸运的是，针对独立但不同分布（INID）观测值的二阶退化 U 统计量的经典中心极限定理（CLT）［参见 de Jong（1987）］可以直接扩展到条件独立但不同分布（CINID）的情形。经典 Davydov 的和

Bernstein 的强混合过程不等式也各自有在条件强混合过程中的对应版本，这在之前已由 Prakasa Rao（2009）研究过。对我们的检验统计量的渐近性质的研究，都依赖这些创新。

本章的其余部分安排如下。在第二节中，我们介绍假设和检验统计量。第三节中，我们在原假设和局部备择假设下分别建立检验的渐近分布。在第四节中，我们进行了蒙特卡洛模拟，用以评估检验的有限样本表现，并将检验应用于经济增长数据。第五节总结。所有证明都归在附录里，补充材料提供了其他技术性引理的证明（参阅附录 E）。

符号：本书使用下列符号。对于一个 $m\times n$ 的实矩阵 A，我们用 A' 表示它的转置，它的 Frobenius 范数 $\|A\|_F\equiv[tr(A'A)]^{1/2}$，谱范数 $\|A\|\equiv\sqrt{\mu_1(A'A)}$，$\equiv$ 表示“定义为”。$\mu_1(\cdot)$ 表示一个实对称矩阵最大的特征值，μ_{min} 表示最小的特征值。更一般地，我们用 $\mu_s(\cdot)$ 表示矩阵第 s 大的特征值（重根计重次）。$P_A\equiv A(A'A)^{-1}A'$，$M_A\equiv I_m-P_A$，其中 I_m 是 $m\times m$ 的单位阵。我们分别用“p. d.”和“p. s. d.”表示“正定”和“正半定”。对于对称阵 A 和 B，$A>B(A\geqslant B)$ 代表 $A-B$ 是 p. d.（p. s. d.）。$\xrightarrow{P}$ 表示依概率收敛，$\xrightarrow{D}$ 表示依分布收敛，$plim$ 表示概率极限。我们用 $(N,T)\to\infty$ 代表 N 和 T 同时趋近于无穷。

第二节　基本框架

在本节中，我们首先建立假设和检验统计量，然后介绍在原假设约束下具有 IFE 的面板数据模型的估计。

一　假设和检验统计量

我们的主要目标是对模型（3.1）的线性函数形式构建一个检验，关心的原假设为：

$$H_0: \text{存在}\ \beta \in \mathbb{R}^p\ \text{使得}\ \Pr[m(X_{it}) = X_{it}^{'}\beta^0] = 1 \tag{3.3}$$

而备择假设是原假设的反面：

$$H_1: \text{对所有}\ \beta \in \mathbb{R}^p\ \text{都有}\ \Pr[m(X_{it}) = X_{it}^{'}\beta^0] < 1 \tag{3.4}$$

为了进行局部功效（power）分析，我们定义下列的 Pitman 局部备择假设：

$$H_1(\gamma_{NT}): \text{对某一}\ \beta^0 \in \mathbb{R}^p,\ m(X_{it}) = X_{it}^{'}\beta^0 + \gamma_{NT}\Delta(X_{it})\ a.s. \tag{3.5}$$

其中 $\Delta(\cdot) \equiv \Delta_{NT}(\cdot)$ 是一个可测的非线性函数，当 $(N,T) \to \infty$，$\gamma_{NT} \to 0$，它的具体收敛速度见下文的定理 3.3。

定义 $e_{it} \equiv Y_{it} - X_{it}^{'}\beta^0 - F_t^{0'}\lambda_i^0$，并用 $f_i(\cdot)$ 来表示 X_{it} 的概率密度函数（probability density function，PDF）。在 H_0 成立时，$e_{it} = \varepsilon_{it}$，满足 $E(e_{it} \mid X_{it}) = 0$，我们有

$$J \equiv E[e_{it}E(e_{it} \mid X_{it})f_i(X_{it})] = E\{[E(e_{it} \mid X_{it})]^2 f_i(X_{it})\} = 0。$$

然而，在 H_1 下，$e_{it} = \varepsilon_{it} + m(X_{it}) - X_{it}^{'}\beta^0$，因此 $E(e_{it} \mid X_{it}) = m(X_{it}) - X_{it}^{'}\beta^0$ 不等于 0 a. s.，这意味着 $E[e_{it}E(e_{it} \mid X_{it})f_i(X_{it})] > 0$。基于这一事实，我们提出一个线性面板模型正确设定的一致检验统计量。

为了实施检验，我们在 H_0 下估计线性模型，得到约束残差 $\hat{\varepsilon}_i = (\hat{\varepsilon}_{i1},\cdots,\hat{\varepsilon}_{iT})^{'}$，$i = 1,\cdots,N$。然后，可以得到 J 统计：

$$J_{NT} = \frac{1}{(NT)^2}\sum_{i=1}^{N}\sum_{j=1}^{N}\sum_{t=1}^{T}\sum_{s=1}^{T}\widehat{\varepsilon}_{it}\widehat{\varepsilon}_{js}K_h(X_{it}-X_{js})$$
$$= \frac{1}{(NT)^2}\sum_{i=1}^{N}\sum_{j=1}^{N}\widehat{\varepsilon}_i' X_{ij}\widehat{\varepsilon}_j \tag{3.6}$$

其中，$K_h(x) = \Pi_{l=1}^{p} h_l^{-1}k(\frac{x_l}{h_l})$，$k(\cdot)$ 是一个一元核（kernel）函数，$h = (h_1,\cdots,h_p)$ 是带宽（bandwidth）参数，X_{ij} 是 $T\times T$ 的矩阵，它的第 (t,s) 元素 $X_{ij,ts} \equiv K_h(X_{it}-X_{js})$。

二 原假设下的估计

接下来，让 $X_{it,k}$ 表示 X_{it} 的第 k 个元素，$k = 1,\cdots,p$。定义

$Y_i \equiv (Y_{i1},\cdots,Y_{iT})'$，$X_i \equiv (X_{i1},\cdots,X_{iT})'$，$\varepsilon_i \equiv (\varepsilon_{i1},\cdots,\varepsilon_{iT})'$，$e_i \equiv (e_{i1},\cdots,e_{iT})'$，

$F^0 \equiv (F_1^0,\cdots,F_T^0)'$，$\lambda^0 \equiv (\lambda_1^0,\cdots,\lambda_N^0)'$，$X_{i,k} \equiv (X_{i1,k},\cdots,X_{iT,k})'$，$Y \equiv (Y_1,\cdots,Y_N)'$，

$X_k \equiv (X_{1,k},\cdots,X_{N,k})'$，$\varepsilon \equiv (\varepsilon_1,\cdots,\varepsilon_N)'$，和 $e \equiv (e_1,\cdots,e_N)'$，其中 Y，X_k，ε 和 e 都是 $N\times T$ 矩阵。

正如之前提到的，我们要在原假设（3.3）下估计模型。记 $\beta^0 \equiv (\beta_1^0,\cdots,\beta_p^0)'$。当原假设成立时，可以把模型写成向量和矩阵的形式，即

$$Y_i = X_i\beta^0 + F^0\lambda_i^0 + \varepsilon_i \tag{3.7}$$

和

$$Y = \sum_{k=1}^{p}\beta_k^0 X_k + \lambda^0 F^{0\prime} + \varepsilon \tag{3.8}$$

遵循 Moon 和 Weidner（2015，2017）的做法，(β,λ,F) 的高斯

（Gaussian）准极大似然估计（QMLE，quasi maximum likelihood estimator）$(\hat{\beta},\hat{\lambda},\hat{F})$ 可以按如下方法得到

$$(\hat{\beta},\hat{\lambda},\hat{F}) = \underset{(\beta,\lambda,F)}{\operatorname{argmin}} L_{NT}(\beta,\lambda,F) \tag{3.9}$$

其中

$$L_{NT}(\beta,\lambda,F) \equiv \frac{1}{NT}tr[(Y - \sum_{k=1}^{p}\beta_k X_k - \lambda F')'(Y - \sum_{k=1}^{p}\beta_k X_k - \lambda F')] \tag{3.10}$$

$\beta \equiv (\beta_1,\cdots,\beta_p)'$ 是 $p \times 1$ 的参数向量，$F \equiv (F_1,\cdots,F_T)'$，$\lambda \equiv (\lambda_1,\cdots,\lambda_N)'$。特别地，我们关心 β 的如下估计量：

$$\hat{\beta} = \underset{\beta}{\operatorname{argmin}} L_{NT}(\beta) \tag{3.11}$$

其中负轮廓拟对数似然（negative profile log - likelihood）函数

$$\begin{aligned} L_{NT}(\beta) &= \min_{\lambda,F} L_{NT}(\beta,\lambda,F) \\ &= \min_F \frac{1}{NT}tr[(Y - \sum_{k=1}^{p}\beta_k X_k) M_F (Y - \sum_{k=1}^{P}\beta_k X_k)'] \\ &= \frac{1}{NT}\sum_{t=R+1}^{T}\mu_t[(Y - \sum_{k=1}^{p}\beta_k X_k)'(Y - \sum_{k=1}^{p}\beta_k X_k)] \end{aligned} \tag{3.12}$$

关于上面最后三个等式的证明，可以参见 Moon 和 Weidner（2017）。

正如（3.10）至（3.12）所示，QMLE 的计算很方便：只需要在每一步对 β 进行数值优化时计算一个 $T \times T$ 矩阵的特征值。为了进行统计推断，我们还需要 λ^0 和 F^0 在特定识别约束下的一致估计。遵循 Bai（2009），我们考虑下列模型识别约束：

$$F'F/T = I_R, \lambda'\lambda = \text{diag 矩阵} \tag{3.13}$$

一旦得到 $\hat{\beta}$，(λ,F) 的 QMLE $(\hat{\lambda},\hat{F})$ 是下列非线性约束的解：

$$\left[\frac{1}{NT}\sum_{i=1}^{N}(Y_i - X_i\hat{\beta})(Y_i - X_i\hat{\beta})'\right]\hat{F} = \hat{F}V_{NT} \tag{3.14}$$

$$\widehat{\lambda}' \equiv (\widehat{\lambda}_1, \cdots, \widehat{\lambda}_N) = T^{-1}[\widehat{F}'(Y_1 - X_1\widehat{\beta}), \cdots, \widehat{F}'(Y_N - X_N\widehat{\beta})] \tag{3.15}$$

其中 V_{NT} 是一个对角阵，对角元素由（3.12）中对等矩阵的最大的 R 个特征值降序排列得到。

得到 $(\widehat{\beta}, \widehat{\lambda}, \widehat{F})$ 后，我们在原假设下由 $\widehat{\varepsilon}_i \equiv Y_i - X_i\widehat{\beta} - \widehat{F}\widehat{\lambda}_i$ 估计 ε_i。容易验证

$$\widehat{\varepsilon}_i = M_{\widehat{F}}\varepsilon_i - M_{\widehat{F}}X_i(\widehat{\beta} - \beta^0) + M_{\widehat{F}}F^0\lambda_i^0 + M_{\widehat{F}}(m_i - X_i\beta^0) \tag{3.16}$$

其中，$m_i \equiv [m(X_{i1}), m(X_{i2}), \cdots, m(X_{iT})]'$。那么，（3.6）中的检验统计量 J_{NT} 可以用 $\widehat{\varepsilon}_i$ 来构建。

第三节　渐近分布

在本节中，我们首先研究 $\widehat{\beta}$ 在 $H_1(\gamma_{NT})$ 下的渐近性质，然后研究检验统计量在 $H_1(\gamma_{NT})$ 下的渐近分布。随后，我们也提出计算 p 值的自助法（Bootstrap）。

一　估计量在局部备择假设下的渐近性质

令 $C_{NT}^{(1)}$ 和 $C_{NT}^{(2)}$ 都是 $p \times 1$ 向量，它们的第 k 个分量分别为

$$C_{NT,k}^{(1)} = \frac{1}{NT}tr(M_{\lambda^0}X_kM_{F^0}e') \tag{3.17}$$

$$C_{NT,k}^{(2)} = \frac{-1}{NT}[\mathrm{tr}(eM_{F^0}e'M_{\lambda^0}X_k\Phi_1')$$

$$+\operatorname{tr}(e' M_{\lambda^0} e M_{F^0} X_k' \Phi_1) + \operatorname{tr}(e' M_{\lambda^0} X_k M_{F^0} e' \Phi_1)] \tag{3.18}$$

其中 $\Phi_1 \equiv \lambda^0 (\lambda^{0'} \lambda^0)^{-1} (F^{0'} F^0)^{-1} F^{0'}$。$D_{NT}$ 是 $p \times p$ 的矩阵且它的第 (k_1, k_2) 个元素为

$$D_{NT,k_1k_2} = \frac{1}{NT}\operatorname{tr}(M_{\lambda^0} X_{k_1} M_{F^0} X_{k_2}') \tag{3.19}$$

定义 $\alpha_{ik} \equiv \lambda^0 (\lambda^{0'} \lambda^0 / N)^{-1} \lambda_k^0$，$\tilde{X}_i \equiv M_{F^0} X_i - \frac{1}{N}\sum_{j=1}^{N} \alpha_{ij} M_{F^0} X_j$。容易看出，$D_{NT}$ 的另一个在 Bai（2009）中的表达式：

$$
\begin{aligned}
D_{NT} &\equiv D_{NT}(F^0) \\
&= \frac{1}{NT}\sum_{i=1}^{N} X_i' M_{F^0} X_i - \frac{1}{T}\frac{1}{N^2}\sum_{i=1}^{N}\sum_{k=1}^{N} X_i' M_{F^0} X_k \alpha_{ik} \\
&= \frac{1}{NT}\sum_{i=1}^{N} \tilde{X}_i' \tilde{X}_i
\end{aligned}
$$

遵循 Moon 和 Weidner（2015），我们把 $C_{NT}^{(1)} + C_{NT}^{(2)}$ 和 D_{NT} 称作轮廓拟似然函数的近似得分和海塞矩阵。定义 $\delta_{NT} \equiv \min(\sqrt{N}, \sqrt{T})$，$\Delta_i \equiv [\Delta(X_{i1}), \cdots, \Delta(X_{iT})]'$ 以及 $\Delta \equiv (\Delta_1, \cdots, \Delta_N)'$。

要研究 $\hat{\beta}$ 在 $H_1(\gamma_{NT})$ 下的渐近性质，我们做出如下假设。

假设 A1（i）当 $N \to \infty$ 时，$N^{-1} \lambda^{0'} \lambda^0 \xrightarrow{P} \Sigma_\lambda > 0$ 对某些 $R \times R$ 矩阵 Σ_λ 成立。

（ii）当 $T \to \infty$ 时，$T^{-1} F^{0'} F^0 \xrightarrow{P} \Sigma_F > 0$ 对某些 $R \times R$ 矩阵 Σ_F 成立。

（iii）$\|\varepsilon\| = O_P(\max(\sqrt{N}, \sqrt{T}))$。

（iv）对于所有 $k = 1, \cdots, p$ 都有 $\|X_k\| = O_P(\sqrt{NT})$。

（v）当 $(N, T) \to \infty$ 时，$D_{NT} \xrightarrow{P} D > 0$ 对某些 $p \times p$ 矩阵 D 成立。

假设 A2（i）$(NT)^{-1/2} \operatorname{tr}(X_k \varepsilon') = O_P(1)$，对于 $k = 1, \cdots, p$。

（ii）$X_{(\alpha)} = \sum_{k=1}^{p} \alpha_k X_k$ 且满足 $\|\alpha\| = 1$，其中 $\alpha = (\alpha_1, \cdots, \alpha_p)'$。存在有限常数 $C > 0$ 使得 $\min_{\{\alpha \in \mathbb{R}^p: \|\alpha\|=1\}} \sum_{t=2R+1}^{T} \mu_t(X'_{(\alpha)} X_{(\alpha)}) \geqslant C$ 成立的概率趋近于 1（w. p. a. 1）。

假设 A3（i）$\|\Delta\| = O_P(\sqrt{NT})$；

（ii）当 $(N,T) \to \infty$，$\gamma_{NT} \to 0$。

Moon 和 Weidner（2017）也假设了 A1 - A2。A1（i），（ii）和（iv）很容易满足，A1（iii）对于不同的误差过程都能满足。A1（v）要求 D_{NT} 渐近正定。A2（i）要求自变量 X_k 满足弱外生性，A2（ii）则对 X_k 施加了无共线性的条件。注意，A2（ii）排除了不随时间或截面个体变化的自变量，但是我们可以像 Moon 和 Weidner（2015）那样放宽这些假设。A3（i）-（ii）设定了 γ_{NT} 和 Δ 应当满足的条件。注意，我们只要求对原假设的偏离是局部的。

下面这个定理说明了 $\widehat{\beta}$ 在 $H_1(\gamma_{NT})$ 下的渐近性质。

定理 3.1　当假设 A1 - A3 成立，在 $H_1(\gamma_{NT})$ 下

$$\widehat{\beta} - \beta^0 = D_{NT}^{-1}(C_{NT}^{(1)} + C_{NT}^{(2)}) + O_P\{[\gamma_{NT}^2(\delta_{NT}^{-1} + \gamma_{NT}) + \gamma_{NT}\delta_{NT}^{-3} + \delta_{NT}^{-5}]^{\frac{1}{2}}\}。$$

注 3.1　定理 3.1 的结果和 Moon 和 Weidner（2017）的推论 3.2 是可比的。用 $\bar{C}_{NT}^{(1)}$ 和 $\bar{C}_{NT}^{(2)}$ 表示 $p \times 1$ 的向量，它们的第 k 个元素分别是

$$\bar{C}_{NT,k}^{(1)} = \frac{1}{NT}\mathrm{tr}(M_{\lambda^0} X_k M_{F^0} \varepsilon') \quad (3.20)$$

$$\bar{C}_{NT,k}^{(2)} = \frac{-1}{NT}[\mathrm{tr}(\varepsilon M_{F^0} \varepsilon' M_{\lambda^0} X_k \Phi_1') + \mathrm{tr}(\varepsilon' M_{\lambda^0} \varepsilon M_{F^0} X_k' \Phi_1) + \mathrm{tr}(\varepsilon' M_{\lambda^0} X_k M_{F^0} \varepsilon' \Phi_1)] \quad (3.21)$$

按照上述定理的证明，我们还可以证明在 H_0 下，$\widehat{\beta}-\beta^0$ 的渐近表示为

$$\widehat{\beta}-\beta^0=D_{NT}^{-1}(\bar{C}_{NT}^{(1)}+\bar{C}_{NT}^{(2)})+O_P(\delta_{NT}^{-5/2})。$$

定义 $\kappa_{NT}\equiv[\gamma_{NT}^2(\delta_{NT}^{-1}+\gamma_{NT})+\gamma_{NT}\delta_{NT}^{-3}+\delta_{NT}^{-5}]^{1/2}$。为了阐明局部偏离原假设对 $\widehat{\beta}-\beta^0$ 渐近展开的影响，我们将在 $H_1(\gamma_{NT})$ 下对 $e=\varepsilon+\gamma_{NT}\Delta$ 进行如下分解：

$$\begin{aligned}\widehat{\beta}-\beta^0&=D_{NT}^{-1}(\bar{C}_{NT}^{(1)}+\bar{C}_{NT}^{(2)})\\&\quad+D_{NT}^{-1}(C_{NT}^{(1)}-\bar{C}_{NT}^{(1)})+D_{NT}^{-1}(C_{NT}^{(2)}-\bar{C}_{NT}^{(2)})+O_P(\kappa_{NT})\\&=A_{1NT}+A_{2NT}+A_{3NT}+O_P(\kappa_{NT})\end{aligned}$$

其中

$$A_{1NT}\equiv D_{NT}^{-1}(\bar{C}_{NT}^{(1)}+\bar{C}_{NT}^{(2)})$$

$$A_{2NT}\equiv D_{NT}^{-1}(C_{NT}^{(1)}-\bar{C}_{NT}^{(1)})=D_{NT}^{-1}\frac{\gamma_{NT}}{NT}\mathrm{tr}(M_{\lambda^0}X_kM_{F^0}\Delta')$$

$$\begin{aligned}A_{3NT}&\equiv D_{NT}^{-1}(C_{NT}^{(2)}-\bar{C}_{NT}^{(2)})\\&=-D_{NT}^{-1}\gamma_{NT}\frac{1}{NT}\Big\{[\mathrm{tr}(\varepsilon M_{F^0}\Delta'M_{\lambda^0}X_k\Phi_1')\\&\quad+\mathrm{tr}(\Delta M_{F^0}\varepsilon'M_{\lambda^0}X_k\Phi_1')]\\&\quad+\gamma_{NT}\mathrm{tr}(\Delta M_{F^0}\Delta'M_{\lambda^0}X_k\Phi_1')+[\mathrm{tr}(\varepsilon'M_{\lambda^0}\Delta M_{F^0}X_k'\Phi_1)\\&\quad+\mathrm{tr}(\Delta'M_{\lambda^0}\varepsilon M_{F^0}X_k'\Phi_1)\gamma_{NT}\mathrm{tr}(\Delta'M_{\lambda^0}\Delta M_{F^0}X_k'\Phi_1)]\\&\quad+[\mathrm{tr}(\varepsilon'M_{\lambda^0}X_kM_{F^0}\Delta'\Phi_1)+\mathrm{tr}(\Delta'M_{\lambda^0}X_kM_{F^0}\varepsilon'\Phi_1)\\&\quad+\gamma_{NT}\mathrm{tr}(\Delta'M_{\lambda^0}X_kM_{F^0}\Delta'\Phi_1)]\Big\}\end{aligned}$$

显然，A_{1NT} 表示 $\widehat{\beta}-\beta^0$ 在 H_0 下展开的主导项，A_{2NT} 和 A_{3NT} 表示局部偏离原假设对渐近展开的影响。

注 3.2　由于在假设 A1 - A3（i）下

$$C_{NT,k}^{(1)} = \frac{\gamma_{NT}}{NT}\mathrm{tr}(M_{\lambda^0} X_k M_{F^0} \Delta') + \frac{1}{NT}\mathrm{tr}(M_{\lambda^0} X_k M_{F^0} \varepsilon')$$
$$= O_P(\gamma_{NT}) + O_P(\delta_{NT}^{-2}) \qquad (3.22)$$

以及 $C_{NT}^{(2)} = O_P(\delta_{NT}^{-2} + \gamma_{NT}^2)$，我们有

$$\hat{\beta} - \beta^0 = D_{NT}^{-1}(C_{NT}^{(1)} + C_{NT}^{(2)})$$
$$+ O_P\left\{[\gamma_{NT}^2(\delta_{NT}^{-1} + \gamma_{NT}) + \gamma_{NT}\delta_{NT}^{-3} + \delta_{NT}^{-5}]^{\frac{1}{2}}\right\}$$
$$= O_P(\gamma_{NT} + \delta_{NT}^{-2})$$

在 $H_1(\gamma_{NT})$ 下成立。

正如预料的那样，在 $H_1(\gamma_{NT})$ 下，$\hat{\beta}$ 向 β^0 的收敛速度共同取决于 γ_{NT} 和 δ_{NT}^{-2}。如果 $\delta_{NT}^{-2} = O(\gamma_{NT})$，那么对原假设的局部偏离控制着收敛速度。在接下来的研究中，我们考虑 $H_1(\gamma_{NT})$ 中的 $\gamma_{NT} = N^{-1/2}T^{-1/2}(h!)^{-1/4}$ 的情形，并且限制 $\delta_{NT}^{-2} = o(\gamma_{NT})$［见下面的假设 A7（i）］。后一个条件说明 $C_{NT}^{(2)}$ 和（3.22）中的 $C_{NT}^{(1)}$ 的第二项渐近得比第一项更小。那么，我们有

$$\hat{\beta} - \beta^0 = \gamma_{NT} D_{NT}^{-1}\Pi_{NT} + O_P(\delta_{NT}^{-2} + \gamma_{NT}^2)$$
$$= \gamma_{NT} D_{NT}^{-1}\Pi_{NT} + o_P(\gamma_{NT}) \qquad (3.23)$$

其中，Π_{NT} 是一个 $p \times 1$ 的向量，它的第 k 个元素满足

$$\Pi_{NT,k} = (NT)^{-1}\mathrm{tr}(M_{\lambda^0} X_k M_{F^0} \Delta') = O_P(1) \qquad (3.24)$$

注意，我们并没有要求 N 和 T 趋近于 ∞的速度相同，也没有要求一个比另一个的速度更快。

二　检验统计量的渐近分布

首先，我们介绍条件强混合（conditional strong mixing）的概念。

定义 3.1 用 (Ω,A,P) 表示概率空间, B 表示 A 的一个 σ 域。记 $P_B(\cdot)\equiv P(\cdot\mid B)$。$\{\xi_t,t\geqslant 1\}$ 表示定义在 (Ω,A,P) 上的随机变量序列。给定 B, 序列 $\{\xi_t,t\geqslant 1\}$ 被称作条件强混合（或 B -强混合），当且仅当存在一个非负的 B -可测随机变量 $\alpha^B(t)$ 当 $t\to\infty$ 时 a. s. 收敛到0，从而

$$|P_B(A\cap B)-P_B(A)P_B(B)|\leqslant\alpha^B(t)\text{ a. s.}\tag{3.25}$$

对于所有的 $A\in\sigma(\xi_1,\cdots,\xi_k)$ 和 $B\in\sigma(\xi_{k+t},\xi_{k+t+1},\cdots)$ 都成立,此处 $k\geqslant 1$ 和 $t\geqslant 1$。

上述定义来自 Prakasa Rao（2009）；也可参照 Roussas（2008）。当 $\alpha^B(t)$ 是（3.25）在集合 $\{A\in\sigma(\xi_1,\cdots,\xi_k),B\in\sigma(\xi_{k+t},\xi_{k+t+1},\cdots),k\geqslant 1\}$ 上的上确界时，我们把它叫作 β - 强混合参数。

参数 q_0 和 q_1 由下面的假设 A5 定义，$q_2\in(1,4/3)$，$\tilde{q}_2=\frac{q_1q_2}{(q_1+q_2)}$。我们让 $\tilde{q}_3>0$ 从而 $1-\frac{1}{\tilde{q}_3}=\frac{1}{q_1}+\frac{1}{\tilde{q}_2}$。定义 $h!\equiv\Pi_{k=1}^{p}h_k$。对于任意随机变量或向量 A, 定义 $\|A\|_q\equiv\{E\|A\|^q\}^{1/q}$, $D\equiv\sigma(F^0,\lambda^0)$ 为 (F^0,λ^0) 生成的 σ -域。要研究检验统计量的渐近分布，我们添加如下假设。

假设 A4（i）对于每个 $i=1,\cdots,N$, 给定 D, $\{(X_{it},\varepsilon_{it}):t=1,2,\cdots\}$ 是条件强混合的（或 D -强混合），强混合系数为 $\{\alpha_{NT,i}^{D}(t),1\leqslant t\leqslant T-1\}$。定义

$$\alpha_D(\cdot)\equiv\alpha_{NT}^{D}(\cdot)\equiv\max_{1\leqslant i\leqslant N}\alpha_{NT,i}^{D}(\cdot),$$

它满足 $\sum_{s=1}^{\infty}\alpha_D(s)^{1/\tilde{q}_3}\leqslant C_\alpha<\infty$a. s.，且 $\sum_{\tau=1}^{\infty}\alpha_D(\tau)^{\tilde{\eta}/(1+\tilde{\eta})}\leqslant C_\alpha<\infty$a. s. 对某 $\tilde{\eta}\in(0,1/3)$ 成立。此外，存在 $\tau\in(1,Th!)$ 使得在 $(N,T)\to\infty$ 时, $Th!/\tau\gg T^{\eta}$ 对于某些 $\eta>0$ 和 $(NT)^{(1+p/q_0)}(h!)^{-1}\alpha_D(\tau)=o_{a.s.}(1)$

成立。

(ii) (ε_i, X_i), $i=1,\cdots,N$, 条件于 D 相互独立。

(iii) 对于 $i=1,\cdots,N$, $E(\varepsilon_{it} \mid F_{NT,t-1})=0$ a. s. ，其中

$F_{NT,t-1} \equiv \sigma(\{F^0, \lambda^0, X_{it}, X_{i,t-1}, \varepsilon_{i,t-1}, X_{i,t-2}, \varepsilon_{i,t-2}, \cdots\}_{i=1}^N)$。

(iv) 对于 $i=1,\cdots,N$, 用 $f_{i,t}(x)$ 表示给定 D 时 X_{it} 的边际 PDF，$f_{i,ts}(x,\bar{x})$ 表示 X_{it} 和 X_{is} 的联合 PDF。$f_{i,t}(\cdot)$ 和 $f_{i,ts}(\cdot,\cdot)$ 为连续函数且一致有界，界限为 $C_f<\infty$。

假设 A5 (i) $\max_{1\leqslant i\leqslant N}\|X_{it}\|_{q_0}\leqslant C_X<\infty$ 对于某些 $q_0\geqslant 4$ 成立。

(ii) $\max_{1\leqslant i\leqslant N}\|\varepsilon_{it}\|_{q_1}\leqslant C_\varepsilon<\infty$ 对于某些 $q_1>4$ 成立。

(iii) $\max_{1\leqslant i\leqslant N}\|\lambda_i^0\|_4\leqslant C_\lambda<\infty$ 且 $\max_{1\leqslant t\leqslant T}\|F_t^0\|_4\leqslant C_F<\infty$。

(iv) $\Delta(\cdot)$ 一致有界，或存在函数 $D_\Delta(\cdot)$ 使得 $|\Delta(x+\tilde{X})-\Delta(x)|\leqslant D_\Delta(x)\|\tilde{X}\|$ 对于所有的 $x\in X$ 和 $\tilde{X}=O(1)$ 成立，并且

$$\frac{1}{NT}\sum_{i=1}^N\sum_{t=1}^T E[(\|F_t^0\|+\|\lambda_i^0\|)(|D_\Delta(X_{it})|^4+|\Delta(X_{it})|^4)]=O(1)。$$

(v) F_t^0, λ_i^0, 和 ε_{it} 满足

$$\frac{1}{NT}\sum_{i=1}^N\sum_{t=1}^T E\left\{[\|F_t^0\|+\|\lambda_i^0\|]\varepsilon_{it}^4\right\}=O(1),$$

$$\frac{1}{NT}\sum_{i=1}^N\sum_{t=1}^T E[\|F_t^0\|^2\|\lambda_i^0\|^2\varepsilon_{it}^2]=O(1)。$$

假设 A6 (i) 核函数 $k(\cdot):\mathbb{R}\to\mathbb{R}$ 是一个对称连续有界的 PDF。

(ii) 对于某个 $C_k<\infty$ 和 $L<\infty$, 要么对于 $|u|>L$ 有 $k(u)=0$, 并且对于所有 u 和 $\bar{u}\in\mathbb{R}$, $|k(u)-k(\bar{u})|\leqslant C_k|u-\bar{u}|$ 都成立，要么 $k(u)$ 可导，$\sup_u\left|(\frac{\partial}{\partial u})k(u)\right|\leqslant C_k$, $k(u)\leqslant C_k|u|^{-q_0}$ 且 $\left|(\frac{\partial}{\partial u})k(u)\right|\leqslant C_k|u|^{-\nu}$

对于 $|u| > L$，对于某些 $\nu > 1$。

假设 A7（i）当 $(N,T) \to \infty$, $\|h\| \to 0$, $NT\delta_{NT}^{-4}(h!)^{1/2} \to 0$, $Th! \to \infty$, 且 $Nh! \to \infty$。

（ii）当 $(N,T) \to \infty$, $NT^{-1}(h!)[(h!)^{\frac{2(1-q_2)}{q_2}} + (h!)^{-\frac{2\bar{\eta}}{(1+\bar{\eta})}}]^2 \to 0$, $N^2 T^{-2}(h!)^{\frac{(4-3q_2)}{q_2}} \to 0$。

假设 A4（i）要求每个时间序列 $\{(X_{it}, \varepsilon_{it}): t = 1,2,\cdots\}$ 是 D -强混合的。Prakasa Rao（2009）把（无条件）强混合的概念拓展到了条件强混合，他们发现在强混合过程下成立的几个著名不等式在条件强混合下也成立，详见补充材料附录中的引理 E1 – E3。正如 Su 和 Chen（2013）指出，即便 $\{(\varepsilon_{it}, F_t^0), t \geq 1\}$ 是强混合的，具有 IFE 的简单面板 AR（1）模型 $Y_{it} = \rho_0 Y_{i,t-1} + \lambda_i^{0\prime} F_t^0 + \varepsilon_{it}$ 也通常不会生成强混合过程 $\{Y_{it}, t \geq 1\}$，除非我们假设 λ_i^0 是非随机的。正因如此，在研究非线性动态面板模型时，Hahn 和 Kuersteiner（2011）假设个体固定效应是非随机且一致有界的；当固定效应是随机时，他们建议，应当采取给定个体固定效应的条件强混合系数。Lee（2013）采取了这种建议，证明了在一些适当的条件下，具有随机固定效应的非线性面板 AR（1）过程在给定个体固定效应时是 β -混合从而 α -混合的。在非线性动态面板模型中，Gagliardini 和 Gouriéroux（2014）假设给定公共潜在因子的因子路径后是条件 β -混合的。这里，我们也给定 σ -域 D 来定义条件强混合过程。对于上面的面板 AR（1）过程，通过条件（conditioning）方法，我们可以把 $\lambda_i' F_t^0$ 当作常数，因此 D -强混合性质和通常的 AR（1）（ $|\rho_0| < 1$ ）性质相同。

假设 A4（i）和 A4（ii）–（iii）一起使我们提出的统计量的渐近分析变得简单。假设 $\alpha_D(\cdot) \equiv \alpha_{NT}^D(\cdot) \equiv \max_{1 \leq i \leq N} \alpha_{NT,i}^D(\cdot)$ 满足一些可加性条件。通过更冗长的论证，我们也可以放松这个条件，比如通

过假设 $N^{-1}\sum_{i=1}^{N}\sum_{s=1}^{\infty}\alpha_{NT,i}^{D}(s)^{1/\tilde{q}_3}\leqslant C_{\alpha}<\infty$a. s. 。混合速度 $\tilde{q}_3$ 和 A4（i）中的 $\tilde{\eta}$ 的独立性反映了独立程度和过程 $\{(X_{it},\varepsilon_{it}),t\geqslant 1\}$ 矩有界之间的权衡。如果该过程以几何速度 D -强混合，$\alpha_D(\cdot)$ 的条件可以很容易满足，只要我们设定 $\tau=\lfloor C_{\tau}\log T\rfloor$ 对于某些足够大的 C_{τ} 成立，其中 $\lfloor a\rfloor$ 表示 a 的整数部分。A4（ii）要求（ε_i,X_i）对于所有 i 条件独立，但是没有排除截面相关。当 $X_{it}=Y_{i,t-1}$ 和 ε_{it} 条件异方差时［例如，$\varepsilon_{it}=\sigma_0(Y_{i,t-1})\epsilon_{it}$，$\epsilon_{it}\sim$ IID（0,1），$\sigma_0(\cdot)$ 是上述 AR（1）模型中一个未知光滑函数］。由于存在公共因子，$(X_{it},\varepsilon_{it})$ 关于 i 不独立，不管 λ_i^0 是否关于 i 独立。不过，给定 D，$(X_{it},\varepsilon_{it})$ 关于 i 独立，因此 A4（ii）仍然满足。这里的截面相关和 Andrews（2005）研究的共同冲击造成的截面相关类似。区别是，Andrews（2005）假设条件于共同因子生成的 σ -域，观测值是 IID 的，而我们的观测值是条件独立但不同分布的（CINID）。A4（iii）要求误差项 ε_{it} 关于滤波 $F_{NT,t-1}$，是一个鞅差序列（MDS），这允许 X_{it} 包含滞后的因变量和 ε_{it} 的条件异方差、有偏、峰态等非正态特征。当然，如果假设 X_{it} 是严格外生的，下列定理的证明会变得非常简单。一个鲜明的对比是，具有 IFE 的面板模型的早期文献通常都假设 ε_{it} 和 λ_j^0、F_s^0 对于所有的 i,j,t,s 相互独立；参见 Pesaran（2006），Bai（2009），Moon 和 Weidner（2015，2017），以及 Bai 和 Li（2012）等。特别地，Moon 和 Weidner（2015，2017），Bai 和 Li（2012）假设因子和因子载荷都是固定的常数，把它们当作参数估计。A4（iv）对条件密度函数 $f_{i,t}$ 和 $f_{i,ts}$ 施加了限制，一致有界的条件可以放松，但证明会更复杂。

假设 A5 主要设定了 $\varepsilon_{it},\lambda_i^0,F_t^0,X_{it}$ 的矩条件，以及当 $\Delta(\cdot)$ 不一致收敛时 $\Delta(X_{it})$ 和 $D_{\Delta}(X_{it})$ 的矩条件。A6 设定了关于 kernel 函数

$k(\cdot)$ 的条件，在附录 D 的引理 D1 中同 A4（i）、A5（i）一起用于证明 $\max_{1\leqslant i,j\leqslant N} T^{-1}\|K_{ij}\| = O_P(1)$。A7 设定了带宽和样本容量 (N,T) 的关系。注意 $NT\delta_{NT}^{-4}(h!)^{1/2}\to 0$ 等价于 $(NT^{-1}+N^{-1}T)(h!)^{1/2}\to 0$，因此，把 N 和 T 趋近于 ∞的相对速度和 $h!$ 联系起来了。

定义

$$B_{1NT} \equiv \frac{(h!)^{1/2}}{NT}\sum_{i=1}^{N} \varepsilon_i' M_{F^0} K_{ii} M_{F^0} \varepsilon_i \tag{3.26}$$

$$B_{2NT} \equiv \frac{1}{(NT)^2}\sum_{1\leqslant i,j\leqslant N}(M_{F^0}\Delta_i - \tilde{X}_i D_{NT}^{-1}\Pi_{NT})' \times K_{ij}(M_{F^0}\Delta_j - \tilde{X}_j D_{NT}^{-1}\Pi_{NT}) \tag{3.27}$$

$$V_{NT} \equiv \frac{2h!}{(NT)^2}\sum_{1\leqslant i\neq j\leqslant N}\sum_{t=1}^{T}\sum_{s=1}^{T} E_D(K_{ij,ts}^2\varepsilon_{it}^2\varepsilon_{js}^2) \tag{3.28}$$

后面将说明，B_{1NT} 和 V_{NT} 分别表示我们的检验统计量的渐近偏误和方差；B_{2NT} 作用于检验统计量的渐近局部功效。

下面的定理说明了检验统计量 J_{NT} 在 $H_1(\gamma_{NT})$ 下的渐近分布。

定理 3.2 假设 A1 - A7 成立，在 $H_1(\gamma_{NT})$ 下，定义 $\gamma_{NT}\equiv(NT)^{-1/2}(h!)^{-1/4}$，有

$$NT(h!)^{1/2}J_{NT} - B_{1NT}\xrightarrow{D}N(B_2,V_0)$$

其中 $B_2 = \operatorname{plim}_{(N,T)\to\infty} B_{2NT}$ 和 $V_0 = \operatorname{plim}_{(N,T)\to\infty} V_{NT}$。

注 3.3 上述定理的证明有些烦琐，我们把它放在了附录 B。我们可以证明在 $H_1(\gamma_{NT})$ 下，

$$NT(h!)^{1/2}J_{NT} - B_{1NT} - B_{2NT} = A_{NT} + o_P(1),$$

其中，$A_{NT}\equiv\sum_{1\leqslant i<j\leqslant N} W_{NT}(u_i,u_j)$，$W_{NT}(u_i,u_j)\equiv 2(h!)^{1/2}\sum_{1\leqslant t,s\leqslant T}\varepsilon_{it} K_{ij,ts}\varepsilon_{js}$，$u_i\equiv(X_i,\varepsilon_i)$。注意到 A_{NT} 是一个退化的二阶 U -统计量，我们可以应用 de Jong（1987）的中心极限定理（CLT）的条件版本：对于

独立但不同分布（INID）的观测值，在假设 A1 – A7 下，证明 $A_{NT} \xrightarrow{D} N(0, V_0)$。注意到 de Jong（1987）的 CLT 适用于 INID 观测值的二阶 U –统计量，在仔细检验他的证明后，我们发现结论也适用于条件独立但不同分布（CINID）的观测值。

鉴于在 H_0 下 $B_{2NT} = 0$，定理 3.2 的一个直接结果是：

$$NT\,(h!)^{1/2} J_{NT} - B_{1NT} \xrightarrow{D} N(0, V_0)。$$

要实施检验，我们需要一致估计 H_0 下的渐近偏误 B_{1NT} 和渐近方差 V_{NT}，它们的估计量分别为：

$$\widehat{B}_{1NT} \equiv \frac{(h!)^{1/2}}{NT} \sum_{i=1}^{N} \widehat{\varepsilon}_i' K_{ii} \widehat{\varepsilon}_i, 和 \widehat{V}_{NT} \equiv \frac{2h!}{(NT)^2} \sum_{1\leqslant t,s\leqslant T} \sum_{1\leqslant i\neq j\leqslant N} K_{ij,ts}^2 \widehat{\varepsilon}_{it}^2 \widehat{\varepsilon}_{js}^2。$$

那么，我们可以定义一个可行的检验统计量：

$$\widehat{\Gamma}_{NT} \equiv \frac{NT\,(h!)^{1/2} J_{NT} - \widehat{B}_{1NT}}{\sqrt{\widehat{V}_{NT}}} \tag{3.29}$$

下面的定理建立了 $H_1(\gamma_{NT})$ 下 $\widehat{\Gamma}_{NT}$ 的渐近分布。

定理 3.3　假设 A1 – A7 成立，在 $H_1(\gamma_{NT})$ 下，

$$\widehat{\Gamma}_{NT} \xrightarrow{D} N(B_2/\sqrt{V_0}, 1)。$$

注 3.4　上述定理说明检验对于以速度 $\gamma_{NT} = (NT)^{-1/2}(h!)^{-1/4}$ 收敛到原假设的局部备择假设有非平凡的渐近功效，局部功效函数为

$$\Pr(\widehat{\Gamma}_{NT} > z \mid \mathrm{H}_1(\gamma_{NT})) \to 1 - \Phi(z - B_2/\sqrt{V_0}),$$

其中 $\Phi(\cdot)$ 是标准正态累积分布函数（CDF）。尽管因子 F_t^0 和因子载荷 λ_i^0 不可观测，分别只能以较慢的速度 $N^{-1/2}$ 和 $T^{-1/2}$ 进行估计，我们仍能得到上述分布的结果。虽然因子和因子载荷较慢的收敛速度不会影响偏误 B_{1NT}、方差 V_{NT} 和 $\widehat{\Gamma}_{NT}$ 的渐近分布的估计，它们在有限样本中还是可能起着重要作用的。鉴于此，我们使用自助法来计算检

验的 p 值。

当 H_0 成立时，$B_2=0$ 且 $\widehat{\Gamma}_{NT}$ 渐近服从分布 $N(0,1)$。这将在下面的推论中说明。

推论 3.4　假设定理 3.3 的条件都成立，那么在 H_0 下，

$$\widehat{\Gamma}_{NT}\xrightarrow{D}N(0,1)。$$

原则上，我们可以比较 $\widehat{\Gamma}_{NT}$ 和单侧检验临界值 z_α（标准正态分布的 α 分位数），当 $\widehat{\Gamma}_{NT}>z_\alpha$ 时，我们以 α 的显著性水平拒绝原假设。

注 3.5　定理 3.1 没有给出 QMLE $\widehat{\beta}$ 在全局备择假设 H_1 下的渐近性质。在这种情况下，我们定义伪真（Pseudo true）参数 β^* 为 $\widehat{\beta}$ 的概率极限。$\bar{\Delta}(X_{it})\equiv m(X_{it})-\beta^{*\prime}X_{it}$ 不等于 0 a. s. 。$\bar{\Delta}$ 的定义与 Δ 类似，但用全局偏离 $\bar{\Delta}(X_{it})$ 代替了局部偏离 $\Delta(X_{it})$。这时，我们可以证明在额外的假设 $\|\bar{\Delta}\|=o_P((NT)^{1/2})$ 下，

$$\widehat{\beta}-\beta^*=D_{NT}^{-1}\bar{\Pi}_{NT}+o_P(1),$$

其中 $\bar{\Pi}_{NT}$ 是一个 $p\times 1$ 的向量，它的第 k 个分量 $\bar{\Pi}_{NT,k}=(NT)^{-1}\mathrm{tr}(M_{\lambda^0}X_kM_{F^0}\bar{\Delta}')$。此外，按照定理 3.2，我们可以证明：

$$\begin{aligned}J_{NT}&=\frac{1}{(NT)^2}\sum_{1\leq i,j\leq N}(M_{F^0}\bar{\Delta}_i-\tilde{X}_iD_{NT}^{-1}\bar{\Pi}_{NT})'K_{ij}(M_{F^0}\bar{\Delta}_j-\tilde{X}_jD_{NT}^{-1}\bar{\Pi}_{NT})+o_P(1)\\&=\bar{B}_{2NT}+o_P(1)\end{aligned}$$

它的概率极限为正。加上 $\widehat{B}_{1NT}=O_P((h!)^{-1/2})$，$\widehat{V}_{NT}$ 在 H_1 下有概率极限存在，这一起说明了我们的检验统计量 $\widehat{\Gamma}_{NT}$ 在 H_1 下以通常的参数速度 $NT(h!)^{1/2}$ 收敛。即对于任意非随机序列 $b_{NT}=o(NT(h!)^{1/2})$，当 $(N,T)\to\infty$ 时，$\Pr(\widehat{\Gamma}_{NT}>b_{NT}\mid \mathrm{H}_1)\to 1$。因此，我们的检验统计量在任何固定的全局备择假设下都是一致的。

注3.6　（强外生性下的检验）到目前为止，我们都假设面板回归中存在滞后的因变量，依赖条件强混合的假设来研究检验统计量的性质。为了避免模型动态误设，也为了方便渐近分析，我们假设 A4（iii）中的 MDS 条件，这个条件不幸地约束着随机误差项的序列相关。如果面板模型是静态的，自变量是强外生的，正如 Pesaran（2006）和 Bai（2009）那样，我们可以依赖强混合，并且允许误差项的序列相关。在这种情况下，我们可以用补充材料附录中的假设 A4* 替代假设 A4，并对假设 A5 做出一些修正，然后证明定理 3.2 和定理 3.3 仍然成立。为了节省空间，我们把这段讨论放在了补充材料的附录 F。

三　检验的自助法形式

尽管推论 3.4 说明在原假设下检验统计量服从渐近正态分布，我们却不能利用渐近正态的临界值进行统计推断，理由有二。第一，很多基于 kernel 的非参数检验的通病，第二，因子及因子载荷的收敛速度较慢。众所周知，许多基于 kernel 的检验统计量的有限样本分布并不能很好地被渐近的正态分布近似，其临界值对带宽的选择十分敏感，还受到有限样本尺度（size）的扭曲。因子和因子载荷估计较慢的收敛速度在检验统计量渐近分布的决定中也起着重要作用，可能进一步导致有限样本 size 扭曲。这种扭曲在 Su 和 Chen（2013）提出的对具有 IFE 的线性动态面板模型的系数同质性的 LM 检验中也出现了。因此，为了提升检验的有限样本表现，我们建议采用自助法。下面，我们基于 Hansen（2000）的思想提出了一个固定自变量（fixed regressors）的 Wild Bootstrap 方法，过程如下：

1. 计算约束回归下的残差 $\widehat{\varepsilon}_{it} = Y_{it} - X_{it}^{'}\widehat{\beta} - \widehat{F}_t^{'}\widehat{\lambda}_i$，其中 $\widehat{\beta}$，$\widehat{F}_t$ 和 $\widehat{\lambda}_i$ 是线性原假设下的估计。基于 $\{\widehat{\varepsilon}_{it}, X_{it}\}$，计算检验统计量 $\widehat{\Gamma}_{NT}$。

2. 对于 $i = 1, \cdots, N$ 以及 $t = 1, 2, \cdots, T$，计算 Bootstrap 残差 $\varepsilon_{it}^{*} = \widehat{\varepsilon}_{it}\eta_{it}$，其中 η_{it} 在 i 和 t 上都独立同分布（IID）于 $N(0,1)$。通过保持 $(X_{it}, \widehat{F}_t, \widehat{\lambda}_i)$ 不变，生成 Y_{it} 的 Bootstrap 观测 Y_{it}^{*}，$i = 1, 2, \cdots, N$，$t = 1, 2, \cdots, T$。注意：即使 X_{it} 包含滞后因变量，比如 $Y_{i,t-1}$ 和 $Y_{i,t-2}$ 时也适用。

3. 给定 Bootstrap 生成的新样本 $\{Y_{it}^{*}, X_{it}\}$，计算 QMLE $\widehat{\beta}^{*}$，$\widehat{F}_t^{*}$ 和 $\widehat{\lambda}_i^{*}$。计算 $\widehat{\varepsilon}_{it}^{*} = Y_{it}^{*} - X_{it}^{'}\widehat{\beta}^{*} - \widehat{F}_t^{*'}\widehat{\lambda}_i^{*}$，并基于 $\{\widehat{\varepsilon}_{it}^{*}, X_{it}\}$ 计算 Bootstrap 检验统计量 $\widehat{\Gamma}_{NT}^{*}$。

4. 重复步骤 2—3 B 次，将 Bootstrap 统计量编号为 $\{\widehat{\Gamma}_{NT,b}^{*}\}_{b=1}^{B}$。Bootstrap 再样本的 p 值为 $p^{*} \equiv B^{-1}\sum_{b=1}^{B} 1(\widehat{\Gamma}_{NT,b}^{*} \geqslant \widehat{\Gamma}_{NT})$，其中 $1(\cdot)$ 是指示函数。

上述 Bootstrap 步骤实施起来很直接。注意，我们在步骤 2 中施加了线性的原假设。按照 Su 和 Chen（2013），可以很容易验证上述步骤的渐近有效性，为了节省空间，我们只列出结果。记 $W_{NT} \equiv \{(X_1, Y_1), \cdots, (X_N, Y_N)\}$ 为观测到的样本。

定理 3.5　假设定理 3.3 的条件都成立。给定观测样本 W_{NT}，有

$$\widehat{\Gamma}_{NT}^{*} \xrightarrow{D} N(0,1)。$$

不论原样本满足原假设、局部备择，还是全局备择假设，上述结果都始终成立。一方面，如果 H_0 对于原样本成立，$\widehat{\Gamma}_{NT}$ 依分布收敛到 $N(0,1)$，因此基于自助法的 p 值的检验有正确的渐近水平（level）。另外，如果 H_1 对于原样本成立，正如注 3.4 中讨论的那样，$\widehat{\Gamma}_{NT}$ 以 NT

$(h!)^{1/2}$ 的速度收敛，而 $\widehat{\Gamma}_{NT}^{*}$ 渐近服从 $N(0,1)$，这说明了基于自助法的检验具有一致性。

第四节　模拟和应用

在本节，首先用小规模的 Monte Carlo 模拟来评估检验的有限样本表现，然后把我们的检验应用在经济增长的面板数据上。

一　蒙特卡洛模拟

（一）数据生成过程

我们考虑下面 6 种数据生产过程（DGPs）

DGP 1：$Y_{it} = \rho^0 Y_{i,t-1} + \lambda_i^{0\prime} F_t^0 + \varepsilon_{it}$,

DGP 2：$Y_{it} = \beta_1^0 X_{it,1} + \beta_2^0 X_{it,2} + \lambda_i^{0\prime} F_t^0 + \varepsilon_{it}$,

DGP 3：$Y_{it} = \rho^0 Y_{i,t-1} + \beta_1^0 X_{it,1} + \beta_2^0 X_{it,2} + \lambda_i^{0\prime} F_t^0 + \varepsilon_{it}$,

DGP 4：$Y_{it} = \delta\Phi(Y_{i,t-1}) Y_{i,t-1} + \lambda_i^{0\prime} F_t^0 + \varepsilon_{it}$,

DGP 5：$Y_{it} = \beta_1^0 X_{it,1} + \beta_2^0 X_{it,2} + \delta\Phi(X_{it,1} X_{it,2}) + \lambda_i^{0\prime} F_t^0 + \varepsilon_{it}$,

DGP 6：$Y_{it} = \frac{1}{2}\delta\Phi(Y_{i,t-2}) Y_{i,t-2} + \beta_1^0 X_{it,1} + \beta_2^0 X_{it,2} + \delta X_{it,1}\Phi(X_{it,2})$

$+ \lambda_i^{0\prime} F_t^0 + \varepsilon_{it}$,

其中，$i = 1,2,\cdots,N$, $t = 1,2,\cdots,T$, $(\rho^0, \beta_1^0, \beta_2^0) = (0.6,1,3)$, $\delta = 0.25$, $\varepsilon_{it} \sim$ IID $N(0,1)$, $\Phi(\cdot)$ 是标准正态分布的 CDF。这里 $\lambda_i^0 = (\lambda_{i1}^0, \lambda_{i2}^0)'$, $F_t^0 = (F_{t1}^0, F_{t2}^0)'$，自变量由下列过程生成

$X_{it,1} = \mu_1 + c_1 \lambda_i^{0\prime} F_t^0 + \eta_{it,1}$ 和 $X_{it,2} = \mu_2 + c_2 \lambda_i^{0\prime} F_t^0 + \eta_{it,2}$,

其中变量 λ_{ij}^{0}，F_{tj}^{0}，和 $\eta_{it,j}$，$j=1,2$，都是 IID $N(0,1)$ 的，相互独立，且独立于 $\{\varepsilon_{it}\}$。很明显，自变量 $X_{it,1}$ 和 $X_{it,2}$ 与 λ_{i}^{0} 和 F_{t}^{0} 相关。令 $\mu_1=c_1=0.25$，$\mu_2=c_2=0.5$。注意 DGP 1－3 用于 level 研究，而 DGP 4－6 用于 power 研究。对于动态模型（DGP 1，3，4 和 6），我们丢掉每个个体在时间维度上生成的前 100 个观测值。

注意上述 6 个 DGP 中随机误差项既是条件同方差又是无条件同方差的。要考虑条件异方差（在实证研究中可能更贴近现实），我们考虑另一组 DGP，即 DGP 1h－6h，它们和 DGP 1－6 的均值部分相同，但随机扰动项不同。对于 DGP 1h 和 GDP 4h，我们生成随机误差项：$\varepsilon_{it}=\sigma_{it}\epsilon_{it}$，$\sigma_{it}=(0.1+0.2Y_{i,t-1}^{2})^{1/2}$，$\epsilon_{it}\sim$ IID $N(0,1)$。对于 DGP 2h－3h 和 GDP 5h－6h，随机误差项：$\varepsilon_{it}=\sigma_{it}\epsilon_{it}$，$\sigma_{it}=[0.1+0.1(X_{it,1}^{2}+X_{it,2}^{2})]^{1/2}$，$\epsilon_{it}\sim$ IID $N(0,1)$。

注意到，对于时间序列数据，允许误差过程的序列相关很重要。因此，我们额外考虑以下两种误差生产过程：

$$\mathrm{MA}(1):\varepsilon_{it}=0.5\zeta_{i,t-1}+\zeta_{it},\zeta_{it}\sim IIDN(0,1) \tag{3.30}$$

$$\mathrm{AR}(1):\varepsilon_{it}=0.3\varepsilon_{i,t-1}+\zeta_{it},\zeta_{it}\sim IIDN(0,1) \tag{3.31}$$

并考虑下面 4 种 DGP：

DGPs 7 和 DGPs 8：$Y_{it}=\beta_1^0X_{it,1}+\beta_2^0X_{it,2}+\lambda_i^{0\prime}F_t^0+\varepsilon_{it}$，

DGPs 9 和 DGPs 10：$Y_{it}=\beta_1^0X_{it,1}+\beta_2^0X_{it,2}+\delta\Phi(X_{it,1}X_{it,2})+\lambda_i^{0\prime}F_t^0+\varepsilon_{it}$，

其中 DGP 7 和 DGPs 9 的 ε_{it} 由 上述的 MA（1）过程 生成，DGP 8 和 DGPs 10 的 ε_{it} 由 上述的 AR（1）过程生成；$X_{it,1}$，$X_{it,2}$，λ_i^0，F_t^0 生成过程和前面一样。我们仍然设置 $(\beta_1^0,\beta_2^0)=(1,3)$，$\delta=0.25$。DGP 7－8和 DGPs 9－10 分别用于 level 和 power 研究。显然，在这些 DGP 中，我们允许外生的自变量和序列弱相关的误差项。

（二）实施过程

要计算检验统计量，我们需要选择 kernel 函数和带宽参数 $h = (h_1, \cdots, h_p)$，在 DGP 1，4，1h 和 4h 中，$p = 1$；在 DGP 2，5，2h，5h 和 7－9 中，$p = 2$；在 DGP 3，6，3h 和 6h 中，$p = 3$。用 X_{it} 表示上述 DGP 中可观测自变量的集合，例如，在 DGP 3，6，3h 和 6h 中，$X_{it} = (Y_{i,t-1}, X_{it,1}, X_{it,2})'$。众所周知，kernel 函数的选取对于非参数检验并不那么重要，因此，我们始终采用 Gaussian kernel 函数：$k(u) = (2\pi)^{-1/2}\exp(-u^2/2)$。就带宽而言，基于 kernel 检验的一个共同特征是只用一个带宽，这会导致两种局限：一是检验对带宽的选择十分敏感，二是这些检验只有在 γ_{NT} 以 $(NT)^{-1/2}(h!)^{-1/4}$ 甚至更大的速度收敛时，才会一致地拒绝掉局部备择假设。因此，有必要考虑不同的带宽选择。总体而言，非参数光滑检验至少有 4 种选择带宽的方法。第一种是基于 Silverman 的拇指法则。这种方法很简单，但是不具备任何最优的性质。第二种是用某些交叉验证的方法（通常是 leave－one－out least squares cross－validation）来选择带宽，这种方法选择的带宽可能对估计是最优的，但是对于基于 kernel 的检验不具有最优性。第三种是 Horowitz 和 Spokoiny（2001，HS）提出的 adaptive－rate－optimal 法则。第四种是基于控制 size 的同时最大化局部 power 的思想，参见 Gao 和 Gijbels（2008）。

本书我们考虑两种带宽选择方法，一种是基于 Silverman 的拇指法则（rule of thumb，ROT），另一种是 HS 的适应性检验步骤。前者用来检验我们的检验对于带宽的敏感性，后者用来提高检验的 power 表现。我们根据 $h_l = c_0 s_l (NT)^{-1/(4+p)}$ 选择 ROT 带宽，其中 s_l 代表 X_{it} 的第 l 个分量的样本标准差，$c = 0.5$，1 和 2。HS 提出结合了多种带宽的 Härdle－Mammen 检验统计量的适应性检验。如果这种检验可以根据局部备择假设的未知光滑度进行调整，我们称之为适应性的；如果它能在 minimax 意义上达到最优的速度，我们称之为速度最优。要保证适应性速度最优，HS 不得不对背后的 DGP 做出很强的假设：观测值 IID，自变量一致有界且服从连续分布。Chen 和 Gao（2007）放松了 IID 假设，证明 HS 的结果对于弱相关的观测值仍然成立。我们推测，这些结果也适用于具有 IFE 的动态面板模型，但正式的研究超出了本书的范围。我们直接把他们的适应性检验步骤运用到我们的检验上，并且考虑它的有限样本表现。遵循 HS 和 Chen 和 Gao（2007），我们使用如下的几何格点：$h_{j,s}=\omega^{j}s_{j}h_{\min}(s=0,1,\cdots,N-1;j=1,\cdots,p)$，其中 N 是格点总数，$\omega=(h_{\min}/h_{\max})^{1/(N-1)}$，$h_{\min}=(NT)^{-1/(2.1p)}$，$h_{\max}=(NT)^{-1/1000}$。很容易验证，带宽都符合我们在 $N\propto T$ 时对带宽的理论要求。和 HS 一样，我们使用拇指法则 $N=\lfloor\log(NT)\rfloor+1$ 来选择 N，其中 $\lfloor\cdot\rfloor$ 表示 $\cdot$ 的整数部分。$h^{(s)}=(h_{1,s},\cdots,h_{p,s})$，$s=0,1,\cdots,N-1$。对于每个 $h^{(s)}$，计算（3.28）中的检验统计量，用 $\widehat{\Gamma}_{NT}(h^{(s)})$ 表示。定义

$$\sup\widehat{\Gamma}_{NT}=\max_{0\leqslant s\leqslant N-1}\widehat{\Gamma}_{NT}(h^{(s)})。$$

尽管 $\widehat{\Gamma}_{NT}(h^{(s)})$ 在原假设下渐近服从 $N(0,1)$，$\sup\widehat{\Gamma}_{NT}$ 的分布一般是不知道的。幸运的是，我们可以用 Bootstrap 来获取它的分布。基于 Bootstrap 生成的再抽样样本 $\{Y_{it}^{*},X_{it}\}$，我们构建 $\sup\widehat{\Gamma}_{NT}^{*}$。重复这个过程 B 次，得到序列 $\{\sup\widehat{\Gamma}_{NT,b}^{*}\}_{b=1}^{B}$。当 $p^{*}=B^{-1}\sum_{b=1}^{B}1(\sup\widehat{\Gamma}_{NT,b}^{*}\geqslant\sup\widehat{\Gamma}_{NT})$ 小于给定的显著性水平时，我们拒绝原假设。

对于（N,T），我们考虑不同的样本组合：$(N,T)=(20,20)$，(20,40)，(20,60)，(40,20)，(40,40)，(40,40)，(60,20)，以及

(60,40)。在每种情形下，我们分别用 500 次和 250 次重复实验来进行 size 和 power 的分析，在每次重复实验中生成 200 个 Bootstrap 再样本。

要实施检验，我们需要在线性的原假设下得到估计量。首先，我们用 Bai（2009）的主成分方法得到初始估计量（β^0, λ^0, F^0），然后根据 Moon 和 Weidner（2017）计算偏误修正后的 QMLE 估计量（$\widehat{\beta}, \widehat{\lambda}, \widehat{F}$）。然后基于这些估计量计算 Bootstrap 检验统计量 $\widehat{\Gamma}^*_{NT}$ 和 $\sup \widehat{\Gamma}^*_{NT}$。

（三）检验结果

表 3－1 和表 3－2 报告了在 1%，5% 和 10% 显著性水平下，不同 ROT 带宽选择对于 DGP 1－6 的 $\widehat{\Gamma}_{NT}$ 检验实际拒绝频率，以及 $\sup \widehat{\Gamma}_{NT}$ 检验拒绝概率。我们总结表 3－1 的重要发现。首先，在 DGP 1－3 中，当原假设为真时，我们的检验在不同样本容量下都表现得不错；更重要的是，检验的水平（level）对于不同带宽选择是稳健的，HS 的适应性检验过程看起来很好地控制了检验的尺度（size）。其次，当 DGP 4－6 中原假设不成立时，表 3－2 给出了检验的经验功效：(i) 当 N 或 T 增加时，检验的 power 总体上增加得很快；(ii) 带宽选择看起来对 power 有影响，更大的 c 往往有更大的 power；(iii) 基于 HS 适应性带宽的检验表现得很好，比用 ROT 选的 $c = 0.5$ 和 1 的 power 要大得多，也略微大于 $c = 2$ 的 power。

表 3－1　DGP 1－3 的有限样本拒绝频率（同方差下的尺度研究）

	N	T	$c=0.5$			$c=1$			$c=2$			$\sup \widehat{\Gamma}_{NT}$		
			1%	5%	10%	1%	5%	10%	1%	5%	10%	1%	5%	10%
1	20	20	0.112	0.268	0.400	0.168	0.372	0.484	0.172	0.420	0.580	0.288	0.484	0.600
	20	40	0.316	0.548	0.676	0.460	0.664	0.780	0.548	0.756	0.868	0.644	0.836	0.896

续表

	N	T	c = 0.5			c = 1			c = 2			$\sup \widehat{\Gamma}_{NT}$		
			1%	5%	10%	1%	5%	10%	1%	5%	10%	1%	5%	10%
	20	60	0.532	0.792	0.864	0.676	0.864	0.944	0.752	0.936	0.972	0.884	0.952	0.980
	40	20	0.256	0.544	0.692	0.380	0.700	0.844	0.440	0.784	0.888	0.644	0.808	0.864
	40	40	0.792	0.944	0.972	0.876	0.992	1.000	0.960	1.000	1.000	0.972	1.000	1.000
	40	60	0.936	0.988	0.996	0.984	0.996	1.000	0.992	1.000	1.000	0.992	1.000	1.000
	60	20	0.496	0.788	0.872	0.668	0.876	0.936	0.732	0.916	0.956	0.844	0.916	0.956
	60	40	0.952	1.000	1.000	0.996	1.000	1.000	1.000	1.000	1.000	0.996	1.000	1.000
2	20	20	0.052	0.140	0.220	0.092	0.220	0.332	0.164	0.364	0.464	0.208	0.380	0.470
	20	40	0.076	0.228	0.352	0.156	0.464	0.616	0.280	0.688	0.820	0.344	0.700	0.804
	20	60	0.132	0.352	0.432	0.328	0.576	0.732	0.560	0.844	0.920	0.612	0.876	0.920
	40	20	0.052	0.220	0.316	0.168	0.424	0.576	0.388	0.692	0.816	0.496	0.748	0.824
	40	40	0.212	0.492	0.600	0.580	0.768	0.840	0.702	0.932	0.976	0.744	0.952	0.968
	40	60	0.424	0.692	0.796	0.680	0.912	0.956	0.776	0.992	1.000	0.792	0.996	1.000
	60	20	0.140	0.384	0.492	0.388	0.664	0.768	0.620	0.884	0.916	0.692	0.892	0.924
	60	40	0.372	0.656	0.812	0.760	0.956	0.984	0.904	1.000	1.000	0.932	1.000	1.000
3	20	20	0.012	0.060	0.152	0.032	0.216	0.348	0.100	0.424	0.568	0.228	0.408	0.548
	20	40	0.060	0.196	0.288	0.224	0.448	0.544	0.432	0.780	0.876	0.640	0.812	0.888
	20	60	0.116	0.240	0.352	0.360	0.644	0.760	0.812	0.952	0.972	0.908	0.972	0.984
	40	20	0.080	0.180	0.280	0.176	0.456	0.560	0.348	0.752	0.872	0.524	0.804	0.872
	40	40	0.140	0.348	0.484	0.588	0.844	0.900	0.812	0.988	0.996	0.872	1.000	1.000
	40	60	0.248	0.556	0.664	0.832	0.964	0.984	0.960	1.000	1.000	0.972	1.000	1.000
	60	20	0.092	0.220	0.384	0.312	0.632	0.756	0.572	0.928	0.988	0.708	0.952	0.980
	60	40	0.256	0.480	0.608	0.764	0.968	0.988	0.864	1.000	1.000	0.888	1.000	1.000

表3-2　　DGP 4-6的有限样本拒绝频率（同方差下的功效研究）

	N	T	c = 0.5			c = 1			c = 2			$\sup \widehat{\Gamma}_{NT}$		
			1%	5%	10%	1%	5%	10%	1%	5%	10%	1%	5%	10%
1	20	20	0.010	0.054	0.108	0.020	0.068	0.108	0.010	0.070	0.118	0.012	0.068	0.114
	20	40	0.008	0.022	0.084	0.010	0.042	0.086	0.014	0.042	0.086	0.010	0.036	0.076

续表

	N	T	$c=0.5$			$c=1$			$c=2$			$\sup \widehat{\Gamma}_{NT}$		
			1%	5%	10%	1%	5%	10%	1%	5%	10%	1%	5%	10%
	20	60	0.014	0.052	0.110	0.012	0.056	0.110	0.010	0.046	0.108	0.016	0.050	0.108
	40	20	0.020	0.064	0.104	0.024	0.072	0.108	0.026	0.064	0.114	0.022	0.062	0.098
	40	40	0.018	0.060	0.106	0.018	0.050	0.110	0.018	0.064	0.120	0.016	0.056	0.108
	40	60	0.014	0.062	0.112	0.016	0.050	0.106	0.014	0.044	0.096	0.016	0.054	0.112
	60	20	0.012	0.048	0.112	0.010	0.058	0.108	0.012	0.060	0.118	0.012	0.068	0.110
	60	40	0.012	0.056	0.100	0.008	0.050	0.088	0.004	0.040	0.092	0.008	0.036	0.082
2	20	20	0.002	0.058	0.108	0.016	0.046	0.094	0.018	0.056	0.108	0.010	0.048	0.100
	20	40	0.014	0.062	0.110	0.012	0.050	0.108	0.016	0.064	0.106	0.014	0.066	0.112
	20	60	0.020	0.046	0.096	0.020	0.042	0.088	0.020	0.042	0.090	0.020	0.046	0.078
	40	20	0.018	0.052	0.094	0.010	0.044	0.102	0.008	0.052	0.108	0.014	0.058	0.104
	40	40	0.010	0.044	0.090	0.006	0.048	0.094	0.006	0.040	0.080	0.008	0.040	0.086
	40	60	0.008	0.040	0.100	0.010	0.060	0.096	0.016	0.064	0.116	0.018	0.048	0.108
	60	20	0.020	0.050	0.106	0.020	0.064	0.102	0.020	0.052	0.122	0.014	0.054	0.098
	60	40	0.016	0.046	0.106	0.012	0.052	0.098	0.010	0.070	0.112	0.014	0.048	0.092
3	20	20	0.010	0.052	0.090	0.016	0.040	0.074	0.006	0.050	0.102	0.012	0.054	0.090
	20	40	0.006	0.046	0.084	0.018	0.058	0.098	0.012	0.058	0.110	0.008	0.054	0.098
	20	60	0.016	0.068	0.110	0.018	0.060	0.116	0.010	0.058	0.126	0.010	0.054	0.120
	40	20	0.024	0.064	0.118	0.008	0.060	0.104	0.012	0.056	0.104	0.010	0.060	0.100
	40	40	0.016	0.062	0.090	0.010	0.062	0.104	0.012	0.052	0.100	0.016	0.060	0.116
	40	60	0.014	0.082	0.138	0.022	0.056	0.112	0.010	0.054	0.112	0.014	0.068	0.126
	60	20	0.012	0.044	0.104	0.006	0.048	0.100	0.008	0.036	0.078	0.006	0.042	0.098
	60	40	0.012	0.056	0.098	0.012	0.046	0.096	0.006	0.056	0.108	0.004	0.050	0.116

表3－3和表3－4报告了当误差存在条件异方差时（DGP 1h－6h）的模拟结果。尽管有些细微区别，这些结果在很大程度上和同方差的结果相似。对于纯动态面板（DGP 1h），检验的level在某些情况下增加。例如，当 $(N,T)=(20,40),(20,60),(40,20),c=1$ 和 2 时在

5%和10%的显著性水平下，检验的 size 的扭曲在异方差时更大。然而，对于 DGP 2h－3h，异方差下的检验比同方差表现得更好。此外，检验的 power 在异方差的情形下也表现得很好。

表3－3　DGP 1h－3h 的有限样本拒绝频率（异方差下的尺度研究）

	N	T	c = 0.5			c = 1			c = 2			$\sup \widehat{\Gamma}_{NT}$		
			1%	5%	10%	1%	5%	10%	1%	5%	10%	1%	5%	10%
1h	20	20	0.018	0.084	0.134	0.018	0.078	0.154	0.028	0.078	0.140	0.018	0.070	0.134
	20	40	0.024	0.080	0.136	0.020	0.072	0.142	0.012	0.072	0.150	0.008	0.056	0.128
	20	60	0.022	0.058	0.124	0.018	0.072	0.124	0.020	0.072	0.128	0.020	0.068	0.112
	40	20	0.008	0.060	0.126	0.010	0.068	0.142	0.014	0.078	0.146	0.012	0.064	0.126
	40	40	0.010	0.074	0.146	0.018	0.092	0.154	0.028	0.088	0.144	0.024	0.082	0.124
	40	60	0.028	0.068	0.122	0.030	0.076	0.126	0.024	0.080	0.126	0.020	0.064	0.122
	60	20	0.022	0.070	0.122	0.020	0.064	0.118	0.022	0.064	0.130	0.020	0.068	0.114
	60	40	0.020	0.066	0.134	0.026	0.062	0.124	0.026	0.064	0.116	0.020	0.058	0.118
2h	20	20	0.006	0.042	0.106	0.010	0.050	0.106	0.014	0.050	0.102	0.014	0.044	0.084
	20	40	0.010	0.056	0.110	0.018	0.060	0.108	0.022	0.060	0.094	0.018	0.072	0.104
	20	60	0.016	0.048	0.102	0.014	0.046	0.088	0.012	0.038	0.096	0.016	0.038	0.090
	40	20	0.012	0.046	0.094	0.014	0.054	0.094	0.016	0.052	0.100	0.016	0.048	0.098
	40	40	0.010	0.054	0.102	0.016	0.056	0.094	0.014	0.042	0.108	0.012	0.034	0.088
	40	60	0.010	0.032	0.106	0.010	0.060	0.094	0.010	0.060	0.102	0.010	0.040	0.108
	60	20	0.014	0.064	0.110	0.018	0.066	0.108	0.020	0.058	0.128	0.010	0.052	0.098
	60	40	0.018	0.048	0.108	0.026	0.056	0.108	0.010	0.054	0.114	0.010	0.056	0.096
3h	20	20	0.008	0.048	0.104	0.016	0.052	0.116	0.004	0.072	0.118	0.014	0.056	0.094
	20	40	0.008	0.058	0.092	0.016	0.044	0.092	0.010	0.070	0.122	0.010	0.036	0.096
	20	60	0.010	0.050	0.106	0.020	0.070	0.126	0.014	0.072	0.126	0.018	0.066	0.106
	40	20	0.016	0.062	0.128	0.016	0.056	0.132	0.018	0.054	0.116	0.016	0.080	0.126
	40	40	0.018	0.046	0.080	0.022	0.058	0.104	0.022	0.056	0.122	0.020	0.056	0.120
	40	60	0.010	0.048	0.098	0.008	0.034	0.086	0.004	0.046	0.094	0.006	0.046	0.090
	60	20	0.010	0.044	0.080	0.006	0.044	0.112	0.006	0.050	0.098	0.006	0.036	0.080
	60	40	0.008	0.046	0.088	0.014	0.054	0.108	0.008	0.052	0.100	0.012	0.048	0.094

表 3-4　DGP 4h-6h 的有限样本拒绝频率（异方差下的功效研究）

	N	T	$c=0.5$			$c=1$			$c=2$			$\sup\widehat{\Gamma}_{NT}$		
			1%	5%	10%	1%	5%	10%	1%	5%	10%	1%	5%	10%
4h	20	20	0.184	0.364	0.484	0.304	0.496	0.624	0.376	0.576	0.684	0.436	0.628	0.680
	20	40	0.500	0.704	0.796	0.600	0.808	0.892	0.676	0.888	0.932	0.784	0.904	0.928
	20	60	0.760	0.900	0.920	0.848	0.928	0.960	0.880	0.956	0.976	0.912	0.968	0.980
	40	20	0.436	0.680	0.780	0.556	0.744	0.856	0.624	0.852	0.928	0.764	0.904	0.940
	40	40	0.896	0.956	0.976	0.928	0.980	0.992	0.964	0.988	0.988	0.980	0.996	1.000
	40	60	0.956	0.988	1.000	0.984	1.000	1.000	0.992	1.000	1.000	1.000	1.000	1.000
	60	20	0.712	0.888	0.940	0.788	0.956	0.988	0.848	0.972	0.992	0.912	0.980	0.992
	60	40	0.972	0.992	1.000	0.984	0.996	1.000	0.984	1.000	1.000	0.992	1.000	1.000
5h	20	20	0.216	0.428	0.568	0.484	0.712	0.820	0.696	0.868	0.920	0.688	0.852	0.904
	20	40	0.520	0.764	0.880	0.812	0.960	0.992	0.884	0.984	1.000	0.898	0.988	1.000
	20	60	0.732	0.920	0.968	0.764	0.992	0.996	0.780	1.000	1.000	0.784	1.000	1.000
	40	20	0.576	0.812	0.892	0.880	0.980	0.988	0.940	0.996	1.000	0.940	0.992	1.000
	40	40	0.924	0.996	1.000	0.972	1.000	1.000	0.972	1.000	1.000	0.976	1.000	1.000
	40	60	0.948	1.000	1.000	0.952	1.000	1.000	0.956	1.000	1.000	0.968	1.000	1.000
	60	20	0.776	0.920	0.968	0.908	0.992	1.000	0.928	0.998	1.000	0.936	0.996	1.000
	60	40	0.980	1.000	1.000	0.980	1.000	1.000	0.984	1.000	1.000	1.000	1.000	1.000
6h	20	20	0.124	0.276	0.416	0.424	0.672	0.796	0.652	0.932	0.968	0.720	0.892	0.956
	20	40	0.320	0.544	0.676	0.800	0.944	0.976	0.948	1.000	1.000	0.976	1.000	1.000
	20	60	0.544	0.740	0.840	0.956	1.000	1.000	0.972	1.000	1.000	0.976	1.000	1.000
	40	20	0.360	0.596	0.720	0.768	0.964	0.984	0.828	0.996	1.000	0.848	0.996	1.000
	40	40	0.816	0.940	0.964	0.980	1.000	1.000	0.960	1.000	1.000	0.984	1.000	1.000
	40	60	0.952	0.996	1.000	0.976	1.000	1.000	0.976	1.000	1.000	0.980	1.000	1.000
	60	20	0.596	0.864	0.924	0.832	0.992	1.000	0.848	0.992	1.000	0.872	0.992	1.000
	60	40	0.948	1.000	1.000	0.952	1.000	1.000	0.956	1.000	1.000	0.960	1.000	1.000

最后，表 3-5 报告了 DGP 7-10 的模拟结果，此时，误差存在着序列相关性。对 DGP 7 和 DGP 8，使用 ROT 选择带宽 $c=0.5$ 和 1

时检验的 level 表现得很好。然而，当选择 $c = 2$ 或采用 HS 适应性窗宽时，有一定程度的 size 扭曲。DGP 9 和 DGP 10 的结果显示，即使存在序列相关，检验的 power 仍然表现良好。

表 3－5　具有序列相关误差项的有限样本拒绝频率

	N	T	$c = 0.5$			$c = 1$			$c = 2$			$\sup \widehat{\Gamma}_{NT}$		
			1%	5%	10%	1%	5%	10%	1%	5%	10%	1%	5%	10%
7	20	20	0.006	0.040	0.066	0.006	0.046	0.084	0.016	0.056	0.104	0.016	0.062	0.094
	20	40	0.016	0.056	0.100	0.016	0.056	0.084	0.020	0.062	0.120	0.026	0.062	0.128
	20	60	0.020	0.040	0.104	0.028	0.048	0.100	0.026	0.064	0.120	0.028	0.072	0.132
	40	20	0.012	0.060	0.112	0.018	0.072	0.112	0.020	0.074	0.122	0.014	0.056	0.110
	40	40	0.006	0.044	0.098	0.012	0.038	0.086	0.024	0.060	0.100	0.028	0.074	0.114
	40	60	0.020	0.060	0.096	0.018	0.060	0.120	0.024	0.068	0.124	0.024	0.078	0.144
	60	20	0.010	0.044	0.084	0.014	0.038	0.092	0.018	0.050	0.100	0.022	0.050	0.106
	60	40	0.010	0.032	0.102	0.024	0.062	0.110	0.030	0.076	0.128	0.034	0.072	0.106
8	20	20	0.018	0.056	0.094	0.016	0.054	0.114	0.020	0.078	0.138	0.020	0.076	0.124
	20	40	0.012	0.056	0.100	0.001	0.046	0.108	0.014	0.072	0.116	0.014	0.066	0.122
	20	60	0.016	0.038	0.100	0.010	0.038	0.088	0.016	0.058	0.100	0.016	0.048	0.104
	40	20	0.004	0.042	0.094	0.006	0.032	0.074	0.010	0.054	0.090	0.022	0.052	0.108
	40	40	0.006	0.040	0.086	0.010	0.050	0.092	0.024	0.066	0.114	0.020	0.078	0.132
	40	60	0.014	0.058	0.110	0.022	0.074	0.122	0.014	0.064	0.120	0.022	0.074	0.136
	60	20	0.002	0.036	0.082	0.006	0.038	0.086	0.010	0.054	0.104	0.014	0.054	0.094
	60	40	0.006	0.048	0.092	0.018	0.064	0.110	0.030	0.082	0.132	0.036	0.072	0.130
9	20	20	0.036	0.096	0.156	0.068	0.136	0.252	0.100	0.228	0.332	0.136	0.236	0.328
	20	40	0.076	0.192	0.264	0.144	0.328	0.444	0.228	0.464	0.556	0.256	0.452	0.556
	20	60	0.040	0.268	0.384	0.112	0.456	0.608	0.208	0.660	0.748	0.248	0.652	0.720
	40	20	0.064	0.208	0.300	0.140	0.352	0.432	0.228	0.440	0.592	0.284	0.440	0.548
	40	40	0.160	0.396	0.524	0.388	0.608	0.712	0.584	0.860	0.896	0.664	0.848	0.904
	40	60	0.272	0.512	0.624	0.536	0.812	0.848	0.652	0.920	0.958	0.712	0.932	0.952
	60	20	0.048	0.200	0.316	0.212	0.444	0.564	0.400	0.636	0.744	0.432	0.676	0.732

续表

	N	T	c = 0.5			c = 1			c = 2			sup $\widehat{\Gamma}_{NT}$		
			1%	5%	10%	1%	5%	10%	1%	5%	10%	1%	5%	10%
	60	40	0.268	0.564	0.640	0.532	0.820	0.852	0.804	0.948	0.972	0.840	0.972	0.988
10	20	20	0.056	0.112	0.184	0.096	0.196	0.272	0.136	0.296	0.396	0.172	0.300	0.396
	20	40	0.072	0.200	0.292	0.172	0.388	0.488	0.272	0.520	0.616	0.284	0.524	0.636
	20	60	0.084	0.308	0.444	0.164	0.524	0.652	0.264	0.708	0.780	0.284	0.716	0.784
	40	20	0.064	0.216	0.372	0.180	0.368	0.460	0.276	0.556	0.640	0.308	0.500	0.580
	40	40	0.208	0.428	0.540	0.424	0.664	0.776	0.660	0.888	0.928	0.704	0.892	0.924
	40	60	0.320	0.564	0.672	0.564	0.828	0.880	0.692	0.960	0.984	0.764	0.964	0.976
	60	20	0.088	0.260	0.352	0.272	0.484	0.616	0.428	0.700	0.804	0.496	0.724	0.788
	60	40	0.344	0.612	0.700	0.640	0.852	0.908	0.880	0.972	1.000	0.920	0.988	1.000

二　在经济增长数据上的一个应用

针对带有公共因子的经济增长数据，我们考虑以下非参数动态面板模型

$$Y_{it} = m(Y_{i,t-1},\cdots,Y_{i,t-s},X_{it}) + F_t^{0'}\lambda_i^0 + \varepsilon_{it} \qquad (3.32)$$

其中 $Y_{it} = \log(GDP_{it}) - \log(GDP_{i,t-1})$ 表示国家 i 在第 t 年的 GDP 增长率，GDP_{it} 表示人均实际 GDP。我们令 $s = 1,2,3$，考虑自变量的不同滞后项。F_t 表示共同冲击，例如，技术冲击和金融危机。λ_i 表示共同冲击对于国家 i 的异质性影响。我们想检验国家经济增长和初始经济条件之间的关系，也想检验经济增长和资本积累的关系。因此，X_{it} 包含两个变量，一国的初始经济条件（$X_{i,1}$，定义为初始时刻人均实际 GDP 的对数值）和投资份额（$X_{it,2}$，定义为实际投资占 GDP 平均份额的对数值）。

不同经济模型预测的经济增长和初始条件之间的关系不同。例

如，Solow（1956）认为它们负相关，Barro（1991）用1960—1985年的跨国数据验证了Solow的预测。另外，内生经济增长模型［参见Romer（1986）和Lucas（1988）］认为长期来看二者之间没有关系。经济增长和资本积累的关系也没有定论，Solow（1956）认为它们没有关系，Jones（1995）实证检验了这一结论。内生经济增长模型却预测此二者间有正相关关系，Bond等（2010）实证检验了这一点。尽管没有经济理论表明上述两种关系是线性的，大多数实证研究却都使用了线性模型。鉴于此，Su和Lu（2013）使用了一个新的非参数动态面板模型，发现经济增长和滞后项、初始条件之间的关系是非线性的。

我们使用的模型与Su和Lu（2013）有明显不同，后者考虑的是带可加固定效应的短面板，我们的模型考虑了截面相关，允许IFE，并在高维面板数据上使用。我们的数据来自Penn World Table（PWT 7.1），包含104个国家和1960—2009年共计50年的面板数据。遵循Bond等（2010）的做法，我们排除了石油产出国和Botswana，因为采矿在这些国家扮演了重要角色。我们也排除了Nicaragua和Chad，因为它们在某些年的总投资的记录为负。中国有两个版本的数据，使用两个版本数据的结果是相似的，我们用了第一个版本。

我们尝试了不同的模型设定：纯动态面板模型，在（3.32）里$s=1,2,3$，带有1－3阶滞后项，$X_{i,1}$，$X_{it,2}$或者两者都包含的动态模型。因此我们总共得到下面12种模型。

模型1：$Y_{it}=m(Y_{i,t-1})+F_t^{0\prime}\lambda_i^0+\varepsilon_{it}$，

模型2：$Y_{it}=m(Y_{i,t-1},X_{i,1})+F_t^{0\prime}\lambda_i^0+\varepsilon_{it}$，

模型3：$Y_{it}=m(Y_{i,t-1},X_{it,2})+F_t^{0\prime}\lambda_i^0+\varepsilon_{it}$，

模型4：$Y_{it}=m(Y_{i,t-1},X_{i,1},X_{it,2})+F_t^{0\prime}\lambda_i^0+\varepsilon_{it}$，

模型 5：$Y_{it} = m(Y_{i,t-1}, Y_{i,t-2}) + F_t^{0'}\lambda_i^0 + \varepsilon_{it}$，

模型 6：$Y_{it} = m(Y_{i,t-1}, Y_{i,t-2}, X_{i,1}) + F_t^{0'}\lambda_i^0 + \varepsilon_{it}$，

模型 7：$Y_{it} = m(Y_{i,t-1}, Y_{i,t-2}, X_{it,2}) + F_t^{0'}\lambda_i^0 + \varepsilon_{it}$，

模型 8：$Y_{it} = m(Y_{i,t-1}, Y_{i,t-2}, X_{i,1}, X_{it,2}) + F_t^{0'}\lambda_i^0 + \varepsilon_{it}$，

模型 9：$Y_{it} = m(Y_{i,t-1}, Y_{i,t-2}, Y_{i,t-3}) + F_t^{0'}\lambda_i^0 + \varepsilon_{it}$，

模型 10：$Y_{it} = m(Y_{i,t-1}, Y_{i,t-2}, Y_{i,t-3}, X_{i,1}) + F_t^{0'}\lambda_i^0 + \varepsilon_{it}$，

模型 11：$Y_{it} = m(Y_{i,t-1}, Y_{i,t-2}, Y_{i,t-3}, X_{it,2}) + F_t^{0'}\lambda_i^0 + \varepsilon_{it}$，

模型 12：$Y_{it} = m(Y_{i,t-1}, Y_{i,t-2}, Y_{i,t-3}, X_{i,1}, X_{it,2}) + F_t^{0'}\lambda_i^0 + \varepsilon_{it}$。

在所有这些模型里，因子的个数是需要我们确定的，尽管在理论模型中我们常常把它当作已知。注意 Bai 和 Ng（2002）在纯近似因子模型中研究了因子个数的决定。遵循 Moon 和 Weidner（2017），他们的方法可以拓展到具有 IFE 的线性动态面板模型。这种拓展在本书考虑的局部备择假设下也是可以的，为了节省空间，我们略去讨论的细节。在本书中，我们采用 Bai 和 Ng（2002）的下列标准来确定因子个数：

$$PC_{p1}(R) = V(R, \widehat{F}^R) + R\widehat{\sigma}^2\left(\frac{N+T}{NT}\right)\ln\left(\frac{NT}{N+T}\right),$$

$$PC_{p2}(R) = V(R, \widehat{F}^R) + R\widehat{\sigma}^2\left(\frac{N+T}{NT}\right)\ln C_{NT}^2,$$

$$IC_{p1}(R) = \ln V(R, \widehat{F}^R) + R\left(\frac{N+T}{NT}\right)\ln\left(\frac{NT}{N+T}\right),$$

$$IC_{p2}(R) = \ln V(R, \widehat{F}^R) + R\left(\frac{N+T}{NT}\right)\ln C_{NT}^2$$

其中 $C_{NT}^2 = \min\{N, T\}$，$V(R, \widehat{F}^R) = (NT)^{-1}\sum_{i=1}^{N}\sum_{t=1}^{T}(\widehat{\varepsilon}_{it}^R)^2$，$\widehat{\varepsilon}_{it}^R = Y_{it} - X_{it}'\widehat{\beta}^R - \widehat{F}_t^{R'}\widehat{\lambda}_i^R$。$\widehat{\beta}^R$，$\widehat{F}_t^R$ 和 $\widehat{\lambda}_i^R$ 是在线性假设下使用 R 个因子时的估计，$\widehat{\sigma}^2$ 是

$(NT)^{-1}\sum_{i=1}^{N}\sum_{t=1}^{T}E(\varepsilon_{it}^{2})$ 的一个一致估计，在应用中也可用替代。遵循 Bai 和 Ng（2002），我们令 $R_{\max}$ 等于 8，10 和 15，我们认识到 $PC_{p1}(R)$ 和 $PC_{p2}(R)$ 取决于通过 $\widehat{\sigma}^2$ 的 $R_{\max}$ 的选择，也认识到不同的标准会导致最优因子个数 R^* 不同。因此，我们基于这四种标准和三个 $R_{\max}$ 选择最多推荐的因子个数。如果出现平局，我们选择更大的那个因子个数。例如，在模型 4 中，当 $R_{\max}=8$ 时，四种标准选择的最优因子个数都是 1；当 $R_{\max}=10$ 时，PC_{p1} 和 PC_{p2} 说明 R^* 等于 7，IC_{p1} 和 IC_{p2} 说明 R^* 等于 1；当 $R_{\max}$ 时，PC_{p1} 和 PC_{p2} 说明 R^* 等于 5，IC_{p1} 和 IC_{p2} 说明 R^* 等于 1。因此，我们对模型 4 的 R^* 选择为 1。

表 3－6 展示了每个模型选出来的因子个数，以及基于 ROT 带宽和 HS 适应性步骤计算的线性检验的 Bootstrap p 值。为了方便比较，我们固定了在 1960—2009 年有观测值的 104 个国家，考虑不同时间区间（分别为 1960—2009 年，1970—2009 年，1980—2009 年）的检验结果。表 3—6 报告了基于 1000 次 Bootstrap 再抽样本的 p 值。当时间区间为 1960—2009 年时，因子个数的选择是 1 个或 2 个，p 值在每种情况下都很小，表明一国经济增长速度和它的滞后项之间的关系非线性，经济增长速度和初始条件、投资份额之间的关系可能也是非线性的。有意思的是，当时间区间为 1970—2009 年和 1980—2009 年时，Bai 和 Ng（2002）的信息准则在许多情景下倾向于选 3 个或 4 个因子，p 值也都非常小（除了时间段为 1970—2009 年的模型 1）。因此，面板数据总体上呈现出非线性的关系。为了进行稳健性检验，我们用 PWT 7. 1 中不同时间段、不同国家的数据进行了相同的分析。

表 3－6　　应用于经济增长数据中的 Bootstrap p 值

时期	模型	因子个数	$c=0.5$	$c=1$	$c=2$	$\sup \widehat{\Gamma}_{NT}$
1960—2009	1	2	0.006	0.004	0.005	0.005
	2	1	0.000	0.000	0.000	0.000
	3	1	0.000	0.000	0.000	0.000
	4	1	0.000	0.000	0.000	0.000
	5	2	0.022	0.025	0.030	0.037
	6	1	0.000	0.000	0.000	0.000
	7	1	0.000	0.000	0.000	0.000
	8	1	0.000	0.000	0.000	0.000
	9	2	0.041	0.040	0.054	0.062
	10	1	0.000	0.000	0.000	0.000
	11	1	0.000	0.000	0.000	0.000
	12	1	0.000	0.000	0.000	0.000
1970—2009	1	1	0.224	0.207	0.218	0.268
	2	1	0.000	0.000	0.000	0.000
	3	1	0.000	0.000	0.000	0.000
	4	1	0.000	0.000	0.000	0.001
	5	4	0.008	0.008	0.008	0.009
	6	2	0.000	0.000	0.000	0.000
	7	1	0.000	0.000	0.000	0.001
	8	2	0.001	0.001	0.002	0.003
	9	4	0.011	0.017	0.027	0.026
	10	3	0.000	0.001	0.003	0.005
	11	3	0.000	0.000	0.000	0.000
	12	3	0.003	0.002	0.005	0.004
1980—2009	1	3	0.004	0.004	0.004	0.005
	2	3	0.008	0.007	0.009	0.010
	3	3	0.010	0.009	0.010	0.010
	4	3	0.010	0.010	0.011	0.011
	5	3	0.013	0.013	0.013	0.014

续表

时期	模型	因子个数	$c=0.5$	$c=1$	$c=2$	$\sup \widehat{\Gamma}_{NT}$
	6	3	0.003	0.005	0.005	0.010
	7	3	0.002	0.005	0.007	0.008
	8	3	0.008	0.008	0.009	0.009
	9	3	0.006	0.007	0.013	0.012
	10	3	0.001	0.003	0.006	0.008
	11	3	0.003	0.003	0.005	0.007
	12	4	0.087	0.066	0.086	0.086

表3-7呈现了基于ROT带宽和HS适应性步骤计算的线性检验的Bootstrap p 值。在PWT 7.1中，时间段1950—2009年、1960—2009年、1970—2009年和1980—2009年内有观测值的国家个数分别是 $N=52$，104，147和148。1960—2009年的结果在上面已经报告过了，因此表3-7只报告剩下三个时间段的结果。在大多数情况下，p 值都非常小，除了1950—2009年的模型4，9，10和12。在这些情况下，选择某些带宽时，我们无法在5%的显著性水平下拒绝线性的原假设。然而，如果我们用 $\sup \widehat{\Gamma}_{NT}$，只有时间区间1950—2009年的模型4和12无法拒绝原假设。此外，当 $N=52$ 较小时，Bai和Ng的方法倾向于选择一个更大的因子个数。总结起来，我们的结果总体上显示该面板数据具有很强的非线性特征。

表3-7　　应用于经济增长数据中的Bootstrap p 值

时期	模型	因子个数	$c=0.5$	$c=1$	$c=2$	$\sup \widehat{\Gamma}_{NT}$
1960—2009	1	3	0.006	0.004	0.005	0.005
(N:52)	2	3	0.000	0.000	0.000	0.000
	3	3	0.000	0.000	0.000	0.000

续表

时期	模型	因子个数	$c=0.5$	$c=1$	$c=2$	$\sup\widehat{\Gamma}_{NT}$
	4	3	0.000	0.000	0.000	0.000
	5	2	0.022	0.025	0.030	0.037
	6	1	0.000	0.000	0.000	0.000
	7	3	0.000	0.000	0.000	0.000
	8	1	0.000	0.000	0.000	0.000
	9	4	0.041	0.040	0.054	0.062
	10	3	0.000	0.000	0.000	0.000
	11	3	0.000	0.000	0.000	0.000
	12	3	0.000	0.000	0.000	0.000
1970—2009	1	2	0.000	0.000	0.000	0.000
(N:147)	2	2	0.000	0.000	0.000	0.000
	3	2	0.000	0.000	0.000	0.000
	4	2	0.000	0.000	0.000	0.000
	5	2	0.000	0.000	0.000	0.000
	6	2	0.000	0.000	0.000	0.000
	7	2	0.000	0.000	0.000	0.000
	8	2	0.000	0.000	0.000	0.000
	9	2	0.000	0.000	0.000	0.000
	10	2	0.000	0.000	0.000	0.000
	11	2	0.000	0.000	0.000	0.000
	12	2	0.000	0.000	0.000	0.000
1980—2009	1	1	0.000	0.000	0.000	0.000
(N:148)	2	1	0.000	0.000	0.000	0.000
	3	1	0.000	0.000	0.000	0.000
	4	1	0.000	0.000	0.000	0.000
	5	1	0.000	0.000	0.000	0.000
	6	1	0.000	0.000	0.000	0.000
	7	1	0.000	0.000	0.000	0.000
	8	1	0.000	0.000	0.000	0.000

续表

时期	模型	因子个数	$c=0.5$	$c=1$	$c=2$	$\sup \widehat{\Gamma}_{NT}$
	9	1	0.000	0.000	0.000	0.000
	10	1	0.000	0.000	0.000	0.000
	11	1	0.000	0.000	0.000	0.000
	12	1	0.000	0.000	0.000	0.000

第五节　总结

在本书中，我们提出了对于具有 IFE 的线性面板模型设定的非参数一致检验。我们先在线性原假设下进行模型估计，用估计的残差构建检验统计量。在原假设和一系列 Pitman 局部备择假设下，我们证明了检验统计量渐近服从正态分布，并提出了计算 Bootstrap p 值的方法。模拟结果表明，基于 Bootstrap 的检验在有限样本中表现良好。为了进一步说明我们的方法，我们把它应用在了经济增长数据上，并发现该数据有显著的非线性关系。

我们在本书里只考虑了同方差面板模型。相同回归方程的假设在某些应用中可能不合适。在这种情况下，我们可以考虑具有异质函数形式 $m_i(\cdot)$ 的面板模型，然后检验常用的异质性线性设定是否正确，即检验原假设

H_0：对某些 $\beta_i^0 \in \mathbb{R}^p$ 和对所有 $i=1,\cdots,N$ 都有 $m_i(X_{it})=X_{it}'\beta_i^0$ 几乎处处成立。

利用 Chudik 和 Pesaran（2015）以及 Song（2013）关于具有 IFE 的线性动态面板模型的最新结论，我们在原假设下可以估计异质线性系数，然后把本书的渐近理论拓展到这个框架中。我们把它留为未来

的研究方向。

附 件

用 C 表示一个常数，它的值可以随着问题的变化而变化。用 $\lceil a \rceil$ 表示实数 a 的整数部分。$\delta_{NT} \equiv \min(\sqrt{N}, \sqrt{T})$。$E_D(\cdot)$ 和 $\mathrm{Var}D(\cdot)$ 分别表示给定 $D \equiv \{F^0, \lambda^0\}$ 的条件期望和条件方差。记 $\alpha_{ik} \equiv \lambda_i^{0\prime}(\lambda^{0\prime}\lambda^0/N)^{-1}\lambda_k^0$，$\eta_{ts} \equiv F_t^{0\prime}(F^{0\prime}F^0/T)^{-1}F_s^0$。

定义 $\Phi_1 \equiv \lambda^0(\lambda^{0\prime}\lambda^0)^{-1}(F^{0\prime}F^0)^{-1}F^{0\prime}$，$\Phi_2 \equiv F^0(F^{0\prime}F^0)^{-1}(\lambda^{0\prime}\lambda^0)^{-1}(F^{0\prime}F^0)^{-1}F^{0\prime}$，$\Phi_3 \equiv \lambda^0(\lambda^{0\prime}\lambda^0)^{-1}(F^{0\prime}F^0)^{-1}(\lambda^{0\prime}\lambda^0)^{-1}\lambda^{0\prime}$。

附件 A 定理 3.1 的证明

定理 3.1 的证明和 Moon 和 Weidner（2017，MW 表示）中定理 2.1 和定理 3.1 的证明非常相似，因此我们只把不同的地方写出来。通过允许对于线性面板模型的局部偏离，$\hat{\beta}$ 的一致性证明和 MW 相同。定义 $X_0 \equiv (\frac{\sqrt{NT}}{\|e\|})e$，$\epsilon_0 \equiv \frac{\|e\|}{\sqrt{NT}}$，$\epsilon_k \equiv \beta_k^0 - \beta_k$，$k = 1,\cdots,p$。注意在 $H_1(\gamma_{NT})$ 下，MW 的条件（A6）和（A7）对足够大的 (N,T) 仍然成立，因为

$$\upsilon_{1NT} \equiv \sum_{k=1}^{p} |\beta_k^0 - \beta_k| \frac{\|X_k\|}{\sqrt{NT}} + \frac{\|e\|}{\sqrt{NT}} = o_P(1) + O_P(\delta_{NT}^{-1} + \gamma_{NT}) = o_P(1)$$

在假设 A1（iii）和（iv）下成立，只要 $\|\beta^0-\beta\|=o(1)$。因此我们可以用 MW 的引理 A1（iii）得到

$$
\begin{aligned}
L_{NT}(\beta) &= \frac{1}{NT}\sum_{k_1=0}^{p}\sum_{k_2=0}^{p}\epsilon_{k_1}\epsilon_{k_2}L^{(2)}(\lambda^0,F^0,X_{k_1},X_{k_2})\\
&\quad+\frac{1}{NT}\sum_{k_1=0}^{p}\sum_{k_2=0}^{p}\sum_{k_3=0}^{p}\epsilon_{k_1}\epsilon_{k_2}\epsilon_{k_3}L^{(3)}(\lambda^0,F^0,X_{k_1},X_{k_2},X_{k_3})\\
&\quad+O_P(v_{1NT}^4),
\end{aligned}
$$

其中对于任何整数 $g\geqslant 1$，

$$
\begin{aligned}
&L^{(g)}(\lambda^0,F^0,X_{k_1},\cdots,X_{k_g})\\
&=\frac{1}{g!}\sum_{(k_1,\cdots,k_g)g!\text{次置换}}\tilde{L}^{(g)}(\lambda^0,F^0,X_{k_1},\cdots,X_{k_g}),\ \tilde{L}^{(g)}(\lambda^0,F^0,X_{k_1},\cdots,X_{k_g})\\
&=\sum_{l=1}^{g}(-1)^{l+1}\sum_{\substack{v_1+v_2+\cdots+v_l=g\\ m_1+\cdots+m_{l+1}=l-1\\ 2\geqslant v_j\geqslant 1,m_j\geqslant 0}}\mathrm{tr}\{S^{(m_1)}T^{(v_1)}_{k_1\cdots}S^{(m_2)}\cdots S^{(m_l)}T^{(v_l)}_{\cdots k_g}S^{(m_{l+1})}\},
\end{aligned}
$$

$S^{(0)}=-M_{\lambda^0}$, $S^{(m)}=\Phi_3^m$, $T_k^{(1)}=\lambda^0F^{0\prime}X_k'+X_kF^0\lambda^{0\prime}$, $k=0,1,\cdots,p$。对于 $k_1,k_2=0,1,\cdots,p$, $T^{(2)}_{k_1k_2}=X_{k_1}X_{k_2}'$。通过直接的计算，我们可以验证

$$
\begin{aligned}
&\tilde{L}^{(2)}(\lambda^0,F^0,X_{k_1},X_{k_2})\\
&=\mathrm{tr}\{S^{(0)}T^{(2)}_{k_1k_2}S^{(0)}-[S^{(1)}T^{(1)}_{k_1}S^{(0)}T^{(1)}_{k_2}S^{(0)}\\
&+S^{(0)}T^{(1)}_{k_1}S^{(1)}T^{(1)}_{k_2}S^{(0)}+S^{(0)}T^{(1)}_{k_1}S^{(0)}T^{(1)}_{k_2}S^{(1)}]\}\\
&=\mathrm{tr}(M_{\lambda^0}X_{k_1}X_{k_2}'M_{\lambda^0}-M_{\lambda^0}X_{k_1}F^0\lambda^{0\prime}\Phi_3\lambda^0F^{0\prime}X_{k_2}'M_{\lambda^0})\\
&=\mathrm{tr}(M_{\lambda^0}X_{k_1}M_{F^0}X_{k_2}'M_{\lambda^0})
\end{aligned}
$$

这里，我们用到了 $S^{(0)}T_k^{(1)}S^{(0)}=0$ 和 $F^0\lambda^{0\prime}\Phi_3\lambda^0F^{0\prime}=P_{F^0}$。类似地

$$
\begin{aligned}
&\tilde{L}^{(3)}(\lambda^0,F^0,X_{k_1},X_{k_2},X_{k_3})\\
&=\mathrm{tr}\{-[S^{(1)}T^{(1)}_{k_1}S^{(0)}T^{(2)}_{k_2k_3}S^{(0)}+S^{(0)}T^{(1)}_{k_1}S^{(1)}T^{(2)}_{k_2k_3}S^{(0)}\\
&+S^{(0)}T^{(2)}_{k_1k_2}S^{(1)}T^{(1)}_{k_3}S^{(0)}+S^{(0)}T^{(2)}_{k_1k_2}S^{(0)}T^{(1)}_{k_3}S^{(1)}]
\end{aligned}
$$

$$+ [S^{(1)} T_{k_1}^{(1)} S^{(0)} T_{k_2}^{(1)} S^{(1)} T_{k_3}^{(1)} S^{(0)}$$

$$+ S^{(0)} T_{k_1}^{(1)} S^{(1)} T_{k_2}^{(1)} S^{(1)} T_{k_3}^{(1)} S^{(0)}$$

$$+ S^{(0)} T_{k_1}^{(1)} S^{(1)} T_{k_2}^{(1)} S^{(0)} T_{k_3}^{(1)} S^{(1)}]\}$$

$$= \mathrm{tr}\{ - [\Phi_1 X_{k_1}' M_{\lambda^0} X_{k_2} X_{k_3}' M_{\lambda^0} + M_{\lambda^0} X_{k_1} \Phi_1' X_{k_2} X_{k_3}'$$

$$+ M_{\lambda^0} X_{k_1} X_{k_2}' \Phi_1 X_{k_3}' + M_{\lambda^0} X_{k_1} X_{k_2}' M_{\lambda^0} X_{k_3} \Phi_1']$$

$$+ \Phi_1 X_{k_1}' M_{\lambda^0} X_{k_2} P_{F^0} X_{k_3}' M_{\lambda^0} + M_{\lambda^0} X_{k_1} (\Phi_1' X_{k_2} P_{F^0}$$

$$+ P_{F^0} X_{k_2}' \Phi_1) X_{k_3}' + M_{\lambda^0} X_{k_1} P_{F^0} X_{k_2}' M_{\lambda^0} X_{k_3} \Phi_1' \}$$

$$= - \mathrm{tr}(M_{\lambda^0} X_{k_1} \Phi_1' X_{k_2} M_{F^0} X_{k_3}' + M_{\lambda^0} X_{k_1} M_{F^0} X_{k_2}' \Phi_1 X_{k_3}')$$

这里，我们用了如下事实：

$$\Phi_3 T_k^{(1)} M_{\lambda^0} = \Phi_1 X_k' M_{\lambda^0},\ M_{\lambda^0} T_k^{(1)} \Phi_3 = M_{\lambda^0} X_k \Phi_1',\ M_{\lambda^0} T_k^{(1)} \Phi_1$$

$$= M_{\lambda^0} X_k P_{F^0}, \Phi_1' T_k^{(1)} M_{\lambda^0} = P_{F^0} X_k' M_{\lambda^0},\ \Phi_1' T_k^{(1)} \Phi_1$$

$$= P_F^0 X_k' \Phi_1 + \Phi_1' X_k P_{F^0},\ \text{和}\ M_{\lambda^0} \Phi_1 = 0。$$

接下来，有

$$L^{(2)}(\lambda^0, F^0, X_{k_1}, X_{k_2}) = \mathrm{tr}(M_{\lambda^0} X_{k_1} M_{F^0} X_{k_2}' M_{\lambda^0})$$

$$= \mathrm{tr}(M_{\lambda^0} X_{k_1} M_{F^0} X_{k_2}')$$

$$L^{(3)}(\lambda^0, F^0, X_{k_1}, X_{k_2}, X_{k_3})$$

$$= -\frac{1}{3} \sum_{(k_1,k_2,k_3)\text{的6次置换}} \mathrm{tr}(M_{\lambda^0} X_{k_1} M_{F^0} X_{k_2}' \Phi_1 X_{k_3}' M_{\lambda^0})。$$

此外，有

$$L_{NT}(\beta) = L_{NT}(\beta^0) + L_{1NT}(\beta) + L_{2NT}(\beta) + R_{NT} + O_P(\upsilon_{1NT}^4 - \epsilon_0^4)$$

其中

$$L_{1NT}(\beta) \equiv \frac{2}{NT} \sum_{k=1}^{p} \epsilon_k \epsilon_0 L^{(2)}(\lambda^0, F^0, X_k, X_0)$$

$$+ \frac{3}{NT} \sum_{k=1}^{p} \epsilon_k \epsilon_0 \epsilon_0 L^{(3)}(\lambda^0, F^0, X_k, X_0, X_0)$$

$$L_{2NT}(\beta) \equiv \frac{1}{NT}\sum_{k_1=1}^{p}\sum_{k_2=1}^{p} \epsilon_{k_1}\epsilon_{k_2} L^{(2)}(\lambda^0, F^0, X_{k_1}, X_{k_2}),$$

$$R_{NT}(\beta) \equiv \frac{3}{NT}\sum_{k_1=1}^{p}\sum_{k_2=1}^{p} \epsilon_{k_1}\epsilon_{k_2}\epsilon_0 L^{(3)}(\lambda^0, F^0, X_{k_1}, X_{k_2}, X_0)$$

$$+ \frac{1}{NT}\sum_{k_1=1}^{p}\sum_{k_2=1}^{p}\sum_{k_3=1}^{p} \epsilon_{k_1}\epsilon_{k_2}\epsilon_{k_3} L^{(3)}(\lambda^0, F^0, X_{k_1}, X_{k_2}, X_{k_3})$$

显然，L_{1NT} 和 L_{2NT} 分别是关于 $\epsilon_k = \beta_k^0 - \beta_k$，$k = 1, \cdots, p$，的线性和二次型函数。$R_{NT}$ 代表的是渐近可忽略的三阶似然展开项。注意 $L^{(g)}(\lambda^0, F^0, X_{k_1}, X_{k_2}, \cdots, X_{k_g})$ 关于最后 g 个分量是线性的，且有 $\epsilon_0 X_0 = e$，我们有

$$L_{1NT}(\beta) = \frac{2}{NT}\sum_{k=1}^{p} \epsilon_k \Big[L^{(2)}(\lambda^0, F^0, X_k, e) + \frac{3}{2} L^{(3)}(\lambda^0, F^0, X_k, e, e)\Big]$$

$$= \frac{2}{NT}\sum_{k=1}^{p} \epsilon_k \Big[\mathrm{tr}(M_{\lambda^0} X_k M_{F^0} e')$$

$$- \frac{1}{2}\sum_{(X_k, e, e)6次置换} \mathrm{tr}(M_{\lambda^0} X_k M_{F^0} e' \Phi_1 e')\Big]$$

$$= -2(\beta - \beta^0)'(C_{NT}^{(1)} + C_{NT}^{(2)}),$$

其中，$p \times 1$ 向量 $C_{NT}^{(1)}$ 和 $C_{NT}^{(2)}$ 分别在（3.17）和（3.18）中定义。另外，

$$L_{2NT}(\beta) = \frac{1}{NT}\sum_{k_1=1}^{p}\sum_{k_2=1}^{p} \epsilon_{k_1}\epsilon_{k_2} \mathrm{tr}(M_{\lambda^0} X_{k_1} M_{F^0} X_{k_2}')$$

$$= (\beta - \beta^0)' D_{NT}(\beta - \beta^0)$$

其中，D_{NT} 在（3.19）中定义。正如在 MW，注意到

$$\frac{1}{NT}(\epsilon_0)^{g-r} L^{(g)}(\lambda^0, F^0, X_{k_1}, \cdots, X_{k_r}, X_0 \cdots, X_0)$$

$$= O_P\Big(\Big(\frac{\|e\|}{\sqrt{NT}}\Big)^{g-r}\Big) = O_P((\delta_{NT}^{-1} + \gamma_{NT})^{g-r})。$$

容易确定 R_{NT} 的收敛速度 $R_{NT} = O_P(\|\beta-\beta^0\|^2(\delta_{NT}^{-1}+\gamma_{NT})+\|\beta-\beta^0\|^3)$。接下来有

$$L_{NT}(\beta) = L_{NT}(\beta^0) - 2\gamma_{NT}(\beta-\beta^0)'(C_{NT}^{(1)}+C_{NT}^{(2)}) + (\beta-\beta^0)'D_{NT}(\beta-\beta^0) + \tilde{R}_{NT}(\beta)$$

其中 $\tilde{R}_{NT}(\beta) = O_P\{\|\beta-\beta^0\|^2(\delta_{NT}^{-1}+\gamma_{NT})+\|\beta-\beta^0\|^3+\|\beta-\beta^0\|(\delta_{NT}^{-3}+\gamma_{NT}^3)\}$。由

$$\begin{aligned} v_{1NT}^4-\epsilon_0^4 &= \left(\sum_{k=1}^{p}|\beta_k^0-\beta_k|\frac{\|X_k\|}{\sqrt{NT}}+\frac{\|e\|}{\sqrt{NT}}\right)^4-\left(\frac{\|e\|}{\sqrt{NT}}\right)^4 \\ &= O_P\left(\|\beta-\beta^0\|^4+\|\beta-\beta^0\|^3\frac{\|e\|}{\sqrt{NT}}\right)+\left(\|\beta-\beta^0\|^2\frac{\|e\|^2}{NT}\right. \\ &\quad \left.+\|\beta-\beta^0\|\left(\frac{\|e\|}{\sqrt{NT}}\right)^3\right), \end{aligned}$$

$\|\beta-\beta^0\| = o(1)$，$\frac{\|e\|}{\sqrt{NT}} = O_P(\delta_{NT}^{-1}+\gamma_{NT}) = o_P(1)$，在假设 A1 – A3（i）下，我们很容易证明：当 $H_1(\gamma_{NT})$ 成立时，

$$\begin{aligned} C_{NT,k}^{(1)} &= \frac{\gamma_{NT}}{NT}\mathrm{tr}(M_{\lambda^0}X_kM_{F^0}\Delta')+\frac{1}{NT}\mathrm{tr}(M_{\lambda^0}X_kM_{F^0}\varepsilon') \\ &= \gamma_{NT}(NT)^{-1}\mathrm{tr}(M_{\lambda^0}X_kM_{F^0}\Delta')+O_P(\delta_{NT}^{-2}) \\ &= O_P(\gamma_{NT})+O_P(\delta_{NT}^{-2}) \end{aligned}$$

类似地，$C_{NT,k}^{(2)} = O_P(\gamma_{NT}^2+\delta_{NT}^{-2})$。定义 $\vartheta_{NT}\equiv D_{NT}^{-1}(C_{NT}^{(1)}+C_{NT}^{(2)})$，其中 D_{NT} 渐近可逆［由假设 A1（v）可得］。鉴于 $L_{NT}(\hat{\beta})\leqslant L_{NT}(\beta^0+\vartheta_{NT})$，我们有

$$\begin{aligned} &(\hat{\beta}-\beta^0-\vartheta_{NT})'D_{NT}(\hat{\beta}-\beta^0-\vartheta_{NT}) \\ &\leqslant \tilde{R}_{NT}(\beta^0+\vartheta_{NT})-\tilde{R}_{NT}(\hat{\beta}) \\ &= O_P\{(\gamma_{NT}^2+\delta_{NT}^{-4})(\delta_{NT}^{-1}+\gamma_{NT})+(\gamma_{NT}^3+\delta_{NT}^{-6}) \end{aligned}$$

$$+ (\gamma_{NT} + \delta_{NT}^{-2})(\delta_{NT}^{-3} + \gamma_{NT}^{3})\} - \tilde{R}_{NT}(\widehat{\beta})$$

$$= O_P[\gamma_{NT}^{2}(\delta_{NT}^{-1} + \gamma_{NT}) + \gamma_{NT}\delta_{NT}^{-3} + \delta_{NT}^{-5}] - \tilde{R}_{NT}(\widehat{\beta})。$$

由假设 A1（v）和 $\tilde{R}_{NT}(\widehat{\beta})$ 的界限，可以很容易用反证法证明

$$\widehat{\beta} - \beta^{0} = \vartheta_{NT} + O_P\left\{[\gamma_{NT}^{2}(\delta_{NT}^{-1} + \gamma_{NT}) + \gamma_{NT}\delta_{NT}^{-3} + \delta_{NT}^{-5}]^{\frac{1}{2}}\right\}。$$

附件 B　定理 3.2 的证明

根据 MW，容易证明

$$M_{\widehat{F}} = M_{F^0} + \sum_{k=1}^{p}(\beta_k^0 - \widehat{\beta}_k) M_k^{(0)} + M^{(1)} + M^{(2)} + M^{(rem)},$$

其中

$$M_k^{(0)} = - M_{F^0} X_k' \Phi_1 - \Phi_1' X_k M_{F^0}, k = 1, \cdots, p,$$

$$M^{(1)} = - M_{F^0} \varepsilon' \Phi_1 - \Phi_1' \varepsilon M_{F^0},$$

$$M^{(2)} = M_{F^0} \varepsilon' \Phi_1 \varepsilon' \Phi_1 + \Phi_1' \varepsilon \Phi_1' \varepsilon M_{F^0} - M_{F^0} \varepsilon' M_{\lambda^0} \varepsilon \Phi_2$$
$$- \Phi_2 \varepsilon' M_{\lambda^0} \varepsilon M_{F^0} - M_{F^0} \varepsilon' \Phi_3 \varepsilon M_{F^0} + \Phi_1' \varepsilon M_{F^0} \varepsilon' \Phi_1,$$

余项 $M^{(rem)}$ 满足

$$\|M^{(rem)}\|_F$$
$$= O_P((\delta_{NT}^{-1} + \gamma_{NT} + \|\widehat{\beta} - \beta^0\|)\|\widehat{\beta} - \beta^0\|$$
$$+ (NT)^{-\frac{3}{2}} \max(\sqrt{N}, \sqrt{T})^{3} + \gamma_{NT}^{3})$$
$$= O_P(\delta_{NT}^{-1}\gamma_{NT} + \delta_{NT}^{-3}) = O_P(\delta_{NT}^{-1}\gamma_{NT})$$

由（3.23），（3.24）和假设 A7（i），我们直接就能证明，对于 $k = 1, \cdots, p$，$\|M_k^{(0)}\|_F = O_P(1)$ 成立，$\|M^{(1)}\|_F = O_P(N^{-1/2})$ 以及 $\|M^{(2)}\|_F = O_P(\delta_{NT}^{-2})$。

结合（3.16）和 $M_{\widehat{F}}$ 的分解，可得

$$\widehat{\varepsilon}_i = M_{F^0}(\varepsilon_i + c_i) + \sum_{k=1}^{p}(\beta_k^0 - \widehat{\beta}_k) M_k^{(0)}(\varepsilon_i + F^0 \lambda_i^0 + c_i)$$
$$+ M^{(1)}(\varepsilon_i + F^0 \lambda_i^0 + c_i) + (M^{(2)} + M^{(rem)})(\varepsilon_i + F^0 \lambda_i^0 + c_i)$$
$$\equiv d_{1i} + d_{2i} + d_{3i} + d_{4i}$$

其中 $c_i \equiv X_i(\beta^0 - \widehat{\beta}) + (m_i - X_i \beta^0)$。接下来有

$$NT(h!)^{\frac{1}{2}} \widehat{J}_{NT} = a_{NT} \sum_{1 \leqslant i,j \leqslant N} (d_{1i} + d_{2i} + d_{3i} + d_{4i})'$$
$$\times K_{ij}(d_{1j} + d_{2j} + d_{3j} + d_{4j})$$
$$= a_{NT} \sum_{1 \leqslant i,j \leqslant N} \{ d_{1i}' K_{ij} d_{1j} + d_{2i}' K_{ij} d_{2j} + d_{3i}' K_{ij} d_{3j}$$
$$+ d_{4i}' K_{ij} d_{4j} + 2 d_{1i}' K_{ij} d_{2j} + 2 d_{1i}' K_{ij} d_{3j} + 2 d_{1i}' K_{ij} d_{4j}$$
$$+ 2 d_{2i}' K_{ij} d_{3j} + 2 d_{2i}' K_{ij} d_{4j} + 2 d_{3i}' K_{ij} d_{4j} \}$$
$$\equiv A_1 + A_2 + A_3 + A_4 + 2A_5 + 2A_6$$
$$+ 2A_7 + 2A_8 + 2A_9 + 2A_{10}$$

其中 $a_{NT} \equiv (h!)^{1/2}/(NT)$。要完成证明，在 $H_1(\gamma_{NT})$ 成立时，我们还需要证明：

(1) $\bar{A}_1 \equiv A_1 - B_{1NT} - B_{2,1NT} \xrightarrow{D} N(0, V_0)$,

(2) $A_2 = B_{2,2NT} + o_P(1)$,

(3) $A_5 = B_{2,3NT} + o_P(1)$,

(4) $A_s = o_P(1)$ 对于 $s = 3,4,6,\cdots,10$，

其中 B_{1NT} 在 (3.36) 中定义，

$$B_{2,1NT} \equiv (NT)^{-2} \sum_{1 \leqslant i,j \leqslant N} (\Delta_i - X_i D_{NT}^{-1} \Pi_{NT})' M_{F^0} K_{ij} M_{F^0}(\Delta_j - X_j D_{NT}^{-1} \Pi_{NT}),$$

$$B_{2,2NT} \equiv (NT)^{-2} \sum_{1 \leqslant i,j \leqslant N} (D_{NT}^{-1} \Pi_{NT})' \bar{X}_i' K_{ij} \bar{X}_j (D_{NT}^{-1} \Pi_{NT}) + o_P(1),$$

$$B_{2,3NT} \equiv (NT)^{-2} \sum_{1 \leqslant i,j \leqslant N} (\Delta_i - X_i D_{NT}^{-1} \Pi_{NT})' M_{F^0} K_{ij} \bar{X}_j (D_{NT}^{-1} \Pi_{NT}),$$

$\bar{X}_i \equiv N^{-1} \sum_{l=1}^{N} \alpha_{il} M_{F^0} X_l$。因为 $M_{F^0} \Delta_i - M_{F^0} X_i D_{NT}^{-1} \Pi_{NT} + \bar{X}_i D_{NT}^{-1} \Pi_{NT} =$

$M_{F^0}\Delta_i - (M_{F^0}X_i - N^{-1}\sum_{l=1}^{N}\alpha_{il}M_{F^0}X_l)D_{NT}^{-1}\Pi_{NT} = M_{F^0}\Delta_i - \tilde{X}_i D_{NT}^{-1}\Pi_{NT}$，我们有

$$B_{2,1NT} + B_{2,2NT} + 2B_{2,3NT}$$
$$= \frac{1}{(NT)^2}\sum_{1\leqslant i,j\leqslant N}(M_{F^0}\Delta_i - \tilde{X}_i D_{NT}^{-1}\Pi_{NT})' K_{ij}(M_{F^0}\Delta_j - \tilde{X}_j D_{NT}^{-1}\Pi_{NT})$$
$$= B_{2NT},$$

其中 B_{2NT} 在（3.36）中定义。我们分别在命题 A1，A2 和 A5 中证明（i）－（iii）。（iv）由命题 A3，A4，和 A6－A10 中证明。

命题 A1：在 $H_1(\gamma_{NT})$ 下，$\bar{A}_1 \xrightarrow{D} N(0,V_0)$。

命题 B2：在 $H_1(\gamma_{NT})$ 下，$A_2 = B_{2,2NT} + o_P(1)$，

其中 $B_{2,2NT} = (NT)^{-2}\sum_{1\leqslant i,j\leqslant N}(D_{NT}^{-1}\Pi_{NT})'\bar{X}_i' K_{ij}\bar{X}_j(D_{NT}^{-1}\Pi_{NT})$。

命题 B3：在 $H_1(\gamma_{NT})$ 下，$A_3 = o_P(1)$。

命题 B4：在 $H_1(\gamma_{NT})$ 下，$A_4 = o_P(1)$。

命题 B5：在 $H_1(\gamma_{NT})$ 下，$A_5 = B_{2,3NT} + o_P(1)$，

其中 $B_{2,3NT} \equiv (NT)^{-2}\sum_{1\leqslant i,j\leqslant N}(\Delta_i - X_i D_{NT}^{-1}\Pi_{NT})' M_{F^0} K_{ij}$

$$\times \bar{X}_j(D_{NT}^{-1}\Pi_{NT})。$$

命题 B6：在 $H_1(\gamma_{NT})$ 下，$A_6 = o_P(1)$。

命题 B7：在 $H_1(\gamma_{NT})$ 下，$A_7 = o_P(1)$。

命题 B8：在 $H_1(\gamma_{NT})$ 下，$A_8 = o_P(1)$。

命题 B9：在 $H_1(\gamma_{NT})$ 下，$A_9 = o_P(1)$。

附件 C　定理 3.3 的证明

给定定理 3.2 中结论，要完成证明定理 3.3，我们只需证明在

$H_1(\gamma_{NT})$ 下，如下结论成立：

(i) $\widehat{B}_{1NT} = B_{1NT} + o_P(1)$ 和 (ii) $\widehat{V}_{NT} = V_{NT} + o_P(1)$。

对于 (i)，我们有

$$\begin{aligned}\widehat{B}_{1NT} &= a_{NT}\sum_{i=1}^{N}(d_{1i}+d_{2i}+d_{3i}+d_{4i})'K_{ii}(d_{1i}+d_{2i}+d_{3i}+d_{4i})\\&= a_{NT}\sum_{i=1}^{N}\{d_{1i}'K_{ii}d_{1i}+d_{2i}'K_{ii}d_{2i}+d_{3i}'K_{ii}d_{3i}+d_{4i}'K_{ii}d_{4i}+2d_{1i}'K_{ii}d_{2i}\\&\quad+2d_{1i}'K_{ii}d_{3i}+2d_{1i}'K_{ii}d_{4i}+2d_{2i}'K_{ii}d_{3i}+2d_{2i}'K_{ii}d_{4i}+2d_{3i}'K_{ii}d_{4i}\}\\&\equiv \tilde{A}_1+\tilde{A}_2+\tilde{A}_3+\tilde{A}_4+2\tilde{A}_5+2\tilde{A}_6+2\tilde{A}_7+2\tilde{A}_8+2\tilde{A}_9+2\tilde{A}_{10}\end{aligned}$$

其中 $a_{NT}\equiv(h!)^{1/2}/(NT)$。和定理 3.2 的证明类似，很直接就能证明在 $H_1(\gamma_{NT})$ 下，$\tilde{A}_1 = B_{1NT}+o_P(1)$ 以及 $\tilde{A}_s=0$ 对于 $s=2,3,\cdots,10$。例如，对于 $\tilde{A}_1$ 我们有

$$\begin{aligned}\tilde{A}_1 &= a_{NT}\sum_{i=1}^{N}(\varepsilon_i+c_i)'M_{F^0}K_{ii}M_{F^0}(\varepsilon_i+c_i)\\&= a_{NT}\sum_{i=1}^{N}\varepsilon_i'M_{F^0}K_{ii}M_{F^0}\varepsilon_i + a_{NT}\sum_{i=1}^{N}c_i'M_{F^0}K_{ii}M_{F^0}c_i\\&\quad+2a_{NT}\sum_{i=1}^{N}\varepsilon_i'M_{F^0}K_{ii}M_{F^0}c_i\\&\equiv \tilde{A}_{1,1}+\tilde{A}_{1,2}+2\tilde{A}_{1,3}\end{aligned}$$

第一项 $\tilde{A}_{1,1}$ 就是 B_{1NT}。由假设 A5 和 A7 (i)，我们可以证明第二项 $\tilde{A}_{1,2}$ 满足

$$\begin{aligned}\|\tilde{A}_{1,2}\| &\leqslant a_{NT}\sum_{i=1}^{N}\|K_{ii}\|\|M_{F^0}c_i\|^2\\&\leqslant O_P(\gamma_{NT}^2)\,a_{NT}\sum_{i=1}^{N}\|K_{ii}\|(\|X_i\|+\|\Delta_i\|)^2\\&= O_P(\gamma_{NT}^2a_{NT})\,O_P(NT^2) = O_P(N^{-1}) = o_P(1),\end{aligned}$$

和第三项 $\tilde{A}_{1,3}$ 满足

$$\|\tilde{A}_{1,3}\| \leqslant a_{NT}\sum_{i=1}^{N}\|K_{ii}\|\|M_{F^0}\varepsilon_i\|\|M_{F^0}c_i\|$$

$$\leqslant O_P(\gamma_{NT})\,a_{NT}\sum_{i=1}^{N}\|K_{ii}\|\|\varepsilon_i\|(\|X_i\|+\|\Delta_i\|)$$

$$= O_P(\gamma_{NT}a_{NT})\,O_P(NT^2) = O_P(T^{1/2}N^{-1/2}(h!)^{1/4}) = o_P(1)。$$

因此，我们有 $\tilde{A}_1 = B_{1NT} + o_P(1)$。

要证明（ii），我们将 $\widehat{V}_{NT} - V_{NT}$ 分解如下：

$$\widehat{V}_{NT} - V_{NT}$$

$$= 2h!(NT)^{-2}\sum_{1\leqslant t,s\leqslant T}\sum_{1\leqslant i\neq j\leqslant N}[K_{ij,ts}^2\varepsilon_{it}^2\varepsilon_{js}^2 - E_D(K_{ij,ts}^2\varepsilon_{it}^2\varepsilon_{js}^2)]$$

$$+ 2h!(NT)^{-2}\sum_{1\leqslant t,s\leqslant T}\sum_{1\leqslant i\neq j\leqslant N}K_{ij,ts}^2(\widehat{\varepsilon}_{it}^2\widehat{\varepsilon}_{js}^2 - \varepsilon_{it}^2\varepsilon_{js}^2)$$

$$\equiv V_{1NT} + V_{2NT}$$

注意，给定 D，在假设 A4（ii）下，$(\varepsilon_{it}, X_{it})$ 对于不同的 i 相互独立，有 $E_D(V_{1NT}) = 0$ 和 $E_D(V_{1NT}^2) = O_P(N^{-1})$ 成立。由 Chebyshev 不等式，有 $V_{1NT} = o_P(1)$。现在，

$$V_{2NT} = 2h!(NT)^{-2}\sum_{1\leqslant t,s\leqslant T}\sum_{1\leqslant i\neq j\leqslant N}K_{ij,ts}^2(\widehat{\varepsilon}_{it}^2 - \varepsilon_{it}^2)(\widehat{\varepsilon}_{js}^2 - \varepsilon_{js}^2)$$

$$+ 2h!(NT)^{-2}\sum_{1\leqslant t,s\leqslant T}\sum_{1\leqslant i\neq j\leqslant N}K_{ij,ts}^2(\widehat{\varepsilon}_{it}^2 - \varepsilon_{it}^2)\varepsilon_{js}^2$$

$$+ 2h!(NT)^{-2}\sum_{1\leqslant t,s\leqslant T}\sum_{1\leqslant i\neq j\leqslant N}K_{ij,ts}^2\varepsilon_{it}^2(\widehat{\varepsilon}_{js}^2 - \varepsilon_{js}^2)$$

$$\equiv 2V_{2NT,1} + 2V_{2NT,2} + 2V_{2NT,3}。$$

注意，由于 K 在假设 A6（i）下对称，$K_{ij,ts} = K_{ji,st}$，因此 $V_{2NT,3} = V_{2NT,2}$。我们通过证明（ii1）$V_{2NT,1} = o_P(1)$ 和（ii2）$V_{2NT,2} = o_P(1)$ 来证明 $V_{2NT} = o_P(1)$。

要证明（ii1），定义 $\bar{K} \equiv \sup_u[k(u)]^p$。在假设 A6（i）下，kernel 函数 K 一致有界于 $\bar{K}$，加上 Cauchy - Schwarz 不等式，我们有

$$|V_{2NT,1}| \leqslant \bar{K}^2 (h!)^{-1} (NT)^{-2} \sum_{i,t} \sum_{j,s} |(\widehat{\varepsilon}_{it}^2 - \varepsilon_{it}^2)(\widehat{\varepsilon}_{js}^2 - \varepsilon_{js}^2)|$$

$$= \bar{K}^2 (h!)^{-1} \{(NT)^{-1} \sum_{i,t} |(\widehat{\varepsilon}_{it} - \varepsilon_{it})(\widehat{\varepsilon}_{it} + \varepsilon_{it})|\}^2$$

$$\leqslant \bar{K}^2 \{(h!)^{-1} (NT)^{-1} \sum_{i,t} (\widehat{\varepsilon}_{it} - \varepsilon_{it})^2\}\{(NT)^{-1} \sum_{i,t} (\widehat{\varepsilon}_{it} + \varepsilon_{it})^2\}。$$

鉴于 $\sum_{i,t} \widehat{\varepsilon}_{it}^2 \leqslant \sum_{i,t} \varepsilon_{it}^2$，且由 Markov 不等式，我们有 $(NT)^{-1} \sum_{i,t} (\widehat{\varepsilon}_{it} + \varepsilon_{it})^2 \leqslant 2 (NT)^{-1} \sum_{i,t} (\widehat{\varepsilon}_{it}^2 + \varepsilon_{it}^2) \leqslant 4 (NT)^{-1} \sum_{i,t} \varepsilon_{it}^2 = O_P(1)$。因此，我们通过证明 $V_{2NT,11} \equiv (h!)^{-1} (NT)^{-1} \sum_{i,t} (\widehat{\varepsilon}_{it} - \varepsilon_{it})^2 = o_P(1)$ 来证明 $V_{2NT,1} = o_P(1)$。

记 $\widehat{\varepsilon}_i - \varepsilon_i = \tilde{d}_{1i} + d_{2i} + d_{3i} + d_{4i}$ 其中 $\tilde{d}_{1i} \equiv d_{1i} - \varepsilon_i$。接下来有

$$V_{2NT,11} = (h!)^{-1} (NT)^{-1} \sum_{i=1}^{N} \|\tilde{d}_{1i} + d_{2i} + d_{3i} + d_{4i}\|_F^2$$

$$\leqslant 4 (h!)^{-1} (NT)^{-1} \sum_{i=1}^{N} \{\|\tilde{d}_{1i}\|_F^2 + \|d_{2i}\|_F^2 + \|d_{3i}\|_F^2 + \|d_{4i}\|_F^2\}$$

$$= 4 V_{2NT,11a} + V_{2NT,11b} + V_{2NT,11c} + V_{2NT,11d},$$

注意 $\|P_{F^0} \varepsilon_i\|_F^2 = O_P(T^{-1}) \|F^{0\prime} \varepsilon_i\|_F^2$，$\|M_{F^0} c_i\|_F^2 \leqslant \|c_i\|_F^2 = O(\gamma_{NT}^2)(\|X_i\|_F^2 + \|\Delta_i\|_F^2)$，

由假设 A4（iii）、A5 以及 Markov 不等式，我们有

$$V_{2NT,11a}$$

$$= (h!)^{-1} (NT)^{-1} \sum_{i=1}^{N} \|P_{F^0} \varepsilon_i + M_{F^0} c_i\|_F^2$$

$$\leqslant 2 (h!)^{-1} (NT)^{-1} \sum_{i=1}^{N} (\|P_{F^0} \varepsilon_i\|_F^2 + \|M_{F^0} c_i\|_F^2)$$

$$= 2 (h!)^{-1} (NT)^{-1} \{O_P(T^{-1}) \sum_{i=1}^{N} \|F^{0\prime} \varepsilon_i\|_F^2$$

$$+ O_P(\gamma_{NT}^2) \sum_{i=1}^{N} (\|X_i\|_F^2 + \|\Delta_i\|_F^2)\}$$

$$= O_P((T^{-1} + \gamma_{NT}^2)(h!)^{-1})。$$

类似地，

$$V_{2NT,11b} \leqslant \|\beta^0 - \widehat{\beta}\|^2 \sum_{k=1}^{p} \|M_k^{(0)}\| (h!)^{-1} (NT)^{-1} \sum_{i=1}^{N} \|\varepsilon_i + F^0 \lambda_i^0 + c_i\|_F^2$$

$$= O_P(\gamma_{NT}^2 (h!)^{-1}),$$

$$V_{2NT,11c} \leqslant \|M^{(1)}\|_F^2 (h!)^{-1} (NT)^{-1} \sum_{i=1}^{N} \|\varepsilon_i + F^0 \lambda_i^0 + c_i\|_F^2$$

$$= O_P(N^{-1} (h!)^{-1}),$$

$$V_{2NT,11d} = \|M^{(2)} + M^{(rem)}\|_F^2 (h!)^{-1} (NT)^{-1} \sum_{i=1}^{N} \|\varepsilon_i + F^0 \lambda_i^0 + c_i\|_F^2$$

$$= O_P(\delta_{NT}^{-4} (h!)^{-1})。$$

由假设 A7（i）和 $V_{2NT,11} = O_P((T^{-1} + N^{-1} + \gamma_{NT}^2)(h!)^{-1}) = o_P(1)$，因此，我们可得 $V_{2NT,1} = o_P(1)$。

对于（ii2），在假设 A6（i）下，当 K 是一个对称的 PDF，存在另一个对称的 PDF K^0 使得 K 可以被写成 K^0 的 two - fold 卷积：$K(u) = \int K^0(v) K^0(u - v) dv$。类似地，我们定义 K_h^0。由 Minkowski 不等式，$K_{ij,ts} = K_h(X_{it} - X_{js}) = \int K_h^0(X_{it} - x) K_h^0(X_{js} - x) dx$，Fubini 定理以及 Cauchy - Schwarz 不等式，我们有

$$|V_{2NT,2}| \leqslant h!(NT)^{-2} \sum_{i,t} \sum_{j,s} K_{ij,ts}^2 |\widehat{\varepsilon}_{it}^2 - \varepsilon_{it}^2| \varepsilon_{js}^2$$

$$= h!(NT)^{-2} \iint \sum_{i,t} |\widehat{\varepsilon}_{it}^2 - \varepsilon_{it}^2| K_h^0(X_{it} - x) K_h^0(X_{it} - \bar{x})$$

$$\times \sum_{j,s} \varepsilon_{js}^2 K_h^0(X_{js} - x) K_h^0(X_{js} - \bar{x}) dx d\bar{x}$$

$$\leqslant \{V_{2NT,21} V_{2NT,22}\}^{1/2},$$

其中

$$V_{2NT,21} = h!(NT)^{-2}\iint [\sum_{i,t} |\widehat{\varepsilon}_{it}^2 - \varepsilon_{it}^2| K_h^0(X_{it} - x) K_h^0(X_{it} - \bar{x})]^2 dxd\bar{x},$$

$$V_{2NT,22} = h!(NT)^{-2}\iint [\sum_{j,s} \varepsilon_{js}^2 K_h^0(X_{js} - x) K_h^0(X_{js} - \bar{x})]^2 dxd\bar{x}。$$

再一次，根据

K 和 K^0 的关系、$V_{2NT,1}$ 的性质、Markov 不等式和假设 A7（i），我们有

$$V_{2NT,21} = h!(NT)^{-2}\sum_{i,t}\sum_{j,s} |\widehat{\varepsilon}_{it}^2 - \varepsilon_{it}^2| - \varepsilon_{js}^2 | [K_h(X_{it} - X_{js})]^2$$
$$= O_P((T^{-1} + N^{-1} + \gamma_{NT}^2)(h!)^{-1}) = o_P(1)$$

以及 $V_{2NT,22} = h!(NT)^{-2}\sum_{i,t}\sum_{j,s} \varepsilon_{js}^2 \varepsilon_{it}^2 [K_h(X_{it} - X_{js})]^2 = O_P(1)$。接着有 $V_{2NT,2} = o_P(1)$。因此，我们证明了 $V_{2NT} = o_P(1)$。

证毕。

附件 D 一些技术性引理

在附录 D 中我们提供一些用于证明定理 3.1 和定理 3.2 的技术性引理。我们只列出引理，证明在补充材料附录 E 中，可以在（https://sites.google.com/site/yhzhang2013/）上找到。

引理 D0 若假设 A4 – A7 成立，则 $c_K \equiv max_{1\leq i,j\leq N}\|K_{ij}\| = O_P(T)$。

引理 D1 假设定理 3.2 的条件成立，那么

(i) $D_{1,1} \equiv \gamma_{NT} a_{NT} \sum_{1\leq i,j\leq N} \varepsilon_i' M_{F^0} K_{ij} M_{F^0} \Delta_j = o_P(1)$；

(ii) $D_{1,2} \equiv \gamma_{NT} a_{NT} \sum_{1\leq i,j\leq N} \varepsilon_i' M_{F^0} K_{ij} M_{F^0} X_j = o_P(1)$；

(iii) $D_{1,3} \equiv \gamma_{NT} a_{NT} \sum_{1\leq i,j\leq N} \varepsilon_i' M_{F^0} K_{ij} M^{(0)} F^0 \lambda_j^0 = o_P(1)$；

(iv) $D_{1,4} \equiv a_{NT} \sum_{1\leq i,j\leq N} c_i' M_{F^0} K_{ij} M^{(1)} F^0 \lambda_j^0 = o_P(1)$；

(v) $D_{1,5} \equiv \gamma_{NT} a_{NT} \sum_{1 \leqslant i,j \leqslant N} \lambda_i^{0'} F^{0'} M^{(1)} K_{ij} M^{(0)} F^0 \lambda_j^0 = o_P(1)$。

引理 D2 假设定理 3.2 的条件成立，那么

(i) $D_{2,1} \equiv a_{NT} \sum_{1 \leqslant i \neq j \leqslant N} \varepsilon_i' P_{F^0} K_{ij} \varepsilon_j = o_P(1)$；

(ii) $D_{2,2} \equiv a_{NT} \sum_{1 \leqslant i \neq j \leqslant N} \varepsilon_i' P_{F^0} K_{ij} P_{F^0} \varepsilon_j = o_P(1)$；

(iii) $D_{2,3} \equiv a_{NT} \sum_{1 \leqslant i,j \leqslant N} \lambda_i^{0'} (\lambda^{0'} \lambda^0)^{-1} \lambda^{0'} \varepsilon K_{ij} \varepsilon' \lambda^0 (\lambda^{0'} \lambda^0)^{-1} \lambda_j^0 = o_P(1)$；

(iv) $D_{2,4} \equiv a_{NT} \sum_{1 \leqslant i,j \leqslant N} \lambda_i^{0'} (\lambda^{0'} \lambda^0)^{-1} \lambda^{0'} \varepsilon K_{ij} P_{F^0} \varepsilon' \lambda^0 (\lambda^{0'} \lambda^0)^{-1} \lambda_j^0 = o_P(1)$；

(v) $D_{2,5} \equiv \gamma_{NT} a_{NT} \sum_{1 \leqslant i \neq j \leqslant N} \varepsilon_i' M_{F^0} K_{ij} M^{(0)} \varepsilon_j = o_P(1)$；

(vi) $D_{2,6} \equiv a_{NT} \sum_{1 \leqslant i,j \leqslant N} \varepsilon_i' M_{F^0} K_{ij} M^{(1)} F^0 \lambda_j^0 = o_P(1)$；

(vii) $D_{2,7} \equiv a_{NT} \sum_{1 \leqslant i \neq j \leqslant N} \varepsilon_i' M_{F^0} K_{ij} M^{(1)} c_j = o_P(1)$；

(viii) $D_{2,8} \equiv a_{NT} \sum_{1 \leqslant i \neq j \leqslant N} \lambda_i^{0'} F^0 M^{(1)} K_{ij} M^{(0)} \varepsilon_j = o_P(1)$。

引理 D3 假设定理 3.2 的条件成立，那么

(i) $D_{3,1} \equiv a_{NT} \sum_{1 \leqslant i,j \leqslant N} \varepsilon_i' M^{(1)} K_{ij} M^{(1)} F^0 \lambda_j^0 = o_P(1)$；

(ii) $D_{3,2} \equiv a_{NT} \sum_{1 \leqslant i \neq j \leqslant N} \varepsilon_i' M_{F^0} K_{ij} M^{(1)} \varepsilon_j = o_P(1)$；

(iii) $D_{3,3} \equiv a_{NT} \sum_{1 \leqslant i,j \leqslant N} \varepsilon_i' M_{F^0} K_{ij} M^{(2)} F^0 \lambda_j^0 = o_P(1)$；

(iv) $D_{3,4} \equiv a_{NT} \sum_{1 \leqslant i,j \leqslant N} \lambda_i' F^0 M^{(1)} K_{ij} M^{(2)} F^0 \lambda_j^0 = o_P(1)$。

引理 D4 假设定理 3.2 的条件成立，那么

(i) $D_{4,1} \equiv a_{NT} \sum_{1 \leqslant i \neq j \leqslant N} \varepsilon_i' M_{F^0} K_{ij} M^{(2)} \varepsilon_j = o_P(1)$；

(ii) $D_{4,2} \equiv a_{NT} \sum_{1 \leqslant i \neq j \leqslant N} \lambda_i^{0'} F^{0'} M^{(1)} K_{ij} M^{(2)} \varepsilon_j = o_P(1)$。

第 四 章

对包含固定效应的半参数面板模型的共同趋势的检验

◈ 第一节　引言

在计量经济学和统计学文献中，对时间序列中的趋势建模由来已久。Phillips（2001，2005，2010）给出了有关时间序列趋势建模的发展、挑战和未来研究方向的综述。White 和 Granger（2011）则给出了各种时间趋势的工作定义，并对趋势项进行了大量的讨论，以此促进更多对非平稳时间序列数据的预测、估计和假设检验的相关研究。基于近年来面板数据的广泛可得性，对趋势建模的研究已经扩展到面板数据集中。大多数的文献根据趋势是随机性的还是确定性的可以分成两类，但同时也有关于蒸发性时间趋势（evaporating trends，Phillips，2007）和与之相关的计量收敛性检验（econometric convergence tests，Phillips 和 Sul，2007，2009）的研究。有关面板数据模型中对随机趋势的研究概述，请参见 Banerjee（1999）以及 Breitung 和 Pesaran（2008）。

近些年来，在非参数和半参数框架下对确定性时间趋势进行建模引起了许多学者的兴趣。Cai（2007）研究了具有时间趋势函数和序列相关扰动项的时变系数模型来捕获非线性、非平稳性和趋势现象等特征。Robinson（2012）考虑了具有横截面相关性的面板数据模型中的非参数趋势的有效回归。Atak 等（2011）用半参数面板数据模型来对英国的气候变化进行建模，其中季节哑变量（dummy）由异质系数线性模型来表示，而时间序列趋势进入非参数项。Li 等（2011）将 Cai（2007）的工作扩展到具有时变系数的面板数据模型。Chen 等（2012，此后称为 CGL）将 Robinson（2012）的非参数趋势面板数据模型扩展为具有横截面相关性的半参数部分线性面板数据模型，其中所有个体单位具有相同的非参数形式的时间趋势，并提出半参数轮廓似然法来估计模型。

在确定性趋势面板模型的研究中，一般都采用共同趋势的设定，这意味着每个个体单位都具有相同的时间趋势。该假设能够极大地简化估计和推断，如果个体时间趋势函数中不存在异质性且满足某些其他的条件，得到的估计量是有效的或者最优的。然而，如果共同趋势假设不成立，那么基于具有共同趋势的非参数或半参数面板数据模型的估计通常不是有效的，并且统计推断可能具有误导性。因此，在采用共同趋势的假设之前需要更谨慎地进行检验。

在 Stock 和 Watson（1988）之后，涌现了大量关于共同时间趋势检验的工作。但是据我们所知，大多数研究都集中在对共同的随机时间趋势上，而对共同的确定性时间趋势进行的估计和检验的研究却非常稀缺。在假定线性趋势函数和平稳方差过程时，Vogelsang 和 Franses（2005）在共同的确定性趋势参数设定下检验斜率，并且检验了两个或多个趋势平稳时间序列是否具有相同的斜率。Xu（2012）考虑了在非平稳方差过程中对多元确定性趋势系数的检验。对于多元趋势平稳模型，Sun（2011）提出了针对确定性趋势的一种新颖的假设检验方法，其中的长期方差是由级数方法（series method）来估计。在所有前面的工作中，模型都是参数化的，并且通过将时间维度 T 扩展到无穷大和固定横截面单位数 n 来建立渐近理论。相关的实证应用包括了 Fomby 和 Vogelsang（2003）以及 Bacigal（2005），他们分别将 Vogelsang－Franses 检验用于温度数据和大地测量数据。

本书针对以下形式的半参数面板数据模型中的共同趋势进行检验

$$Y_{it} = \beta' X_{it} + f_i(tT) + \alpha_i + \varepsilon_{it} \tag{4.1}$$

$i = 1, \cdots, n, t = 1, \cdots, T$，其中，$\beta$ 是 $d \times 1$ 维的未知参数向量，X_{it} 是 $d \times 1$ 维的自变量，f_i 是横截面单位 i 的未知平滑时间趋势函数，α_i 表示可能与 X_{it} 相关的个体固定效应，ε_{it} 是随机干扰项。在（4.1）中，$f_i(tT)$ 表示了个体 i 的非参数形式的时间趋势项。为了简化，我们假设：（i）ε_{it} 满足时间维度上的鞅差假设，但在个体之间可能具有横截面相关性；（ii）ε_{it} 与 X_{it} 相互独立。注意，在没有额外限制条件的情况下，（4.1）中的 f_i 和 α_i 是无法同时识别的。

模型（4.1）涵盖并扩展了现有的面板数据模型。首先，当对所有的 $i, f_i \equiv 0$ 时，模型（4.1）就成为具有固定效应的传统面板数据模型；其次，如果 $n = 1$，那么模型（4.1）就简化为 Gao 和 Hawthorne（2006）中所研究的模型；最后，当存在某个未知的平滑函数 f 和对所有的 i，都有 $f_i = f$ 成立，则（4.1）就是 CGL（2012）中的半参数趋势面板数据模型。

本书的主要目的是为是否存在共同时间趋势构造一种非参数检验。在共同趋势的原假设下：$f_i = f$ 对所有 i 都成立。此时，为了方便，我们可以在 $\sum_{i=1}^{n} \alpha_i = 0$ 或 $f = 0$ 的条件下，合并横截面和时间维度的观测值来估计有限维参数（β）和无限维参数（f）。令 $u_{it} = \alpha_i + \varepsilon_{it}$，令 $\widehat{u}_{it}$

表示混合截面回归的 u_{it} 的估计值，则残差 $\widehat{u}_{it}$ 不应在数据中包含任何有用的关于时间趋势的信息。这促使我们对共同趋势的零假设构建基于残差的检验。具体而言，对每一个横截面单位 i，我们将 $\widehat{u}_{it}$ 非参数回归到时间趋势，并计算 n 个非参数拟合优度（R^2）的度量值，从而构造一个检验统计量。在共同趋势的原假设下，这里的非参数 R^2 应该趋近于0，如果原假设不成立，则会偏离0。我们证明了，在恰当的标准化后，非参数 R^2 统计量在存在共同时间趋势的原假设和一系列 Pitman 局部备择假设下服从渐近正态分布。我们还证明了该检验具有一致性，并提出了一种自助法（Bootstrap）方法来获得 Bootstrap 的 p 值。

值得一提的是，我们的模型是对 Atak 等（2011）模型的有益补充。他们的模型虽然允许斜率的异质性，但是假设存在着共同的非参数形式的时间趋势。如结论部分所述，我们还可以考虑使（4.1）中的参数系数存在个体的异质性，并考虑对系数和趋势分量的同质性进行联合检验。但是，这超出了本书的研究范围。

本章的剩余部分安排如下。第二部分给出了假设检验框架及检验统计量。在第三部分，我们研究了检验统计量在原假设和一系列局部备择假设下的渐近分布，并提出了一种自助法来获得 p 值。第四部分给出蒙特卡洛模拟实验，用以评估有限样本下本书提出的检验统计量的表现，并将该检验用于分析英国气候数据和 OECD 经济增长数据。第五部分进行了总结。附录中提供了主要结论和辅助结论的证明。

符号：在本章中，我们采用如下的符号设定。对于一个矩阵 A，它的转置为 A' 和欧几里得范数为 $\|A\| \equiv [\mathrm{tr}(A'A)]^{1/2}$，其中 $\equiv$ 表示“定义为”。当 A 是对称矩阵，我们用 $\lambda_{\max}(A)$ 来表示它的最大特征值。对于一个自然数 l，我们用 i_l 和 I_l 来分别表示每一分量都是 1 的

$l \times 1$ 的向量和 $l \times l$ 的单位矩阵。对于定义在实数域上的函数 f, 我们用 $f^{(a)}$ 来表示它的 a 阶导数，其中 a 为非负整数。运算符 $\xrightarrow{p}$ 表示依概率收敛，$\xrightarrow{d}$ 表示依分布收敛。我们用 $(n,T) \to \infty$来表示 n 和 T 是同时趋向无穷大。

第二节　基本框架

在本部分中，我们将陈述原假设和备择假设，介绍原假设下如何估计有约束的模型，然后基于非参数拟合优度度量的平均值提出一个非参数检验统计量。

一　假设检验

本书的主要目标是构建模型（4.1）中是否存在共同趋势的假设检验。我们对如下的原假设感兴趣。

H_0：存在某平滑函数 f，使得 $f_i(\tau) = f(\tau)$ 对所有 $\tau \in [0,1]$ 和 $i = 1, \cdots, n$ 都成立，　　(4.2)

即全部 n 个横截面单位都具有相同的趋势函数 f, 而备择假设为 H_1：H_0 不成立。

如引言中所述，我们将为上述原假设提出基于估计增广残差的检验统计量。为此，需要在原假设下估计模型并获得 $\alpha_i + \varepsilon_{it}$ 的估计，称之为增广残差项。对于每一个 i, 我们将增广残差进行局部线性回归到 t/T 上，并计算非参数形式的 R^2。最后，我们将这 n 个非参数形式的 R^2 取平均来构造检验统计量。

二 在原假设下的估计

我们引入如下记号：

$Y_i \equiv (Y_{i1},\cdots,Y_{iT})'$，$Y \equiv (Y_1,\cdots,Y_n)'$，$X_i \equiv (X_{i1},\cdots,X_{iT})'$，$X \equiv (X_1,\cdots,X_n)'$，

$\varepsilon_i \equiv (\varepsilon_{i1},\cdots,\varepsilon_{iT})'$，$\varepsilon \equiv (\varepsilon_1,\cdots,\varepsilon_n)'$，$\alpha \equiv (\alpha_2,\cdots,\alpha_n)'$，$D \equiv (-i_{n-1},\cdots,I_{n-1})' \otimes i_T$，

$f_i \equiv (f_i(1/T),\cdots,f_i(T/T))'$，$F \equiv (f_1,\cdots,f_n)'$，$f \equiv (f(1/T),\cdots,f(T/T))'$。

注意到在原假设 H_0 下，$F = i_n \otimes f$，并且可以将模型（4.1）写成

$$Y_{it} = X_{it}'\beta + f(t/T) + \alpha_i + \varepsilon_{it} \tag{4.3}$$

或者给定施加的识别条件 $\sum_{i=1}^{n} \alpha_i = 0$ 用矩阵形式写为

$$Y = X\beta + i_n \otimes f + D\alpha + \varepsilon \tag{4.4}$$

根据 Su 和 Ullah（2006a）以及 CGL（2012），我们采用轮廓最小二乘法估计模型（4.3）。令 $k(\cdot)$ 表示单变量核函数，h 表示带宽，记 $k_h(\cdot) \equiv k(\cdot/h)$。对任意正整数 p，令

$z_h^{[p]}(\tau) \equiv (z_{h,1}^{[p]}(\tau),\cdots,z_{h,T}^{[p]}(\tau))'$ 和 $Z_h^{[p]}(\tau) \equiv i_n \otimes z_h^{[p]}(\tau)$，

其中 $z_{h,t}^{[p]}(\tau) \equiv (1,(t/T-\tau),\cdots,[(t/T-\tau)]^p)'$。假设 f 是一个 $p+1$ 阶几乎处处连续可微的函数。令 $D_h^p f(\tau) \equiv \left(f(\tau), hf^{(1)}(\tau),\cdots,\frac{h^p f^{(p)}(\tau)}{p!}\right)'$。对 $\tau \in (0,1)$ 邻域内的 t/T，我们可以对 $f(t/T)$ 进行 p 阶泰勒展开

$$f(t/T) = D_h^p f(\tau)' z_{h,t}^{[p]}(\tau) + o((t/T-\tau)^p)$$

令 $k_{h,t}(\tau) \equiv k_h(t/T-\tau)$, $K_h(\tau) \equiv \mathrm{diag}(k_{h,1}(\tau),\cdots,k_{h,T}(\tau))$ 和 $\mathbb{K}_h(\tau) \equiv I_n \otimes K_h(\tau)$。定义

$$s(\tau) \equiv (z_h^{[p]}(\tau)' K_h(\tau) z_h^{[p]}(\tau))^{-1} z_h^{[p]}(\tau)' K_h(\tau)$$

$$S(\tau) \equiv (Z_h^{[p]}(\tau)' \mathbb{K}_h(\tau) Z_h^{[p]}(\tau))^{-1} Z_h^{[p]}(\tau)' \mathbb{K}_h(\tau) = n^{-1} i_n' \otimes s(\tau)\text{。}$$

那么，轮廓最小二乘法由如下三个步骤组成：

1. 令 $\theta \equiv (\alpha',\beta')'$，对给定 θ 和 $\tau \in (0,1)$，我们用 $\widehat{D_{h,\theta}^p f}(\tau) \equiv \underset{F\in\mathbb{R}^{p+1}}{\operatorname{argmin}}(Y-X\beta-D\alpha-Z_h^{[p]}(\tau)F)'\mathbb{K}_h(\tau)(Y-X\beta-D\alpha-Z_h^{[p]}(\tau)F)$ 估计 $D_h^p f(\tau)$。注意可以直接通过计算得到 $S(\tau)D=0$，因此估计值 $\widehat{D_{h,\theta}^p f}(\tau)$ 实际上与 α 无关且它的第一个元素为

$$\widehat{f_\beta}(\tau) \equiv e_1' S(\tau)(Y-X\widehat{\beta}-D\alpha) = \frac{1}{n}\sum_{i=1}^{n} e_1' s(\tau)(Y_i - X_i\beta) \tag{4.5}$$

这里 $e_1 = (1,0,\cdots,0)'$ 是一个 $(p+1)\times 1$ 维的向量。令 $\widehat{f_\beta} \equiv (\widehat{f_\beta}(1/T),\cdots,\widehat{f_\beta}(T/T))'$，$S_T \equiv ([e_1'S(1/T)]',\cdots,[e_1'S(T/T)]')'$ 和 $S_T \equiv i_n \otimes S_T$，我们有

$$\widehat{F_\beta} \equiv i_n \otimes \widehat{f_\beta} = S_{nT}(Y-X\beta)\text{。}$$

2. 我们用 $\widehat{F_\beta}$ 带回到步骤 1 中的目标函数，可得 (α,β) 的估计量

$$(\widehat{\alpha},\widehat{\beta}) \equiv \underset{\alpha,\beta}{\operatorname{argmin}}(Y-X\beta-D\alpha-\widehat{F_\beta})'(Y-X\beta-D\alpha-\widehat{F_\beta}) = \underset{\alpha,\beta}{\operatorname{argmin}}(Y^*-X^*\beta-D\alpha)'(Y^*-X^*\beta-D\alpha),$$

这里 $Y^* \equiv (I_{nY}-S_{nT})Y$ 且 $X^* \equiv (I_{nT}-S_{nT})X$。令 $M_D \equiv I_{nT} - D(D'D)^{-1}D'$，使用分块回归的公式，我们得到

$$\widehat{\beta} = (X^{*\prime} M_D X^*)^{-1} X^{*\prime} M_D Y^*,$$

$$\widehat{\alpha} \equiv (\widehat{\alpha}_2,\cdots,\widehat{\alpha}_n) = (D'D)^{-1}D'(Y^*-X^*\widehat{\beta}) \tag{4.6}$$

最后，α_1 可以由 $\hat{\alpha}_1 \equiv -\sum_{i=2}^{n}\hat{\alpha}_i$ 估计得到。

3. 将（4.6）代入（4.5）中，我们得到 $f(\tau)$ 的估计量：

$\hat{f}(\tau) = e_1'S(\tau)(Y - X\hat{\beta})$。

令 $\hat{f} \equiv (\hat{f}(1/T),\cdots,\hat{f}(T/T))'$ 和 $\hat{F} \equiv S_{nT}(Y - X\hat{\beta}) = i_n \otimes \hat{f}$。在得到 β 和 $f(t/T)$ 的估计量之后，在原假设下，$\hat{u}_{it} \equiv Y_{it} - X_{it}'\hat{\beta} - \hat{f}(t/T)$ 一致地估计 $u_{it} = \alpha_i + \varepsilon_{it}$。令 $\hat{u}_i \equiv (\hat{u}_{i1},\cdots,\hat{u}_{iT})'$ 且 $\hat{u} \equiv (\hat{u}_1,\cdots,\hat{u}_n)'$，容易验证

$$\hat{u} = (\varepsilon - S_{nT}\varepsilon) + D\alpha + X^*(\beta - \hat{\beta}) + F^*,$$

$$\hat{u}_i = (\varepsilon_i - S_T\varepsilon) + \alpha_i i_T + (X_i - S_T X)(\beta - \hat{\beta}) + (f_i - S_T F),$$

$$\hat{u}_{it} = \alpha_i + [\varepsilon_{it} - e_1'S(t/T)\varepsilon] + [X_{it}' - e_1'S(t/T)X](\beta - \hat{\beta}) + [f_i(t/T) - e_1'S(t/T)F]。$$

这里 $F^* \equiv (I_{nT} - S_{nT})F$。

三　基于非参数 R 平方对共同时间趋势的检验

在我们检验背后的基本思想是非常简单的。在 H_0 成立时，$\hat{u}_{it}$ 是 $u_{it} = \alpha_i + \varepsilon_{it}$ 的一致估计量，并且对每个横截面单位 i，在 $\{u_{it}\}_{t=1}^{T}$ 中都不存在时间趋势。然而，在 H_1 成立时，$\hat{u}_{it}$ 包含个体异质的时间趋势项 $f_i(t/T) - f^0(t/T)$，这里 $f^0(\tau)$ 是 $\hat{f}(\tau)$ 的概率极限；这一事实促使我们考虑对共同时间趋势进行基于增广残差项的检验。

对每个 i，我们将 $\{u_{it}\}_{t=1}^{T}$ 非参数回归到 $\{t/T\}_{t=1}^{T}$ 上：

$$\hat{u}_{it} = m_i(t/T) + \eta_{it} \tag{4.7}$$

这里 $m_{it} \equiv f_i(\tau) - f^0(\tau)$ 且 $\eta_{it} = \alpha_i + \varepsilon_{it}^* + (\beta - \hat{\beta})'X_{it}^* + f^0(t/T) -$

$e_1'S(t/T)F$ 是回归设定（4.7）中的扰动项。显然，在 H_0 成立时，$m_i(\tau)=0$ 对 $\tau\in(0,1)$ 都成立。给定观测值 $\{\widehat{u}_{it}\}_{t=1}^{T}$，$\widehat{u}_{it}$ 在 (t/T) 上的局部线性回归可由加权最小二乘（WLS）拟合来表示：

$$\min_{(c_{i0},c_{i1})\in\mathbb{R}^2}\frac{1}{T}\sum_{t=1}^{T}\left[\widehat{u}_{it}-c_{i0}-c_{i1}\left(\frac{t}{T}-\tau\right)\right]^2\overline{w}_{bt}(\tau) \qquad (4.8)$$

这里，$b\equiv b(T)$ 表示带宽参数，且满足当 $T\to\infty$ 时 $b\to 0$，$\overline{w}_{bt}(\tau)\equiv\dfrac{w_b(t/T-\tau)}{\int_0^1 w_b(t/T-s)ds}$，$w_b(\cdot)\equiv w(\cdot/b)$，且 $w(\cdot)$ 是定义在 $[-1,1]$ 上的概率密度函数。由附录中引理 B1 的证明可知，对 $t/T\in[b,1-b]$ 有 $\lambda_{tT}\equiv\int_0^1 w_b(t/T-s)ds=1$；其余情况下都大于1/2。因此，$\overline{w}_{bt}(\tau)$ 可以当作一个边界矫正核函数（Boundary－Corrected kernel function）来确保对任意 $t=1,\cdots,T$，都有 $\int_0^1\overline{w}_{bt}(s)ds=1$。

令 $\tilde{c}_i\equiv(\tilde{c}_{i0},\tilde{c}_{i1})'$ 表示上述最小化问题的解。根据 Su 和 Ullah（2011），上述回归可以表示成如下的对总平方和（TSS，Total Sum of Squares）的局部 ANOVA 分解

$$TSS_i(\tau)=ESS_i(\tau)+RSS_i(\tau), \qquad (4.9)$$

这里

$$TSS_i(\tau)\equiv\sum_{t=1}^{T}(\widehat{u}_{it}-\widehat{u}_i)^2\,\overline{w}_{bt}(\tau)$$

$$ESS_i(\tau)\equiv\sum_{t=1}^{T}\left[\tilde{c}_{i0}+\tilde{c}_{i1}(t/T-\tau)-\widehat{u}_i\right]^2\overline{w}_{bt}(\tau)$$

$$RSS_i(\tau)\equiv\sum_{t=1}^{T}\left[\widehat{u}_{it}-\tilde{c}_{i0}-\tilde{c}_{i1}(t/T-\tau)\right]^2\overline{w}_{bt}(\tau)$$

且 $\widehat{u}_i\equiv T^{-1}\sum_{t=1}^{T}\widehat{u}_{it}$。全局 TSS_i 的 ANOVA 分解由下式给出

$$TSS_i = ESS_i + RSS_i,$$

其中 $TSS_i \equiv \int_0^1 TSS_i(\tau)d\tau \equiv T^{-1}\sum_{t=1}^{T}(\widehat{u}_{it} - \widehat{u}_i)^2$，$ESS_i \equiv \int_0^1 ESS_i(\tau)d\tau$ 和 $RSS_i \equiv \int_0^1 RSS_i(\tau)d\tau$。那么，我们可以将上述局部线性回归的非参数拟合优度 R_i^2 定义为

$$R_i^2 \equiv \frac{ESS_i}{TSS_i}。$$

在 H_0 成立时，$\widehat{u}_{it}$ 没有包含有用的趋势信息，因此，上述每一个 R_i^2 都应该趋近于0。记 $W_b(\tau) \equiv \mathrm{diag}(\overline{w}_{b1}(\tau), \cdots, \overline{w}_{bT}(\tau))$。令

$$H(\tau) \equiv W_b(\tau) z_b^{[1]}(\tau)\left[z_b^{[1]}(\tau)' W_b(\tau) z_b^{[1]}(\tau)\right]^{-1} z_b^{[1]}(\tau)' W_b(\tau)$$

和 $\bar{H} \equiv \int_0^1 H(\tau)d\tau$。很容易验证

$$TSS_i = \widetilde{u}_i M \widehat{u}_i, ESS_i = \widetilde{u}_i(\bar{H} - L)\widehat{u}_i \text{ 和 } RSS_i = \widetilde{u}_i(I_T - \bar{H})\widehat{u}_i,$$

这里 $M \equiv I_T - L$ 且 $L \equiv i_T i_T'$。非参数 R^2 的平均值为

$$\bar{R}^2 \equiv \frac{1}{n}\sum_{i=1}^{n} R_i^2 = \frac{1}{n}\sum_{i=1}^{n}\frac{ESS_i}{TSS_i}。$$

根据构造，我们可以清楚地看到：$0 \leqslant \bar{R}^2 \leqslant 1$。在合适的标准化之后，我们将证明，$\bar{R}^2$ 在原假设和一系列 Pitman 局部备择假设下服从渐近正态分布。

在深入讨论该检验统计量的性质之前，有必要提一下在文献中广泛应用的一个相关的检验统计量。在 H_0 成立时，（4.7）式中的 $m(\cdot)$ 函数对所有 i 都是相同的，因此可以写成 $m(\cdot)$。在 H_0 成立时，对所有 $t = 1, \cdots, T$，都有 $m(t/T) = 0$。我们可以通过将所有横截面和时间序列上的观测值放在一起来获得估计量 $\widehat{m}(\cdot)$，将该估计值与 $m_i(t/T)$ 的非参数趋势回归估计值 $\widehat{m}_i(t/T)$ 进行比较，从而获得如下 L_2 类型的

检验统计量

$$D_{nT} \equiv \frac{1}{n}\sum_{i=1}^{n}\sum_{t=1}^{T}\left[\widehat{m}_i\left(\frac{t}{T}\right) - \widehat{m}\left(\frac{t}{T}\right)\right]^2。$$

注意到估计量 $\widehat{m}(t/T)$ 收敛到 0 的速度要比 $\widehat{m}_i(t/T)$ 更快，因此，在原假设的条件下，可以直接证明：在恰当的条件下，这个检验统计量会渐近等同于 $D_{nT} \equiv n^{-1}\sum_{i=1}^{n}\sum_{t=1}^{T}\widehat{m}_i(t/T)^2$。进一步注意到 $\sum_{t=1}^{T}\widehat{m}_i(t/T)^2\ S_i$ 可以被当作对每个横截面单位 i 的非参数且非中心化的 R^2 的一种度量，我们可以将 D_{nT} 当作一个加权的非参数非中心化的 R^2，其中每个横截面单位 i 的权重由 $TS\ S_i$ 给出。在本书中，由于 $\bar{R}^2$ 是无标度的，并且在修正偏误之后，在原假设下是渐近中枢的（pivotal），因此，本书更加关注基于 $\bar{R}^2$ 的检验。我们在注 4.2 中给出了更多的讨论。

第三节　渐近分布

在本节中，我们首先介绍在之后的渐近分析中需要用到的假设，然后研究在原假设和一系列 Pitman 局部备择假设下的平均非参数 R^2 的渐近分布，随后证明检验统计量的一致性，并提出了一个 Bootstrap 再抽样方法来获得在有限样本下更加准确的 Bootstrap 的 p 值。

一　基本假设

令 $F_{n,t}(\xi)$ 表示由时间序列 $(\xi_1,\cdots,\xi_t)$ 所形成的 σ 域。为了建立

检验统计量的渐近分布，我们做出如下假设。

假设 A1（a）自变量 X_{it} 具有如下结构

$$X_{it} = g_i(t/T) + v_{it} \tag{4.10}$$

（b）对 $t = 1,\cdots,T$，令 $v_t \equiv (v_{1t},\cdots,v_{nt})'$ 是一个 $n \times d$ 随机矩阵，$\{v_t, F_{n,t}(v)\}$ 形成平稳的鞅差序列（MDS）；

（c）$E[\|v_{it}\|^2 \mid F_{n,t-1}(v)] = \sigma_{v,i}^2$ 对每个 i 都几乎处处成立，且 $\max\limits_{1\leqslant i\leqslant n} E\|v_{it}\|^4 < c_v < \infty$。存在 $d \times d$ 的正定矩阵 Σ_v 和 Σ_v^* 使得 $\frac{1}{n}\sum\limits_{i=1}^{n} E(v_{it} v_{it}') \xrightarrow{p} \Sigma_v$，$\frac{1}{n}\sum\limits_{i=1}^{n}\sum\limits_{t=1}^{T} E(v_{it} v_{jt}') \xrightarrow{p} \Sigma_v^*$ 和 $E\left\|\sum\limits_{i=1}^{n} v_{it}\right\|^8 = O(n^{\frac{\delta}{2}})$，

其中 $\delta(\delta > 2)$ 是一常数。

假设 A2（a）$\varepsilon_t \equiv (\varepsilon_{1t},\cdots,\varepsilon_{nt})'$。$\{\varepsilon_t, t \geqslant 1\}$ 是一个平稳序列；

（b）$\{\varepsilon_t, F_{n,t}(\varepsilon)\}$ 是一个 MDS，从而 $E(\varepsilon_{it} \mid F_{n,t-1}(\varepsilon)) = 0$ 对每个 i 都成立；

（c）对每对 (i,j)，令 $E(\varepsilon_{it}\varepsilon_{jt} \mid F_{n,t-1}(v)) = \omega_{ij}$ 和 $\sigma_i^2 = \omega_{ii}$。$0 < \bar{c} \leqslant \min_{1\leqslant i\leqslant n}\sigma_i^2$，$\max_{1\leqslant i,j\leqslant n}|\omega_{ij}| \leqslant \bar{C} < \infty$，$\max_{1\leqslant i\leqslant n}E(\varepsilon_{it}^8) \leqslant \bar{c} < \infty$，$\lim_{n\to\infty}\frac{1}{n}\sum\limits_{i=1}^{n}\sum_{j=1}^{n}|\omega_{ij}| < \infty$，$\lim_{n\to\infty}\frac{1}{n^2}\sum\limits_{i=1}^{n}\sum_{j=1}^{n}\sum_{k=1}^{n}\sum_{l=1}^{n}|\zeta_{ijk}\zeta_{ijl}| < \infty$，$\lim_{n\to\infty}\frac{1}{n^2}\sum\limits_{1\leqslant i_1\neq j_1\leqslant n}\sum_{1\leqslant i_2\neq j_2\leqslant n}|\kappa_{i_1j_1i_2j_2}| < \infty$，其中 $\zeta_{ijk} = E(\varepsilon_{it}\varepsilon_{jt}\varepsilon_{kt})$ 和 $\kappa_{i_1i_2j_1j_2} = E(\varepsilon_{i_1t}\varepsilon_{j_1t}\varepsilon_{i_2t}\varepsilon_{j_2t})$。

（d）令 $\xi_{it} \equiv \varepsilon_{it}^2 - \sigma_i^2$，存在一个偶数 $\lambda \geqslant 4$ 使得

$$\frac{1}{n\,T^{\lambda/2}}\sum_{i=1}^{n}\sum_{1\leqslant t_1,t_2,\cdots,t_\lambda\leqslant T}E(\xi_{it_1}\xi_{it_2}\cdots\xi_{it_\lambda}) < \infty。$$

（e）对于所有的 i,j,t,s，ε_{it} 都独立于 v_{js}。

（f）存在一个 $d \times d$ 的正定矩阵 $\Sigma_{v\varepsilon}$，使得当 $n \to \infty$时，

$$\frac{1}{n}\sum_{i=1}^{n}\sum_{j=1}^{n}E(v_{i1}v_{j1}^{'})E(\varepsilon_{i1}\varepsilon_{j1})\rightarrow\Sigma_{v\varepsilon}。$$

假设 A3　趋势函数 $f_i(\cdot)$ 和 $g_i(\cdot)$ 都存在 $p+1$ 阶的连续导数。

假设 A4　核函数 $k(\cdot)$ 和 $w(\cdot)$ 在紧支撑集 $[-1,1]$ 上是连续对称的概率密度函数。

假设 A5　随着 $(n,T)\rightarrow\infty$, $b\rightarrow 0$, $h\rightarrow 0$, $\sqrt{n}\,b^{-1}h^{2}\log(nT)\rightarrow\infty$, $\min(Tb,n\,h^{1/2})\rightarrow\infty$, $n^{1/2}T\,h^{2p+2}\rightarrow 0$ 且 $n^{1/2+2/\lambda}\,T^{-1}\rightarrow 0$。

注 4.1　假设 A1 与 CGL（2012）中的假设 A2 相似。类似 CGL（2012），我们允许 v_{it} 中存在横截面相关性，并且横截面相关程度由假设 A1（c）中的矩条件来控制。和 CGL（2012）不同的是，在假设 A1 中我们允许 X_{it} 具有异质性时间趋势 g_i，且放宽了他们对 v_t 的 IID 假设。假设 A2 给出 ε_{it} 需要满足的条件以及与 v_{it} 的相互关系。注意，在 ε_{it} 中我们允许横截面相关性，但在假设 A2（b）中排除了序列相关性。为了便于推导检验统计量的渐近方差，我们在假设 A2（c）中施加了所有横截面单位之间时间维度上具有不变的条件相关性。容易验证假设 A2（d）在合适的混合条件和矩条件下得到满足。假设 A2（e）假设 ε_{it} 和 v_{it} 之间的独立性，可以通过修改 CGL（2012）中的证明过程得到放宽。假设 A3 是局部多项式回归的基础假设。假设 A4 是一个相对较弱的条件，且在非参数文献中普遍使用。假设 A5 规定了带宽 h 和 b 以及样本容量 n 和 T 的相对大小。注意，我们允许当 $(n,T)\rightarrow\infty$时 $n/T\rightarrow c\in[0,\infty]$。如果我们使用最优带宽，即在 p 阶多项式回归中使用 $h\propto(nT)^{-1/(2p+3)}$ 且在局部线性回归中选择 $b\propto T^{-1/5}$，则假设 A5 等价于

$$\frac{n^{4p+5}}{T}\rightarrow\infty,\ \frac{n^{\frac{1}{2}-\frac{1}{2p+3}}T^{\frac{1}{10}-\frac{1}{2p+3}}}{\log(nT)}\rightarrow\infty,\ \frac{(nT)^{\frac{1}{2p+3}}}{n^{1/2}}\rightarrow 0\text{ 且 }\frac{n^{\frac{1}{2}+\frac{2}{\lambda}}}{T}\rightarrow 0。$$

具体而言，如果$p=3$，假设A5表示：$n^{7/18}(T^{1/90}\log(nT))\to\infty, T/n^{3.5}\to 0$，且$n^{1/2+2/\lambda}$。如果$n\propto T^a$，假设A5则要求$a\in(2/7, 1/(0.5+2/\lambda))$。

二 检验统计量在原假设下的渐近分布

令$\bar{H}_{ts}$表示$\bar{H}$中第(t,s)个元素，$\alpha_{ts}\equiv T\bar{H}_{ts}-1$，且$Q\equiv T^{-1}\mathrm{diag}(\alpha_{11},\cdots,\alpha_{TT})$。定义

$$B_{nT}\equiv\sqrt{\frac{b}{n}}\sum_{i=1}^{n}\frac{\varepsilon_i'Q\varepsilon_i}{TS\,S_i/T},\Omega_{nT}$$

$$\equiv\frac{2b}{T^2}\sum_{1\leqslant t\neq s\leqslant T}\alpha_{ts}^2\Big(\frac{1}{n}\sum_{i=1}^{n}\sum_{j=1}^{n}\rho_{ij}^2\Big),$$

此处，$\rho_{ij}\equiv\omega_{ij}\sigma_i^{-1}\sigma_j^{-1}$。那么记

$$\Gamma_{nT}\equiv n^{\frac{1}{2}}Tb^{\frac{1}{2}}\bar{R}^2-B_{nT}=\sqrt{\frac{b}{n}}\sum_{i=1}^{n}\frac{ES\,S_i-\varepsilon_i'Q\varepsilon_i}{TS\,S_i/T}$$

下面的定理给出Γ_{nT}在原假设下的渐近分布。

定理4.1　假设A1－A5成立。当H_0成立时，

$$\Gamma_{nT}\xrightarrow{d}N(0,\Omega_0),$$

这里$\Omega_0\equiv\lim_{(n,T)\to\infty}\Omega_{\mathrm{nT}}$。

注4.2　上述定理证明涉及多个辅助命题，因此比较冗长。我们把定理证明的大概在附录中给出，并且列出用到的命题。证明基本思路如下：在原假设下，首先证明$\Gamma_{nT}=\Gamma_{nT,1}+o_p(1)$，这里$\Gamma_{nT,1}\equiv\sum_{i=1}^{n}\varphi_i(\varepsilon_i)$，且$\varphi_i(\varepsilon_i)=n^{-1/2}T^{-1}b^{1/2}\sum_{1\leqslant t<s\leqslant T}\alpha_{ts}\varepsilon_{it}\varepsilon_{is}\sigma_i^2$。然后，使用鞅差序列的中心极限定理（CLT）证明$\Gamma_{nT,1}\xrightarrow{d}N(0,\Omega_0)$。由于横截面相关性

进入渐近方差 Ω_0，Γ_{nT} 不再是渐近中枢（Pivotal）的。然而，如果没有横截面相关性，那么 Γ_{nT} 是一个渐近中枢的检验统计量。注意到，此时 $\Omega_0 = \lim_{(n,T)\to\infty} 2bT^{-2}\sum_{1\leq t\neq s\leq T}\alpha_{ts}^2$ 独立于冗余（nuisance）参数。这是基于无标度的非参数 R^2 检验的一个优点。

为了实施这个检验，我们需要估计渐近偏误和方差项。令

$$\widehat{B}_{nT} \equiv \sqrt{\frac{b}{n}}\sum_{i=1}^{n}\frac{\widetilde{\widehat{u}}_i' MQM\,\widehat{u}_i}{TS\,S_i/T},\widehat{\Omega}_{nT}$$

$$\equiv \frac{2b}{T^2}\sum_{1\leq t\neq s\leq T}\alpha_{ts}^2\left(\frac{1}{n}\sum_{i=1}^{n}\sum_{j=1}^{n}\widehat{\rho}_{ij}^2\right),$$

其中 $\widehat{\rho}_{ij}^2 \equiv \widehat{\omega}_{ij}(\widehat{\sigma}_i\,\widehat{\sigma}_j)$，$\widehat{\omega}_{ij} \equiv T^{-1}\sum_{t=1}^{T}(\widehat{u}_{it}-\widehat{u}_i)(\widehat{u}_{jt}-\widehat{u}_j)$，$\widehat{\sigma}_i^2 = T^{-1}\sum_{t=1}^{T}(\widehat{u}_{it}-\widehat{u}_i)^2$ 且 $\widehat{u}_i \equiv T^{-1}\sum_{t=1}^{T}\widehat{u}_{it}$。我们将在下面的推论 4.2 中证明 $\widehat{B}_{nT} = B_{nT} + o_p(1)$ 且 $\widehat{\Omega}_{nT} = \Omega_0 + o_p(1)$。因此，我们可以构造一个可行的检验统计量

$$\overline{\Gamma}_{nT} = \frac{n^{\frac{1}{2}}Tb^{\frac{1}{2}}\overline{R}^2 - \widehat{B}_{nT}}{\sqrt{\widehat{\Omega}_{nT}}}$$

$$= \frac{1}{\sqrt{\widehat{\Omega}_{nT}}}\sqrt{\frac{b}{n}}\sum_{i=1}^{n}\frac{ES\,S_i - \widetilde{\widehat{u}}_i' MQM\,\widehat{u}_i}{TSS/T} \tag{4.11}$$

推论 4.2　在假设 A1 – A5 成立的条件下，$\overline{\Gamma}_{nT}\xrightarrow{d}N(0,1)$。

那么，我们可以将 $\overline{\Gamma}_{nT}$ 与标准正态分布的上 α 分位数（即单边临界值 Z_α）做比较。当 $\overline{\Gamma}_{nT} > Z_\alpha$ 时，可以拒绝原假设。

三　检验统计量在局部备择假设下的渐近分布

为了考察检验的渐近局部功效，我们考虑下述的 Pitman 局部备择

假设：

$H_1(\gamma_{nT})$：对所有的 $\tau \in [0,1]$ 和 $i=1,\cdots,n$ 都有 $f_i(\tau)=f(\tau)+\gamma_{nT}\Delta_{ni}(\tau)$。 (4.12)

这里，当 $(n,T)\to\infty$ 时 $\gamma_{nT}\to 0$，且 $\Delta_{ni}(\cdot)$ 是一个在区间 $[0,1]$ 上的连续函数。令 $\Delta_{ni}\equiv(\Delta_{ni}(1/T),\cdots,\Delta_{ni}(T/T)$。定义

$$\Theta_0 \equiv \lim_{(n,T)\to\infty}\frac{1}{nT}\sum_{i=1}^{n}\frac{\Delta_{ni}'(\bar{H}-L)\Delta_{ni}}{\sigma_i^2}。$$

在 Zhang 等（2012）的附录中，我们证明了 $\Theta_0 = C_w \lim_{n\to\infty}\left(n^{-1}\sum_{i=1}^{n}\int_0^1 \Delta_{ni}^2(\tau)d\tau/\sigma_i^2\right)$，其中，$C_w \equiv \int_{-1}^{1}\left\{\int_{-1}^{1}[1+\omega_2^{-1}u(u-v)w(u)w(u-v)]du\left[\int_{-1}^{1}w(z-v)dz\right]^{-1}-1\right\}dv$，和 $\omega_2\equiv\int_{-1}^{1}w(u)u^2du$。

为了得到备择假设下的检验的渐近性质，我们需要以下额外的假设。

假设 A6 $n^{-1}\sum_{i=1}^{n}\int_0^1|g_i(\tau)-\bar{g}(\tau)|d\tau=o(1)$，这里 $\bar{g}(\cdot)\equiv n^{-1}\sum_{i=1}^{n}g_i(\cdot)$。

上述假设要求假设 A1 中出现的非参数趋势函数 $g_i(\cdot),1\leqslant i\leqslant n$ 是渐近同质的。这个假设是用来确定在 $H_1(\gamma_{nT})$ 和 H_1 假设下 $\hat{\beta}-\beta$ 的概率阶数。如果没有假设 A6，我们只能说明，对于收敛到 0 的速度不超过 $n^{-1/2}T^{-1/2}$ 的 γ_{nT}，在 $H_1(\gamma_{nT})$ 下有 $\hat{\beta}-\beta=O_p(\gamma_{nT})$ 和在 H_1 成立时有 $\hat{\beta}-\beta=O_p(1)$。在假设 A6 成立时，我们在引理 B6 中证明了在 $H_1(\gamma_{nT})$ 成立时，$\hat{\beta}-\beta=o_p(\gamma_{nT})$，在 H_1 成立时有 $\hat{\beta}-\beta=o_p(1)$。这足以让我们在定理 4.2 和定理 4.3 中建立检验的局部功效和全局的一致性。

下面的定理给出了检验的渐近局部功效。

定理4.3　如果假设 A1 – A6 成立，假设$\Delta_{ni}(\cdot)$是一个连续函数，满足对$\tau \in [0,1]$，$\sum_{i=1}^{n} \Delta_{ni}(\tau) = 0$ 成立且 $\sup_{n\geq 1} \max_{1\leqslant i\leqslant n} \int_0^1 \Delta_{ni}^2(\tau) d\tau < \infty$。那么，根据（4.12）中 $\gamma_{nT} = n^{-1/4} T^{-1/2} b^{-1/4}$，检验的局部功效满足

$$Pr(\bar{\Gamma}_{nT} > z_\alpha \mid H_1(\gamma_{nT})) \rightarrow 1 - \Phi(z_\alpha - \frac{\Theta_0}{\sqrt{\Omega_0}}),$$

这里 $\Phi(\cdot)$ 是标准正态分布的累计分布函数（CDF）。

注4.3　定理4.3说明了，我们的检验能够探测 以$n^{-1/4} T^{-1/2} b^{-1/4}$的速度偏离原假设的备择假设，且功效会随着 Θ_0 的幅度增加而增加。显然，随着 n 或 T 的增加，检验的效力也会增加，但是对于相同的 b，T 增加时功效增加的速度会比 n 增加时的快。

四　检验的一致性

为了研究检验的一致性，在（4.12）中取 $\gamma_{nT} = 1$ 且 $\Delta_{ni}(\tau) = \Delta_i(\tau)$，这里 $\Delta_i(\cdot)$ 为 $[0,1]$ 上的连续函数，且对一些 $0 < \bar{c}_\Delta < \bar{C}_\Delta < \infty$，满足 $\bar{c}_\Delta \leqslant n^{-1} \sum_{i=1}^{n} \int_0^1 \Delta_i(\tau)^2 d\tau \leqslant \bar{C}_\Delta$。令 $\Delta_i \equiv (\Delta(1/T),\cdots, \Delta_i(T/T))'$。定义

$$\Theta_A \equiv \lim_{(n,T)\rightarrow\infty} \frac{1}{nT} \sum_{i=1}^{n} \frac{\Delta_i'(\bar{H} - L)\Delta_i}{\bar{\sigma}_i^2},$$

这里 $\bar{\sigma}_i^2 \equiv \sigma_i^2 + \int_0^1 \Delta_i(\tau)^2 d\tau - (\int_0^1 \Delta_i(\tau) d\tau)^2$。下面的定理说明了检验的一致性。

定理4.4　如果假设 A1－A6 成立，在 H_1 成立下，

$$n^{-1/2}T^{-1}b^{-1/2}\bar{\Gamma}_{nT}=\Theta_A+o_p(1)。$$

定理4.4说明在 H_1 成立时且 $\Theta_A>0$，对于任意序列 $d_{nT}=o(n^{1/2}T b^{1/2})$，随着 $(n,T)\to\infty$，都有 $Pr(\bar{\Gamma}_{nT}>d_{nT})\to 1$。因此，我们建立了该检验统计量的全局一致性。

五　检验的自助法形式

众所周知，在实际应用当中，许多非参数检验的渐近正态分布可能无法很好地近似其有限样本的分布。因此，我们提出用固定解释变量（fixed regressors）的 Bootstrap 方法（如 Hansen，2000）来改进检验的有限样本分布。

对统计量 $\bar{\Gamma}_{nT}$，我们考虑生成如下的 Bootstrap 再抽样：

1. 获得增广的残差项 $\widehat{u}_{it}=Y_{it}-\widehat{f}(t/T)-X_{it}'\widehat{\beta}$，此处 $\widehat{f}$ 和 $\widehat{\beta}$ 是由有约束的轮廓最小二乘法得到的估计量，计算检验统计量 $\bar{\Gamma}_{nT}$。

2. 令 $\widehat{u}_i\equiv T^{-1}\sum_{t=1}^{T}\widehat{u}_{it}$ 和 $\widehat{u}_t\equiv(\widehat{u}_{1t}-\widehat{u}_1,\cdots,\widehat{u}_{nt}-\widehat{u}_n)'$。通过随机抽取 $\widehat{u}_s,s=1,2,\cdots,T$ 来获得 Bootstrap 误差 u_t^*。通过固定 X_{it} 来生成 Y_{it}^*，形式为 $Y_{it}^*=\widehat{f}(t/T)+X_{it}'\widehat{\beta}+\widehat{u}_i+u_{it}^*$，其中 $i=1,\cdots,n,t=1,\cdots,T,u_{it}^*$ 是 n 维向量 u_t^* 的第 i 个分量。

3. 基于 Bootstrap 方法的再抽样样本 $\{Y_{it}^*,X_{it}\}$，对有约束的模型进行轮廓最小二乘估计来获得 Bootstrap 增广残差 $\widehat{u}_{it}^*$。

4. 基于 $\{\widehat{u}_{it}^{*}\}$，计算 Bootstrap 检验统计量

$$\bar{\Gamma}_{nT}^{*} \equiv \frac{T n^{1/2} b^{1/2} \bar{R}^{2*} - \widehat{B}_{nT}^{*}}{\sqrt{\widehat{\Omega}_{nT}^{*}}}$$

此处，$\bar{R}^{2*}$，$\widehat{B}_{nT}^{*}$ 和 $\widehat{\Omega}_{nT}^{*}$ 与 $\bar{R}^{2}$，$\widehat{B}_{nT}$ 和 $\widehat{\Omega}_{nT}$ 的定义类似，我们只是用 $\widehat{u}_{it}^{*}$ 代替了 $\widehat{u}_{it}$。

5. 重复 B 次步骤 2—4 并记录 Bootstrap 统计量为 $\{\bar{\Gamma}_{nT,l}^{*}\}_{l=1}^{B}$。Bootstrap 的 p 值可由 $p^{*} \equiv B^{-1}\sum_{l=1}^{B} 1\{\bar{\Gamma}_{nT,l}^{*} > \bar{\Gamma}_{nT}\}$ 计算得到，这里 $1\{\cdot\}$ 是指示函数。

值得一提的是：（i）基于原始样本 $W \equiv \{(Y_{it}, X_{it}), i = 1, \cdots, n, t = 1, \cdots, T\}$，Bootstrap 得到的 u_{it}^{*} 在横截面个体之间存在相关性，对固定的个体 i 在时间维度上独立同分布；（ii）在进行 Bootstrap 样本回归时，自变量 X_{it} 固定不变；（iii）在步骤 2 中施加了关于共同时间趋势的原假设。

第四节　模拟与应用

在这一部分，我们进行一系列的模拟来评估检验在有限样本中的表现，然后将共同趋势检验运用到英国气候变化数据和 OECD 实际 GDP 增长数据上。

一　模拟研究

（一）数据生成过程

我们考虑六个数据生成过程（DGP），其中 DGP 1 - 2 用于评估检

验 size（或者 level），DGP 3 -6 用于评估 power（功效）。

DGP 1：

$$y_{it} = x_{it}\beta + \left[\left(\frac{t}{T}\right)^3 + \frac{t}{T}\right] + \alpha_i + \varepsilon_{it},$$

这里 $i = 1,\cdots,n, t = 1,\cdots,T, \beta = 2$，$\alpha_i$ 服从 IID$N(0,1)$，在 t 维度上生成独立且服从 $U(a_i - 3, a_i + 3)$ 的 x_{it}，对 $i = 2,\cdots,n$，$\alpha_i = T^{-1}\sum_{t=1}^{T} x_{it}$ 且 $\alpha_1 = -\sum_{i=2}^{n} \alpha_i$。

DGP 2：

$$y_{it} = x_{it,1}\beta_1 + x_{it,2}\beta_2 + \left[2\left(\frac{t}{T}\right)^2 + \frac{t}{T}\right] + \alpha_i + \varepsilon_{it},$$

这里 $i = 1,\cdots,n, t = 1,\cdots,T$，$\beta_1 = 1$，$\beta_2 = 1/2$，$x_{it,1} = 1 + \sin(\pi t/T) + v_{it,1}, x_{it,2} = 0.5t/T + v_{it,2}, v_{it,1}$ 和$v_{it,2}$ 相互独立，满足 IID 且都服从 $N(0,1)$，对 $i = 2,\cdots,n, \alpha_i = \max\left(T^{-1}\sum_{t=1}^{T} x_{it,1}, T^{-1}\sum_{t=1}^{T} x_{it,2}\right)$ 且 $\alpha_1 = -\sum_{i=2}^{n} \alpha_i$。

DGP 3：

$$y_{it} = x_{it}\beta + \left[(1 + \delta_{i1})\left(\frac{t}{T}\right)^3 + (1 + \delta_{i2})\frac{t}{T}\right] + \alpha_i + \varepsilon_{it},$$

这里 $i = 1,\cdots,n, t = 1,\cdots,T, \beta, x_{it}$ 和α_i 的生成过程与 DGP 1 一样，且 δ_{i1} 和δ_{i2} 满足 IID 且服从 $U(-1/2, 1/2)$，它们相互独立且独立于 x_{it} 和α_i。

DGP 4：

$$y_{it} = x_{it,1}\beta_1 + x_{it,2}\beta_2 + \left[(2 + \delta_{i1})\left(\frac{t}{T}\right)^2 + (1 + \delta_{i2})\frac{t}{T}\right] + \alpha_i + \varepsilon_{it},$$

这里 $i = 1,\cdots,n, t = 1,\cdots,T$, β_1, β_2, $x_{it,1}$, $x_{it,2}$ 和α_i 的生成过程与

DGP 2 一样，且 δ_{i1} 和 δ_{i2} 都来自 IID$U(-1/2,1/2)$，它们相互独立且独立于 $(x_{it,1},x_{it,2},\alpha_i)$。

DGP 5：

$$y_{it}=x_{it}\beta+\left[(1+\delta_{nT,i1})\left(\frac{t}{T}\right)^3+(1+\delta_{nT,i2})\frac{t}{T}\right]+\alpha_i+\varepsilon_{it},$$

这里 $i=1,\cdots,n,t=1,\cdots,T,\beta,x_{it}$ 和 α_i 的生成过程与 DGP 1 一样，且 $\delta_{nT,i1}$ 和 $\delta_{nT,i2}$ 满足 IID$U(-7\gamma_{nT},7\gamma_{nT})$，它们相互独立且独立于 x_{it} 和 α_i。

DGP 6：

$$y_{it}=x_{it,1}\beta_1+x_{it,2}\beta_2+\left[(1+\delta_{nT,i1})\left(\frac{t}{T}\right)^2+(1+\delta_{nT,i2})\frac{t}{T}\right]+\alpha_i+\varepsilon_{it},$$

这里 $i=1,\cdots,n,t=1,\cdots,T,\beta_1,\beta_2,x_{it,1},x_{it,2}$，和 α_i 生成过程与 DGP 2 一致，且 $\delta_{nT,i1}$ 和 $\delta_{nT,i2}$ 满足 IID 且服从 $U(-7\gamma_{nT},7\gamma_{nT})$，它们相互独立且独立于 $(x_{it,1},x_{it,2},\alpha_i)$。

注意，DGP 5－6 用于检测本书的检验统计量在 Pitman 局部备择假设下的有限样本表现。对这两个 DGP，我们选择 $b=T^{-1/5}$。此时 $\gamma_{nT}=n^{-1/4}T^{-1/2}T^{1/20}$。在模拟中保持 $\delta_{nT,i1}$ 和 $\delta_{nT,i2}$ 不变。类似地，δ_{i1} 和 δ_{i2} 在 DGP 3－4 中的重复模拟保持不变。

在上述所有 DGP 中，生成的 ε_{it} 与 CGL（2012）中的类似，并且独立于每个 DGP 右侧的所有其他变量。具体来说，我们生成的 ε_{it} 是均值为 0 方差矩阵为 $(\omega_{ij})_{n\times n}$ 的 IID 多元正态分布。考虑 $(\omega_{ij})_{n\times n}$ 的两种赋值：

CD（I）：$\omega_{ij}=0.5^{|j-i|}\sigma_i\sigma_j$ 且 CD（II）：$\omega_{ij}=0.8^{|j-i|}\sigma_i\sigma_j$，

这里 $i,j=1,\cdots,n$，σ_i 服从 IID$U(0,1)$。通过构造，ε_{it} 在时间维度 t 上独立，在横截面维度 i 上具有相关性。

（二）检验结果

为了实施检验，我们需要选择两个核函数和两个带宽序列。我们为 k 和 w 选择 Epanechnikov 核函数：$k(v) = w(v) = 0.75(1 - v^2)1|v| \leqslant 1$。为了估计有约束的半参数模型，我们使用三阶局部多项式回归，并采用“留一法”交叉验证方法来选择带宽 h。对每个横截面单位 i 的局部线性回归，设置 $b = c\sqrt{1/12}\,T^{-1/5}$，分别取 $c = 0.5, 1, 1.5$ 来考察我们的检验对带宽的敏感程度。

我们考虑不同样本组合：$n, T = 25, 50, 100$。对每一种 n 和 T 的组合，使用500个循环来研究检验的水平和功效，且每个循环中采用200次 Bootstrap 再抽样。

表4－1 报告了名义水平为5%时检验的有限样本水平（size）。从表4－1 可以看出，除了 n/T 很大的时候［例如 $(n,T) = (50,25)$，$(100,25)$］，我们的检验表现得很不错。在后一种情况下，检验的 size 过小。对于固定的 n，随着 T 的增加，我们的检验水平很快接近给定的名义水平。我们还注意到，size 对不同的带宽选择是稳健的。

表4－1　DGP 1－2 的有限样本拒绝频率（5%名义水平）

DGP	n	T	CD（I）			CD（II）		
			$c = 0.5$	$c = 1$	$c = 1.5$	$c = 0.5$	$c = 1$	$c = 1.5$
1	25	25	0.036	0.038	0.038	0.034	0.028	0.032
		50	0.038	0.044	0.036	0.032	0.038	0.030
		100	0.046	0.054	0.052	0.042	0.042	0.056
	50	25	0.014	0.028	0.042	0.030	0.028	0.030
		50	0.034	0.056	0.054	0.038	0.044	0.044
		100	0.056	0.048	0.046	0.042	0.038	0.054

续表

DGP	n	T	CD (I)			CD (II)		
			$c=0.5$	$c=1$	$c=1.5$	$c=0.5$	$c=1$	$c=1.5$
	100	25	0.018	0.024	0.022	0.018	0.028	0.028
		50	0.038	0.030	0.024	0.048	0.052	0.048
		100	0.052	0.038	0.054	0.042	0.050	0.048
2	25	25	0.048	0.050	0.050	0.036	0.022	0.038
		50	0.046	0.040	0.054	0.034	0.026	0.038
		100	0.056	0.064	0.072	0.030	0.038	0.062
	50	25	0.026	0.024	0.036	0.018	0.026	0.042
		50	0.056	0.056	0.062	0.040	0.036	0.046
		100	0.056	0.066	0.054	0.044	0.044	0.058
	100	25	0.014	0.016	0.016	0.020	0.022	0.036
		50	0.044	0.032	0.028	0.022	0.034	0.042
		100	0.042	0.046	0.058	0.032	0.040	0.040

表4-2列出了在全局备择假设下检验的有限样本功效（power），其中名义水平为5%。注意到，DGP 3中的自变量x_{it}没有时间趋势，而DGP 4中的自变量$x_{it,1}$和$x_{it,2}$都包含时间趋势分量。我们将表4-2中的一些重要发现总结如下。首先，随着n或T的增加，我们检验的效力通常会增加，最终达到1；但它随着T的增长速度要比随着n的增长速度更快，这与我们的渐近理论是一致的。其次，通过比较在CD（I）和CD（II）下的检验的功效，表明，误差项中的横截面相关性对检验的效力有负向影响。这是符合预期的，因为更强的横截面相关性意味着每个横截面观测值所包含的信息更少。最后，带宽b的选择对我们的检验效力有一定的影响。出乎意料的是，b越大，检验的效力越大。

表4-2 DGP 3-4 的有限样本拒绝频率（5%名义水平）

DGP	n	T	CD（I）			CD（II）		
			$c=0.5$	$c=1$	$c=1.5$	$c=0.5$	$c=1$	$c=1.5$
3	25	25	0.294	0.486	0.650	0.128	0.184	0.336
		50	0.502	0.710	0.840	0.182	0.326	0.454
		100	0.938	0.996	0.998	0.580	0.888	0.980
	50	25	0.196	0.424	0.606	0.072	0.136	0.224
		50	0.700	0.936	0.982	0.268	0.496	0.654
		100	1.000	1.000	1.000	0.924	0.996	1.000
	100	25	0.456	0.806	0.938	0.162	0.336	0.494
		50	0.912	1.000	1.000	0.462	0.756	0.898
		100	1.000	1.000	1.000	0.910	0.998	1.000
4	25	25	0.288	0.530	0.730	0.124	0.206	0.344
		50	0.432	0.674	0.788	0.156	0.308	0.434
		100	0.790	0.948	0.988	0.348	0.656	0.816
	50	25	0.352	0.732	0.900	0.142	0.282	0.424
		50	0.802	0.962	0.988	0.336	0.586	0.776
		100	1.000	1.000	1.000	0.926	0.996	0.998
	100	25	0.334	0.712	0.884	0.126	0.234	0.384
		50	0.972	0.996	1.000	0.500	0.824	0.946
		100	1.000	1.000	1.000	0.926	0.996	1.000

表4-3报告了在 Pitman 局部备择假设下检验的有限样本功效，其中名义水平为5%。从表中可以看出，对于具有 $n^{-1/4}T^{-1/2}b^{-1/4}$ 的速率局部备择假设，我们的检验具有非退化的功效。这证实了定理3.2中的渐近结论。随着 n 或 T 的增加，我们可以观察到局部功效的变化；此时，不同于全局备择假设，功效不一定会增加。

表 4-3　　DGP 5-6 的有限样本拒绝频率（5%名义水平）

DGP	n	T	γ_{nT}	CD (I)			CD (II)		
				$c=0.5$	$c=1$	$c=1.5$	$c=0.5$	$c=1$	$c=1.5$
5	25	25	0.105	0.550	0.862	0.954	0.280	0.532	0.758
		50	0.077	0.574	0.796	0.876	0.218	0.390	0.542
		100	0.056	0.884	0.978	0.994	0.532	0.800	0.916
	50	25	0.088	0.436	0.774	0.928	0.200	0.344	0.530
		50	0.065	0.662	0.890	0.952	0.234	0.422	0.554
		100	0.047	0.878	0.976	0.998	0.336	0.556	0.708
	100	25	0.074	0.410	0.770	0.926	0.146	0.272	0.416
		50	0.054	0.612	0.884	0.954	0.198	0.332	0.474
		100	0.040	0.664	0.892	0.960	0.212	0.346	0.516
6	25	25	0.105	0.570	0.896	0.956	0.288	0.574	0.796
		50	0.077	0.494	0.764	0.876	0.192	0.354	0.538
		100	0.056	0.878	0.976	0.994	0.386	0.408	0.770
	50	25	0.088	0.488	0.836	0.936	0.178	0.366	0.544
		50	0.065	0.702	0.914	0.980	0.232	0.416	0.580
		100	0.047	0.886	0.976	0.996	0.352	0.622	0.796
	100	25	0.074	0.350	0.702	0.902	0.130	0.276	0.422
		50	0.054	0.640	0.924	0.976	0.282	0.468	0.624
		100	0.040	0.722	0.918	0.962	0.290	0.472	0.662

二　实际数据的应用

在本节中，我们将检验应用于两个真实数据：其中一个是英国气候变化数据，另一个是 OECD 经济增长数据。

（一）英国气候变化数据

最近，全球变暖问题引起了很多关注。Atak 等（2011）提出了一个半参数模型来描述 20 世纪英国区域温度和其他天气的变化趋势，其中假定了所有区域都具有相同的时间趋势。因此，检验是否存在这样的共同的趋势是很有趣的话题。为了节省空间，在该应用中我们考察过去 32 年英国气候变化的模式。数据集包含来自英国的 37 个站点的每月平均最高温度（以摄氏度为单位，以下简称 $Tmax$），平均最低温度（以摄氏度为单位，以下简称 $Tmin$），总降雨量（以毫米为单位，以下简称 $Rain$）（可从英国气象局网站 www. metoce. gov. uk/climate/uk/stationdata 获得）。根据数据的可用性，我们采用了从 1978 年 10 月到 2010 年 7 月的 26 个选定站点（$n = 26, T = 382$）的平衡面板数据集，以查看这些选定站点之间在 $Tmax$, $Tmin$, $Rain$ 上是否存在一个共同趋势。注意，我们的数据集的时间跨度比 Atak 等（2011）的时间跨度要短得多。

对每个序列，我们考虑一个如下形式的模型

$$y_{it} = D_t^{'}\beta + f_i\left(\frac{t}{T}\right) + \alpha_i + \varepsilon_{it}, i = 1,2,\cdots,26, T = 1,\cdots,382,$$

这里，y_{it} 表示站点 i 在时间 t 处的 $Tmax$, $Tmin$ 或 $Rain$, $D_t \in \mathbb{R}^{11}$ 是一个 11 维的月份虚拟变量的向量，α_i 是站点 i 的固定效应，时间趋势函数 $f(\cdot)$ 是未知的。我们关心检验 $f_i = f$ 是否对所有的 $i = 1,2,\cdots,n$ 都成立。

为了实施检验，我们在两次回归中都是用了 Epanechnikov 核。我们通过“留一法”（leave - one - out）交叉验证方法选择带宽 h, 并考虑 10 种不同形式的带宽 b, 其取值为 $b = c\sqrt{1/12}T^{-1/5}$, 这里 $c = 0.6$,

0.7，…，1.5。我们用 10000 次 Bootstrap 抽样来构建 Bootstrap 分布。

非参数检验的结果报告在表 4－4 中。从表中可以看到，对所有的 b，*Tmax* 和 *Tmin* 的 p 值都比 0.05 小，而 *Rain* 的 p 值大于 0.1。因此，我们可以在 5% 的显著水平下拒绝 *Tmax* 和 *Tmin* 都具有共同时间趋势的假设，但是即使在 10% 的显著性水平下，也无法拒绝 *Rain* 具有共同时间趋势的假设。

表 4－4　　基于自助法的 p 值（英国气候数据）

变量 \ c	0.6	0.7	0.8	0.9	1	1.1	1.2	1.3	1.4	1.5
Tmax	0.0060	0.0101	0.0073	0.0078	0.0061	0.0074	0.0091	0.0110	0.0151	0.0235
Tmin	0.0142	0.0160	0.0153	0.0130	0.0097	0.0053	0.0038	0.0029	0.0024	0.0010
Rain	0.8726	0.8163	0.7365	0.6592	0.5915	0.5670	0.5731	0.5890	0.6265	0.6790

注：带宽为 $b = c\sqrt{1/12}\,T^{-1/5}$，Bootstrap 次数为 10000 次。

（二）OECD 经济增长数据

近几十年来，经济增长一直是宏观经济学中的关键问题，而对包含时间趋势的经济增长源头进行建模是十分重要的。在这个应用中，我们考虑了包含时间趋势的 OECD 经济增长数据模型。数据集由来自 16 个 OECD 国家（$n = 16$）的四个经济变量组成：国内生产总值（GDP），资本存量（K），劳动力投入（L）和人力资本（H）。我们从 Datastream 网站上下载变量 GDP（2005 US $），资本存量（2005 US $）和劳动力投入（就业人数，千人），而变量人力资本（25 岁及 25 岁以上人口的教育水平）来自网站 http：//www.barrolee.com。前三个变量是进行季节性调整后的季度数据，时间跨度为 1975 年第四季度至 2010 年第三季度（$T = 140$）。对于人力资本，我们只有

Barro－Lee 数据集中的五年人口普查数据，因此我们必须使用线性插值来获取季度观测值。

我们考虑如下增长率模型

$$\Delta \ln GDP_{it} = \beta_1 \Delta \ln L_{it} + \beta_2 \Delta \ln K_{it} + \beta_3 \Delta \ln H_{it} + f_i(t/T) + \alpha_i + \varepsilon_{it}$$

这里 $i = 1, \cdots, 16$，$T = 1, \cdots, 140$，且 α_i 是固定效应，$f_i(\cdot)$ 是国家 i 的未知的平滑时间趋势函数，对 $Z = GDP, L, K, H$，$\Delta \ln Z_{it} = \ln Z_{it} - \ln Z_{i,t-1}$。我们有兴趣去检验 16 个 OECD 国家是否存在共同时间趋势。

在估计和检验中，核函数，带宽和 Bootstrap 抽样都与之前的应用一样。在图 4－1 中，我们绘制了从有约束的半参数回归模型中估计得到的共同趋势 $\left[\text{用中心化的趋势} \hat{f}(\tau) - \int_0^1 \hat{f}(\tau) d\tau \text{ 作为对比}\right]$ 以及它的 90% 的逐点置信带。图 4－1 还绘制了法国、西班牙和英国的三个使用无约束的半参数模型估计得到的代表性个体趋势函数。为了比较，我们对无约束模型强加了识别条件，即每个个体趋势在（0，1）上的积分为 0，且使用 Silverman 经验法则选择带宽。显然，图 4－1 表明，估计的共同趋势函数显著不等于 0。此外，三个代表性国家的趋势函数与估计的共同趋势明显不同，这意味着广泛使用的共同趋势的假设可能是有误的。

表 4－5 报告了基于 Bootstrap 的 p 值。从表 4－5 可以看到，对所有的带宽，p 值都小于 0.1。因此，我们可以在 10% 的水平上拒绝存在共同时间趋势的原假设。

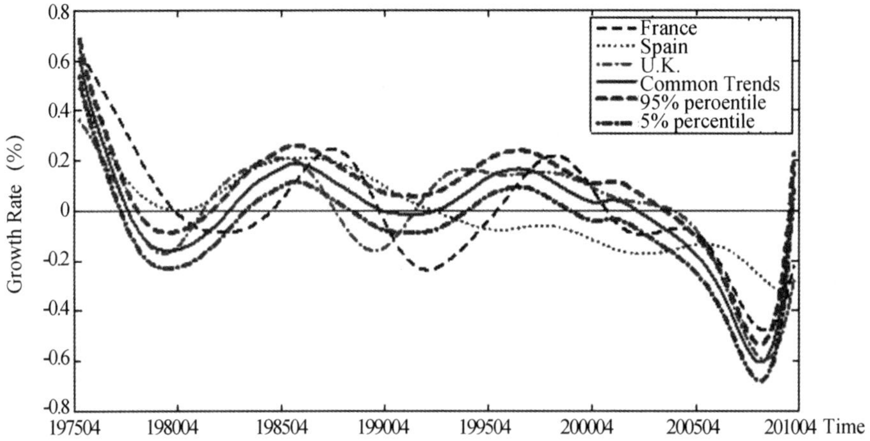

图 4－1　OECD 国家真实 GDP 增长率中的时间趋势

表 4－5　　　基于自助法 *p* 值（OECD 经济增长数据）

变量＼ c	0.6	0.7	0.8	0.9	1	1.1	1.2	1.3	1.4	1.5
$\Delta\ln GDP$	0.0001	0.0005	0.0020	0.0063	0.0141	0.0281	0.0336	0.0536	0.0645	0.0820

◇ 第五节　结束语

在本书中，我们为具有固定效应的半参数面板数据模型中是否存在共同时间趋势提出了一种非参数检验。首先估计有约束的半参数模型并获得增广的残差，然后针对每个横截面单位将增广的残差局部线性回归到时间趋势上，以获得 n 个非参数 R^2 的度量，并通过对非参数 R^2 取横截面平均来构造检验统计量。在经过适当的中心化和按缩放后，该统计量在存在共同趋势的原假设和一系列 Pitman 局部备择假设下，服从渐近正态分布。此外，本书还证明了检验的一致性，并建议采用 Bootstrap 方法来获得 p 值。我们通过蒙特卡洛模拟验证了检验统计量具有良好的有限样本性质，并将其用于英国气候变化数据和 OECD 经济增长数据，并发现共同趋势假设的脆弱性。

本书还存在着一些可能的扩展。首先，在（4.1）中的半参数模型只是对 Atak 等人（2011）模型的补充。当检验非参数分量的共同趋势的原假设时，有可能斜率系数也具有异质性。在这种情况下，Su 和 Ullah（2006a）以及 Chen 等（2012）提出的轮廓最小二乘估计，基于非参数 R^2 的检验会失去很多优势，并且只能以较慢的收敛速度估计异质性的斜率系数。对每个横截面单位的无约束模型估计获得估计量 $\widehat{f}_i(\tau)$，可以通过对所有 $i \neq j$ 时 $\widehat{f}_i(\tau)$ 和 $\widehat{f}_j(\tau)$ 的距离平方的均值构建基于 L_2 距离来构造检验统计量。同时，对斜率系数和趋势分量的联合检验也是可行的。其次，为了得到检验统计量的分布理论，我们允许横截面相关，但是排除了时间序列上的相关性。而像 Bai（2009）那样，添加一些高水平的假设使得两者同时存在是可能的。然而，非标准化的检验统计量的渐近方差将会很复杂，而且在实践中进行检验的时候，似乎没有很明确的方法去对其进行一致估计。

附件 主要结论的证明

在本附录中，我们列出定理 4.1，推论 4.2，定理 4.3 和定理 4.4 的证明基本框架，以及证明过程中用到的重要结论。具体证明的细节，可以参考 Zhang 等（2012）。

定理 4.1 的证明：注意到

$$\Gamma_{nT} = \sqrt{\frac{b}{n}}\sum_{i=1}^{n}\frac{ESS_i - \varepsilon_i' Q\varepsilon_i}{\sigma_i^2}$$

$$+\sqrt{\frac{b}{n}}\sum_{i=1}^{n}(ESS_i - \varepsilon_i' Q\varepsilon_i)\left(\frac{1}{TSS_i/T} - \frac{1}{\sigma_i^2}\right)$$

$$= \Gamma_{nT,1} + \Gamma_{nT,2}$$

我们通过验证：（i）$\Gamma_{nT,1} \xrightarrow{d} N(0,\Omega_0)$ 和（ii）$\Gamma_{nT,2} = o_p(1)$ 来完成定理的证明。（i）－（ii）分别由下列命题给出。

命题 A1　$\Gamma_{nT,1} \xrightarrow{d} N(0,\Omega_0)$。

证明：我们可以将 $\Gamma_{nT,1}$ 写为

$$\Gamma_{nT,1} = \sqrt{\frac{b}{n}}\sum_{i=1}^{n}\frac{[\widehat{u}_i'(\bar{H}-L)\widehat{u}_i]}{\sigma_i^2} - \sqrt{\frac{b}{n}}\sum_{i=1}^{n}\frac{(\varepsilon_i' Q\varepsilon_i)}{\sigma_i^2}$$

$$\equiv \Gamma_{nT,11} - \Gamma_{nT,12}。$$

对于第一项，我们有如下分解

$$\Gamma_{nT,11} = \sqrt{\frac{b}{n}}\sum_{i=1}^{n}\frac{\widehat{u}_i'(\bar{H}-L)\widehat{u}_i}{\sigma_i^2} = \sum_{l=1}^{10} D_{nTl}$$

其中

$$D_{nT1} = \sqrt{\frac{b}{n}}\sum_{i=1}^{n}\frac{\widehat{\varepsilon}_i^{*\prime}(\bar{H}-L)\widehat{\varepsilon}_i^{*}}{\sigma_i^2},$$

$$D_{nT2} = \sqrt{\frac{b}{n}}\sum_{i=1}^{n}\frac{(f_i-\bar{f})'(\bar{H}-L)(f_i-\bar{f})}{\sigma_i^2},$$

$$D_{nT3} = \sqrt{\frac{b}{n}}\sum_{i=1}^{n}\frac{(\widehat{\beta}-\beta)'X_i^{*\prime}(\bar{H}-L)X_i^{*}(\widehat{\beta}-\beta)}{\sigma_i^2},$$

$$D_{nT4} = \sqrt{\frac{b}{n}}\sum_{i=1}^{n}\frac{\bar{f}^{*\prime}(\bar{H}-L)\bar{f}^{*}}{\sigma_i^2},$$

$$D_{nT5} = \sqrt{\frac{b}{n}}\sum_{i=1}^{n}\frac{\widehat{\varepsilon}_i^{*\prime}(\bar{H}-L)X_i^{*}(\widehat{\beta}-\beta)}{\sigma_i^2},$$

$$D_{nT6} = \sqrt{\frac{b}{n}} \sum_{i=1}^{n} \frac{\hat{\varepsilon}_i^{*'} (\bar{H} - L) \bar{f}^{*}}{\sigma_i^2},$$

$$D_{nT7} = \sqrt{\frac{b}{n}} \sum_{i=1}^{n} \frac{(\hat{\beta} - \beta)' X_i^{*'} (\bar{H} - L) \bar{f}^{*}}{\sigma_i^2},$$

$$D_{nT8} = \sqrt{\frac{b}{n}} \sum_{i=1}^{n} \frac{\hat{\varepsilon}_i^{*'} (\bar{H} - L)(f_i - \bar{f})}{\sigma_i^2},$$

$$D_{nT9} = \sqrt{\frac{b}{n}} \sum_{i=1}^{n} \frac{(\hat{\beta} - \beta)' X_i^{*'} (\bar{H} - L)(f_i - \bar{f})}{\sigma_i^2},$$

$$D_{nT10} = \sqrt{\frac{b}{n}} \sum_{i=1}^{n} \frac{\bar{f}^{*'} (\bar{H} - L)(f_i - \bar{f})}{\sigma_i^2}$$

在原假设 H_0 成立时，当 s = 2，8，9，10，$D_{nTs} = 0$。我们只需要证明：

（1）$\mathbb{D}_{nT1} = D_{nT1} - \Gamma_{nT,12} \xrightarrow{d} N(0, \Omega_0)$；

（2）对 s = 3，…，7 都有 $D_{nTs} = o_p(1)$ 成立。

关于（i）－（ii）的详细证明，读者可参考 Zhang 等（2012）附录中的命题 A1 和引理 A2。

命题 A2　$\Gamma_{nT,2} = o_p(1)$。

证明：我们可以将 $\Gamma_{nT,2}$ 写为

$$\begin{aligned}\Gamma_{nT,2} &= \sqrt{\frac{b}{n}} \sum_{i=1}^{n} (ESS_i - \varepsilon_i' Q \varepsilon_i) \frac{\hat{\sigma}_i^2 - \sigma_i^2}{\sigma_i^4} \\ &+ \sqrt{\frac{b}{n}} \sum_{i=1}^{n} (ESS_i - \varepsilon_i' Q \varepsilon_i) \frac{(\hat{\sigma}_i^2 - \sigma_i^2)^2}{\sigma_i^4 \hat{\sigma}_i^2} \\ &= \Gamma_{nT,21} + \Gamma_{nT,22}\end{aligned}$$

在 H_0 成立时，我们可以证明 $max_{1 \leqslant i \leqslant n} | \hat{\sigma}_i^2 - \sigma_i^2 | = O_p(n^{1/\lambda} T^{-1/2})$［详见 Zhang 等（2012）命题 A3 证明］。那么，结合假设 A5，可证

$\Gamma_{nT,22} = O_p(n^{1/2+2/\lambda} T^{-1}) = o_p(1)$。根据命题 A1 证明，我们可得 $\Gamma_{nT,21} = o_p(1)$。

推论 4.2 的证明：给定定理 4.1 的证明，我们只需证明如下两个结论：（i）$\widehat{B}_{nT} = B_{nT} + o_p(1)$ 和（ii）$\widehat{\Omega}_{nT} = \Omega_0 + o_p(1)$。详见 Zhang 等（2012）附录 C。

定理 4.3 的证明：给定分解

$$
\begin{aligned}
&\sqrt{\widehat{\Omega}_{nT}}\,\overline{\Gamma}_{nT} \\
&= \frac{b^{\frac{1}{2}}}{n^{\frac{1}{2}}}\sum_{i=1}^{n}\widehat{\sigma}_i^{-2}(ESS_i - \widetilde{u}_i'\overline{Q}\,\widehat{u}_i) \\
&= \frac{b^{1/2}}{n^{1/2}}\sum_{i=1}^{n}\sigma_i^{-2}(ESS_i - \varepsilon_i'Q\,\varepsilon_i) \\
&- \frac{b^{1/2}}{n^{1/2}}\sum_{i=1}^{n}(\widehat{\sigma}_i^{-2} - \sigma_i^{-2})(ESS_i - \varepsilon_i'Q\,\varepsilon_i) \\
&- \frac{b^{1/2}}{n^{1/2}}\sum_{i=1}^{n}\sigma_i^{-2}(\widetilde{u}_i'\overline{Q}\,\widehat{u}_i - \varepsilon_i'Q\,\varepsilon_i) \\
&+ \frac{b^{1/2}}{n^{1/2}}\sum_{i=1}^{n}(\widehat{\sigma}_i^{-2} - \sigma_i^{-2})(\widetilde{u}_i'\overline{Q}\,\widehat{u}_i - \varepsilon_i'Q\,\varepsilon_i) \\
&= \overline{\Gamma}_{nTa} - \overline{\Gamma}_{nTb} - \overline{\Gamma}_{nTc} + \overline{\Gamma}_{nTd}
\end{aligned}
$$

我们证明，当 $H_1(\gamma_{nT})$ 成立时：（i）$\overline{\Gamma}_{nTa} \xrightarrow{d} N(\Theta_0, \Omega_0)$；和（ii）$\overline{\Gamma}_{nTb} = o_p(1)$；（iii）$\overline{\Gamma}_{nTc} = o_p(1)$；（iv）$\overline{\Gamma}_{nTd} = o_p(1)$。（i）–（iv）分别由 Zhang 等（2012）的命题 C1 – C4 给出。

定理 4.4 的证明：参考 Zhang 等（2012）的附录 D。

第五章

具有固定效应的部分线性动态面板数据模型的半参数估计

第一节　引言

近年来，由于非参数方法在探索数据结构中所具有的灵活性以及在模型设定中的稳健性，非参数面板数据模型已经引起了广大学者的关注。另外，当非参数变量的维度很高时，完全的非参数模型设定通常会导致“维度诅咒”问题；而且当维度大于 2 时，非参数估计结果在实证分析中不容易展示和解释。为了克服这些缺点，作为非参数和参数设定的折中方法，半参数方法已经被应用到面板数据模型中。通过对未知函数施加不同的结构，许多半参数模型，如可加模型、部分线性模型、单指标模型、变换模型以及可变系数模型等，已在面板文献中得到了广泛的研究。例如，Chen 等（2012）考虑了具有非参数时间趋势的部分线性面板数据模型的估计；Chen 等（2013a，2013b）与 Dong 等（2015a）研究了具有不同的单指标结构的面板数据模型的估计；Dong 等（2015b）提出了具有横截面相关性和非平稳特征的部分线性面板数据模型的估计；Feng 等（2017）则关注可变系数面板数据模型的估计。对于最近的有关半参数面板数据模型的综述，请参见 Su 和 Ullah（2011），Chen 等（2013）以及 Sun 等（2015）。

在本书中，我们关注如下的具有固定效应的部分线性动态面板数据模型

$$Y_{it} = Z_{it}'\theta_0 + m(Y_{i,t-1}, X_{it}) + \alpha_i + \varepsilon_{it} \tag{5.1}$$

$i = 1, \cdots, N, t = 1, \cdots, T$，其中，$Y_{it}$ 是个体 i 在时期 t 的标量因变量，Z_{it} 是进入模型线性部分的 $d_z \times 1$ 维的自变量，θ_0 是来自紧集参数空间 $\Theta \subset \mathbb{R}^{d_z}$ 的未知参数，$m(\cdot)$ 是定义在 $\mathbb{R}^{d_x+1}$ 上的未知平滑函数，X_{it} 是 $d_x \times 1$ 维的自变量，并与滞后因变量 $Y_{i,t-1}$ 一起进入非参数分量 $m(\cdot)$，α_i 是不可观测的个体效应，ε_{it} 是随机干扰项。θ_0 的下标 0 表示的是真实的参数值。显然，$Y_{i,t-1}$ 与个体效应 α_i 是相关的。此外，我们还允许 Z_{it} 和 X_{it} 与 α_i 也是相关的。如 Baltagi 和 D. Li（2002）与 Yao 和 Zhang（2015）所述，我们也允许 Z_{it} 或 Z_{it} 的子集是内生的，并假定存在 $d_v \times 1$ 维的工具变量 V_{it}，其中 $d_v \geqslant d_z$。我们限制 X_{it} 是外生的来避免不适定的逆问题（ill - imposed inverse problem）。当然，对于后一个问题，我们可以通过扩展 Ai 和 Chen（2003），Chen 和 Pouzo（2012）的估计方法或修正 Florens 等（2012）的面板设定给出合适的估计量。但是，这超出了本书的范围。最后，我们考虑在大 N 和小 T 的框架下估计 θ_0 和 $m(\cdot)$。

自 Engle 等（1986）和 Robinson（1988）以来，在计量经济学文献中，部分线性模型已被广泛研究和应用。在面板数据模型框架中，部分线性结构也引起了很多的关注。例如，Li 和 Stengos（1996）以及 Li 和 Ullah（1998）考虑了具有随机效应的部分线性面板数据模型的核估计，其中允许内生变量出现在线性分量中；Baltagi 和 D. Li（2002）与 Baltagi 和 Q. Li（2002）分别为具有固定效应的部分线性动

态面板数据模型提出了级数估计（series estimation）和核估计（kernel estimation）方法，其中因变量的滞后项以线性形式进入模型；Su 和 Ullah（2006a）研究了具有固定效应的部分线性静态面板数据模型的轮廓似然估计；Baglan（2010）考虑了具有固定效应的部分线性动态面板数据模型的级数估计，其中因变量的滞后项以非线性形式进入模型；对具有固定效应的部分线性静态面板数据模型，Qian 和 Wang（2012）考察了用边际积分（Marginal Integration）来估计非参数分量的方法。据我们所知，到目前为止，内生性和滞后相关变量仅仅是以线性分量的形式进入部分线性面板数据模型。因此，在本书中，我们的目标在于让滞后因变量进入非参数分量，同时允许内生性变量进入模型的线性部分。尽管推广不是最一般的形式，但在非参数分量中包含滞后因变量在技术上已经具有挑战性，而在线性分量中引入内生性则使问题变得更加复杂。

尽管存在大量关于非参数面板数据模型的工作，但是在非参数和半参数面板数据模型中，滞后因变量进入非参数部分的研究仍旧较少。少数例外包括 Su 和 Lu（2013）与 Lee（2014），他们分别考虑了非参数动态面板数据模型的核估计和筛分（sieve）估计。Su 和 Lu（2013）还发现了经济增长文献中因变量滞后项的非线性影响的经验证据。本书通过允许滞后变量进入面板数据模型中的非参数分量，进一步拓展模型设定，为这方面的文献研究做出了贡献。

为了简化符号，令 $\underline{\xi}_{it} \equiv (\xi_{it}, \xi_{i,t-1}, \cdots, \xi_{i1})$，其中 $\xi = Y, X, Z, V$。根据 Su 和 Lu（2013），我们假设 $E(\varepsilon_{it} \mid \underline{Y}_{i,t-1}, \underline{X}_{it}, \underline{V}_{it}) = 0$。且考虑一阶差分模型

$$\Delta Y_{it} = \Delta Z_{it}' \theta_0 + m(Y_{i,t-1}, X_{it}) - m(Y_{i,t-2}, X_{i,t-1}) + \Delta \varepsilon_{it} \quad (5.2)$$

其中，例如 $\Delta Y_{it} \equiv Y_{it} - Y_{i,t-1}$。显然，等式（5.2）中的一阶差分

模型具有一些重要特征。第一，等式（5.2）的部分线性结构包含了一个具有线性分量（$\Delta Z_{it}'\theta_0$）和两个加和形式非参数分量（（$m(Y_{i,t-1},X_{it})$ 和 $m(Y_{i,t-2},X_{i,t-1})$））。第二，两个加和形式的非参数分量有着相同的函数形式，那么有效估计应该考虑到这一特殊结构。事实上，如下文所示，这一特征，结合 ε_{it} 的鞅差序列条件（MDS，Martingale Difference Sequence），提供了基于一类包含有限维参数的第二类 Fredholm 积分方程隐式地求解 $m(\cdot)$ 的方法。第三，误差项 $\Delta\varepsilon_{it}$ 服从一阶不可逆的移动平均过程［MA（1）］，且通常与 $Y_{i,t-1}$ 和 Z_{it} 相关。如 Xiao 等（2003），Su 和 Ullah（2006b）以及 Gao 等（2006）文中提到的，尽管事实上很难通过最后一个特征来提高效率，但是由于一阶差分模型中的内生性问题，它使得基于边际积分的传统核估计或后向拟合（Backfitting）方法变得无效。另外，（5.2）式中出现的线性分量 Z_{it} 使得我们的模型不同于 Su 和 Lu（2013）中的模型，并且使我们的估计程序和渐近分析更加复杂。

在本书中，我们提出两种估计方法，它们都考虑了上述所有特征。第一种估计方法是基于第二类 Fredholm 积分方程的经验解的 θ_0 的半参数 GMM 估计和 $m(\cdot)$ 的核估计。第二种估计方法是通过 Sieve－IV 的方法在一步当中直接估计参数和非参数分量。如下文所述，我们的方法也可用于估计同时具有个体和时间固定效应的模型。

在允许（$Y_{i,t-1},Z_{it},V_{it},X_{it},\varepsilon_{it}$）沿时间维度存在异质性，并且在 ε_{it} 之间存在条件异方差的假设下，我们证明了两种方法对有限维参数的估计都具有一般参数的收敛速率且服从渐近正态分布。我们还推导出了非参数估计量在紧支集上的一致收敛速度，并在 N 趋向无穷大并保持 T 固定（如典型的微观面板数据模型一样）的框架下来建立其渐近正态分布。基于提出的估计量，我们还针对非参数分量是不是线性函数提出了一个非参数检验。通过蒙特卡洛模拟，我们检验了有限样本下的估计量和检验的表现。我们使用提出的模型来研究经济增长、经济增长的滞后项与知识产权（IPR）保护之间的关系。我们发现一个国家的经济增长率与其滞后值之间的关系具有非线性，并且经济增长率与知识产权保护之间存在显著正的非线性关系。

本书的剩余部分安排如下。在第二部分中，基于第二类 Fredholm 积分方程，我们介绍了 θ_0 的半参数 GMM 估计和 $m(\cdot)$ 的核估计，并研究它们的渐近性质。在第三部分中，我们讨论 θ 和 m 的 sieve－IV 估计，并研究其渐近性质。在第四部分中，我们提出对非参数分量的线性度的一种非参数检验。在第五部分中，我们进行了少量的蒙特卡洛模拟，以评估我们的估计量和检验在有限样本下的表现。在第六部分中，我们将我们的方法应用在真实数据上。在第七部分中包含了最后的评论总结。所有的技术细节，请参考 Su 和 Zhang（2015）的附录。

在整篇文章中，我们关注平衡面板。我们使用 $i = 1, \cdots, N$ 来表示个体，使用 $t = 1, \cdots, T$ 表示时间。通过将 N 扩展到无穷大并将 T 作为固定常数来建立所有的渐近理论。对于自然数 a 和 b，我们用 I_a 表示一个 $a \times a$ 的单位矩阵，用 $0_{a \times b}$ 表示 $a \times b$ 的零矩阵，用 l_a 表示 $a \times 1$ 维的单位向量。对 $l = 1, 2$，令 $T_l \equiv T - l$。对维度相同的向量 u 和 v，u/v 表示对应的分量相除。对实矩阵 B，令 $\|B\| \equiv \sqrt{\operatorname{tr}(B'B)}$ 表示它的 Frobenius 范数且 $\|B\|_{sp} \equiv \sqrt{\lambda_{\max}(B'B)}$ 为它的谱范数，其中 $\lambda_{\max}(\cdot)$ 是 · 的最大特征值。令 $P_B \equiv B(B'B)^{-}B$ 且 $M_B \equiv I - P_B$，其中 $(\cdot)^{-}$ 表示 Moore－Penrose 广义逆，I 是一单位矩阵。令 $\xrightarrow{p}$ 和 $\xrightarrow{d}$ 分别表示依概率收敛和依分布收敛。

第二节　有限维参数的半参数 GMM 估计和函数的核估计

在本节中，我们首先介绍基于第二类 Fredholm 积分方程的经验解的 θ 的半参数 GMM 估计和 $m(\cdot)$ 的核估计的基本思想，其次研究了估计量的收敛速度，并建立其渐近正态分布。

一　基本思想

定义 $E(\varepsilon_{it} \mid \underline{Y}_{i,t-1}, \underline{X}_{it}, \underline{V}_{it}) = 0$。根据期望迭代定理，我们有

$$E(\varepsilon_{it} \mid \underline{Y}_{i,t-1}, \underline{X}_{it}) = 0$$

基于观测值，我们可以得到如下的有条件矩：

$$E[\Delta Y_{it} - \Delta Z_{it}' \theta_0 - m(Y_{i,t-1}, X_{it}) + m(Y_{i,t-2}, X_{i,t-1}) \mid \underline{U}_{i,t-2}] = 0 \tag{5.3}$$

$i = 1, \cdots, N$，$t = 3, \cdots, T$，其中 $\underline{U}_{i,t-2} \equiv (U_{i,t-2}, U_{i,t-3}, \cdots, U_{i1})$ 且 $U_{it} \equiv (Y_{it}, X_{i,t+1}')'$。显然，对于大的 t，条件信息集 $\underline{U}_{i,t-2}$ 包含大量有效的 IV 来用于 $m(\cdot)$ 的局部非参数识别。但是出于技术原因和实际考虑，在非参数回归中使用 $\underline{U}_{i,t-2}$ 中的所有变量是不现实的。为了避免出现维度诅咒问题，我们考虑由 $\underline{U}_{i,t-2}$ 生成的 σ 代数中包含的一小部分变量作为 IV。本书仅使用 $U_{i,t-2}$ 作为工具变量，并将对非参数分量的估计中最优 IV 选择问题留作未来的研究。

接下来，我们定义一些符号。令 $\mathcal{U}$ 表示 $\mathbb{R}^{d_x+1}$ 的一个紧子集。我们假设 $U_{i,t-2}$ 在 $\mathcal{U}$ 上具有正的密度，且定义 $f_{t-2}(\cdot)$ 为给定事件 $U_{i,t-2} \in$

U 发生时 $U_{i,t-2}$ 的条件密度函数（PDF）。类似地，$f_{t-1|t-2}(\cdot|\cdot)$ 表示事件 $U_{i,t-2}\in U$ 发生时给定 $U_{i,t-2}$ 的$U_{i,t-1}$ 的条件概率密度函数。令

$$n\equiv\sum_{i=1}^{N}\sum_{t=1}^{T}1(U_{i,t-2}\in U),$$

$$n_{t-2}\equiv\sum_{i=1}^{N}1(U_{i,t-2}\in U),t\in\{3,\cdots,T\}$$

$1(\cdot)$ 是一般的指示函数。根据 Kinchin 大数定律（LLN），我们有 $n_{t-2}/N\xrightarrow{p}p_{t-2}\equiv P(U_{i,t-2}\in U)$ 和 $n/N\xrightarrow{p}\sum_{t=3}^{T}p_{t-2}\equiv p$。定义 $r_{t|t-2}^{[y]}(u)\equiv E(-\Delta Y_{it}\mid U_{i,t-2}=u)$ 和 $r_{t|t-2}^{[z]}(u)\equiv E(-\Delta Z_{it}\mid U_{i,t-2}=u)$。定义

$$f(u)\equiv\sum_{t=3}^{T}\frac{p_{t-2}}{p}f_{t-2}(u),$$

$$f(\bar{u}\mid u)\equiv\sum_{t=3}^{T}\frac{p_{t-2}}{p}f_{t-1|t-2}(\bar{u}\mid u),$$

$$r_y(u)\equiv\sum_{t=3}^{T}\frac{p_{t-2}}{p}r_{t|t-2}^{[y]}(u),$$

$$r_z(u)\equiv\sum_{t=3}^{T}\frac{p_{t-2}}{p}r_{t|t-2}^{[z]}(u)\text{ 和}\tag{5.4}$$

$$r_\theta(u)\equiv r_y(u)-r_z(u)'\theta。\tag{5.5}$$

此处，为了简化记号，我们抑制了 p, $f(u)$, $f(\bar{U}\mid u)$, $r_y(u)$, $r_z(u)$ 和 $r_\theta(u)$ 在 T 上的依赖性。

由式（5.3），对 $t=3,\cdots,T$，我们有

$$\begin{aligned}m(u)&=E[m(U_{i,t-1})\mid U_{i,t-2}=u]+E(-\Delta Y_{it}\mid U_{i,t-2}=u)\\&\quad-\theta_0'E(-\Delta Z_{it}\mid U_{i,t-2}=u)\\&=\int m(\bar{U})f_{t-1|t-2}(\bar{U}\mid u)d\bar{U}+r_{t|t-2}^{[y]}(u)-\theta_0'r_{t|t-2}^{[z]}\end{aligned}\tag{5.6}$$

在式（5.6）两端乘以 p_{t-2}/p 再关于 t 加总，可得

$$m(u) = \int m(\bar{u})f(\bar{u} \mid u)d\bar{u} + [r_y(u) - \theta_0' r_z(u)] \quad (5.7)$$

在某些正则条件下，对任意 $\theta \in \Theta$，在一个无限维的希尔伯特空间 $L_2(f)$ 中第二类 Fredholm 积分方程都有唯一解 $m_\theta(u)$：

$$m_\theta = A m_\theta + r_\theta, \quad (5.8)$$

其中 $A: L_2(f) \to L_2(f)$ 是一个有界线性算子，定义为对 $u \in U$，

$$Am(u) \equiv \int m(\bar{u})f(\bar{u} \mid u)d\bar{u} \quad (5.9)$$

且 $L_2(f)$ 的范数为 $\|m\|_2 \equiv [\int_U m(u)^2 f(u)du]^{1/2}$。令 I 表示单位算子，在本书稍后给出的某些条件下，$I - A$ 是可逆的，且

$$\sup_{\|m\|_2 \leqslant 1} \|(I - A)^{-1} m\|_2 < \infty \quad (5.10)$$

那么，给定 θ，式（5.8）的唯一解可表示为

$$m_\theta = (I - A)^{-1}(r_y - \theta' r_z) = m_y - \theta' m_z \quad (5.11)$$

其中 $m_y \equiv (I - A)^{-1} r_y$ 和 $m_z \equiv (I - A)^{-1} r_z$ 分别是

$$m(u) = Am(u) + r_y(u) \text{ 和 } m(u) = Am(u) + r_z(u) \quad (5.12)$$

的解。为了便于理论研究，我们将考虑以下辅助一阶差分回归模型：

$$\Delta Y_{it} = m_y(U_{i,t-1}) - m_y(U_{i,t-2}) + \eta_{y,it},$$

$$\Delta Z_{it,l} = m_{z_l}(U_{i,t-1}) - m_{z_l}(U_{i,t-2}) + \eta_{z_l,it}, \ l = 1, \cdots, d_z \quad (5.13)$$

其中 $Z_{it,l}$ 和 z_l 分别表示 Z_{it} 和 z 中第 l 个分量，误差项 $\eta_{y,it}$ 和 $\eta_{z_l,it}$ 满足

$E(\eta_{y,it} \mid U_{i,t-2}) = 0$，且 $E(\eta_{z_l,it} \mid U_{i,t-2}) = 0$。

在这些矩条件下，m_y 和 $m_z \equiv (m_{z_1}, \cdots, m_{z_d})'$ 显然是（5.13）所定义的第二类 Fredholm 积分方程的解。

注意到 m_θ 是关于 θ 线性的，给定 $m_y(u)$ 和 $m_z(u)$ 的估计值 $\widehat{m}_y(u)$ 和 $\widehat{m}_z(u)$，对任意 $\theta \in \Theta$，我们可以通过 $\widehat{m}_\theta(u) \equiv \widehat{m}_y(u) - \theta' \widehat{m}_z(u)$ 来估计 $m_\theta(u)$。下面，我们首先介绍如何基于局部多项式回归

获得估计 $\widehat{m}_y(u)$ 和 $\widehat{m}_z(u)$，然后基于某些识别条件来研究 θ 的半参数 GMM 估计。

二 半参数 GMM 估计

（一）$m_y(u)$ 和 $m_z(u)$ 的核估计

现在，我们研究如何估计 $m_y(u)$ 和 $m_z(u)$。假设 r_y，r_z 和 A 的非参数估计分别为 $\widehat{r}_y$，$\widehat{r}_z$ 和 $\widehat{A}$。则嵌入式（plug - in）估计量 $\widehat{m}_y(u)$ 和 $\widehat{m}_z(u)$ 分别为

$$\widehat{m}_y = \widehat{A}\,\widehat{m}_y + \widehat{r}_y \text{ 和 } \widehat{m}_z = \widehat{A}\,\widehat{m}_z + \widehat{r}_z \tag{5.14}$$

本书考虑 r_y，r_z 和 A 的局部多项式估计。令 $u \equiv (y, x')' \equiv (u_0, u_1, \cdots, u_{d_x})'$，其维度为 $(d_x + 1) \times 1$，其中 x 是一个 $d_x \times 1$ 维向量，y 是一个标量。用 $j \equiv (j_0, j_1, \cdots, j_{d_x})'$ 表示由非负整数构成的 $(d_x + 1) \times 1$ 维向量。根据 Masry（1996），我们采用如下符号：$u^j \equiv \prod_{i=0}^{d_x} u_i^{j_i}$，$j! \equiv \prod_{i=1}^{d_x} j_i!$，$|j| \equiv \sum_{i=0}^{d_x} j_i$，$\sum_{0 \leqslant |j| \leqslant q} \equiv \sum_{k=0}^{q} \sum_{j_0=0}^{k} \cdots \sum_{\substack{j_{d_x}=0 \\ j_0+j_1+\cdots+j_{d_x}=k}}^{k}$。令 $g_l \equiv \dfrac{(l + d_x)!}{l! d_x!}$ 为 $|j| = l$ 时的不同的 $(d_x + 1)$ 维元组 j 的数量。记 $G = \sum_{l=0}^{q} g_l$。令 $\mu_h(\cdot) = \mu(\cdot / h)$，其中 μ 是一个堆积函数，使得 $\mu_h(U_{i,t-2} - u)$ 表示 $[(U_{i,t-2} - u)/h]^j, 0 \leqslant |j| \leqslant q$ 按字典序堆积的 $G \times 1$ 维的向量。例如当 $q = 1$ 时，$\mu_h(u) = [1, (u/h)']'$。

为了估计 $r_y(u)$，我们考虑如下最小化问题：

$$\min_{\beta} \sum_{i=1}^{N} \sum_{t=3}^{T} \left[-\Delta Y_{it} - \sum_{0 \leqslant |j| \leqslant q} \beta_j' \left(\frac{U_{i,t-2} - u}{h} \right)^j \right]^2 K_h(U_{i,t-2} - u) 1(U_{i,t-2} \in U), \tag{5.15}$$

其中，β 是由 β_j（$0 \leqslant |j| \leqslant q$）按字典序堆积而成的向量，$K_h(u) = h_0^{-1}k(y/h_0) \times \prod_{j=1}^{d_x} h_j^{-1}k(x_j/h_j)$，$u \equiv (y, x')'$，$k(\cdot)$ 是一个单变量的概率密度函数（PDF），且 $h = (h_0, h_1, \cdots, h_{d_x})'$ 是带宽向量，满足：当 $N \to \infty$ 时，它的每个分量都收敛到0。注意在式（5.16）中，我们用一个指示函数 $1(\cdot)$ 来限制落入紧支集 U 的有效观测。和 Robinson 等（1999），Mammen 等（2009），以及 Su 和 Lu（2013）的做法一致，我们的估计量仅仅使用了当协变量 $U_{i,t-2}$ 属于紧支集 U 时的观测值。当 $U_{i,t-2}$ 是定义在无穷区间上的情况下，这一处理极大地方便了估计量的渐近性质的研究。如果 $U_{i,t-2}$ 取值范围不是紧的，则不需要这种处理。

令 $\widehat{r}_y(u)$ 表示上述最小化问题的解的第一个分量，即

$$\widehat{r}_y(u) = -e_1'[S_{NT}(u)]^{-1}\frac{1}{n}\sum_{i=1}^{N}\sum_{t=3}^{T} 1_{it}K_h(U_{i,t-2}-u)\mu_h(U_{i,t-2}-u)\Delta Y_{it}$$

$$= \frac{-1}{n}\sum_{i=1}^{N}\sum_{t=3}^{T} K_{it}(u)\Delta Y_{it} \tag{5.16}$$

其中，$e_1 \equiv (1, 0, \cdots, 0)'$ 是一个 $G \times 1$ 维向量，$1_{it} \equiv 1(U_{i,t-2} \in U)$，

$$S_{NT}(u) \equiv \frac{1}{n}\sum_{i=1}^{N}\sum_{t=3}^{T} 1_{it}K_h(U_{i,t-2}-u)\mu_h(U_{i,t-2}-u)\mu_h(U_{i,t-2}-u)'$$

$$K_{it}(u) \equiv 1_{it}K_h(U_{i,t-2}-u)\mu_h(U_{i,t-2}-u)\mu_h(U_{i,t-2}-u)' \tag{5.17}$$

类似地，我们用

$$\widehat{A m_y}(u) = \frac{1}{n}\sum_{i=1}^{N}\sum_{t=3}^{T} K_{it}(u)m_y(U_{i,t-1}) \tag{5.18}$$

来估计 $A m_y(u)$。

在代数运算中，如果满足式（5.10），由式（5.12）的第一部分可推出 $m_y \equiv (I-A)^{-1}r_y = \sum_{j=0}^{\infty} A^j r_y$。Rust（2000）讨论了几种求解积

分方程的方法，包括迭代和非迭代方法；另见 Linton 和 Mammen（2005）与 Darolles 等（2011）中的扩展讨论。迭代法依赖如下事实：从任意起始点 $m_y^{(0)}$ 开始，近似序列

$$m_y^{(l)} = A\, m_y^{(l-1)} + r_y, l = 1,2,\cdots \tag{5.19}$$

最终会收敛到真实值；详见 Kress（1997）中的定理 2.10。如 Su 和 Lu（2013）提到的，初始估计量可以采取第四部分中的 Sieve - IV 估计量。如果 $\widehat{A}$ 和 $\widehat{r}_y$ 分别足够接近 A 和 r_y，则

$$\widehat{m}_y^{(l)} = \widehat{A}\, \widehat{m}_y^{(l-1)} + \widehat{r}_y, l = 1,2,\cdots \tag{5.20}$$

是收敛到 m_y 的。非迭代方法涉及求解方程的线性系统，使用局部多项式估计来替换式（5.12）中的未知条件期望

$$\widehat{m}_y(u) - \frac{1}{n}\sum_{i-1}^{N}\sum_{t-3}^{T} K_{js}(u)\,\widehat{m}_y(U_{j,s-1}) = - \frac{1}{n}\sum_{i=1}^{N}\sum_{t=3}^{T} K_{js}(u)\Delta Y_{js} \tag{5.21}$$

在 $u = U_{i,t-1}, i = 1,\cdots,N, t = 2,\cdots,T$ 时，计算式（5.21）生成如下具有 $N T_2$ 个方程和 $N T_2$ 个未知数的线性方程组：

$$\widehat{M}_y - K\widehat{M}_y = - KY \tag{5.22}$$

其中

$$\widehat{M}_y \equiv [\widehat{m}_y(U_{12}),\cdots,\widehat{m}_y(U_{1,T-1}),\cdots,\widehat{m}_y(U_{N2}),\cdots,\widehat{m}_y(U_{N,T-1})]',$$

$$Y \equiv (\Delta Y_{13},\cdots,\Delta Y_{1T},\cdots,\Delta Y_{N3},\cdots,\Delta Y_{NT})',$$

$$Z \equiv (\Delta Z_{13}',\cdots,\Delta Z_{1T}',\cdots,\Delta Z_{N3}',\cdots,\Delta Z_{NT}')',$$

$$K \equiv \frac{1}{n}\begin{bmatrix} K_{13}(U_{12}) & \cdots & K_{NT}(U_{12}) \\ \vdots & \ddots & \vdots \\ K_{13}(U_{N,T-1}) & \cdots & K_{NT}(U_{N,T-1}) \end{bmatrix}。$$

上述线性方程组的解可由 $\widehat{M}_y = -(I_{NT_2} - K)^{-}KY$ 给出。对于任意 $u \in$

U, 我们可以基于式（5.21）来估计 $\widehat{m}_y(u)$。迭代估计量与非迭代估计量式渐近等价。然而，非迭代估计量包含了 $NT_2 \times NT_2$ 维矩阵的逆，当 NT_2 很大时，例如 $NT_2 \geqslant 1000$, 估计结果会不稳定。对于更多关于算法的讨论，详见 Linton 和 Mammen（2005）中的第 3.3 节。

通过相同的算法（迭代和非迭代），可以获得 $m_Z \equiv (m_{z_1}, \cdots, m_{zd_z})$ 的估计量 $\widehat{m}_z \equiv (\widehat{m}_{z1}, \cdots, \widehat{m}_{zd_z})$。那么，对任意给定 $\theta \in \Theta$, $m_\theta = m_y - \theta' m_z$ 的估计量为 $\widehat{m}_\theta = \widehat{m}_y - \theta' \widehat{m}_z$。

（二）θ 的半参数 GMM 估计

令 $\Delta \varepsilon_{it}(\theta) = \Delta Y_{it} - \Delta Z_{it}'\theta - [m_\theta(U_{i,t-1}) - m_\theta(U_{i,t-2})]$。根据式（5.12），

$$\begin{aligned}
\Delta \varepsilon_{it}(\theta) &= [\Delta Y_{it} - m_y(U_{i,t-1}) + m_y(U_{i,t-2})] \\
&\quad - \theta'[\Delta Z_{it} - m_z(U_{i,t-1}) + m_z(U_{i,t-2})] \\
&= \eta_{y,it} - \theta' \eta_{z,it}
\end{aligned} \tag{5.23}$$

其中，$\eta_{y,it} \equiv \Delta Y_{it} - \Delta m_{y,it}$, $\eta_{z,it} \equiv \Delta Z_{it} - \Delta m_{z,it}$, $\Delta m_{a,it} = m_{a,it} - m_{a,i,t-1}$, $m_{a,it} \equiv m_a(U_{i,t-1})$, 此处 $a = y, z, \theta$。注意到 $\Delta \varepsilon_{it} = \Delta \varepsilon_{it}(\theta_0)$。原则上，可以通过考虑对 $\eta_{y,it}$ 和 $\eta_{z,it}$ 的回归来获得 θ 的不可行估计。但是，内生性问题使得估计难度增加。为了更清楚地看到这个问题，观察到

$$\begin{aligned}
&E(\Delta \varepsilon_{it} \eta_{z,it}) \\
&= E(\varepsilon_{it} Z_{it}) + E(\varepsilon_{i,t-1}, Z_{i,t-1}) - E(\varepsilon_{i,t-1} Z_{it}) \\
&+ E[\varepsilon_{i,t-1} m_z(U_{i,t-1})] - E(\varepsilon_{it} Z_{i,t-1}) - E[\varepsilon_{it} m_z(U_{i,t-2})] \\
&+ E[\varepsilon_{i,t-1} m_z(U_{i,t-2})] - E[\varepsilon_{it} m_z(U_{i,t-1})] \\
&= E(\varepsilon_{it} Z_{it}) + E(\varepsilon_{i,t-1} Z_{i,t-1}) - E(\varepsilon_{i,t-1} Z_{it}) \\
&- E(\varepsilon_{it} Z_{i,t-1}) + E[\varepsilon_{i,t-1} m_z(U_{i,t-1})]。
\end{aligned}$$

在鞅差条件假设下，我们有 $E(\varepsilon_{it} \mid \underline{Y}_{i,t-1}, \underline{X}_{it}, \underline{V}_{it}) = 0$，那么，对任意整数 $s \geqslant 1$ 都有 $E[\varepsilon_{it} m_z(U_{i,t-s})] = 0$。如果 Z_{it} 包含内生变量，最后一个等式中的五项都不会消失。即使 Z_{it} 是严格外生的，根据模型的动态性，有 $E(\Delta\varepsilon_{it}\eta_{z,it}) = E[\varepsilon_{i,t-1} m_z(U_{i,t-1})] \neq 0$。因此，一般情况下 $E(\Delta\varepsilon_{it}\eta_{z,it}) \neq 0$，并且我们需要找到一个 $d_w \times 1$（$d_w \geqslant d_z$）维的工具变量 W_{it} 来相合地估计 θ。作为有效的 IV，我们需要 W_{it} 与 $\Delta\varepsilon_{it}$ 正交，且与 $\eta_{z,it}$ 相关。给定 MDS 的假设，有效 IV 的集合可能很大，因此最优的 IV 选择是很困难的。给定 Z_{it} 的工具变量 V_{it}，满足 $E(V_{it}\varepsilon_{it}) = 0$ 且 $E(V_{it}Z_{it}') \neq 0$。在本书中，我们建议选择 $W_{it} \equiv (V_{i,t-1}', U_{i,t-2}')'$ 作为 $\eta_{z,it}$ 的 IV，并将最优 IV 的选择留作未来的研究。注意

$$E(\Delta\varepsilon_{it} W_{it}) = 0 \tag{5.24}$$

令 $\zeta_{it} = (\Delta Y_{it}, \Delta Z_{it}', U_{i,t-1}', U_{i,t-2}', W_{it}')'$ 和 $\widehat{\xi}(\cdot) = [\widehat{m}_y(\cdot), \widehat{m}_z(\cdot)]$。定义 $\widehat{\eta}_{y,it} = \Delta Y_{it} - \widehat{m}_{y,it} + \widehat{m}_{y,i,t-1}$ 和 $\widehat{\eta}_{z,it} = \Delta Z_{it} - \widehat{m}_{z,it} + \widehat{m}_{z,i,t-1}$，其中 $\widehat{m}_{a,it} = \widehat{m}_a(U_{i,t-1})$，$a = y, z$。令 $\tilde{1}_{it} = 1(U_{i,t-1} \in \mathcal{U})1(U_{i,t-2} \in \mathcal{U})$ 和 $\tilde{W}_{it} = \tilde{1}_{it} W_{it}$。通过式（5.23）和（5.24），定义 θ_0 的半参数 GMM 估计量 $\widehat{\theta}_{gmm}$：

$$\widehat{\theta}_{gmm} = \underset{\theta \in \Theta}{\operatorname{argmin}} \| Q_{NT}(\theta, \widehat{\xi}) \|_{A_{NT}} \tag{5.25}$$

其中 $\|b\|_{A_{NT}} = b' A_{NT} b$，$A_{NT}$ 是一个对称且渐近正定的 $d_w \times d_w$ 维矩阵，b 是一个 $d_w \times 1$ 维的向量，$Q_{NT}(\theta, \xi) = \frac{1}{\tilde{n}} \sum_{i=1}^{N} \sum_{t=3}^{T} q(\zeta_{it}, \theta, \xi)$，$\tilde{n} = \sum_{i=1}^{N} \sum_{t=3}^{T} \tilde{1}_{it}$，$\xi(\cdot) = [m_y(\cdot), m_{z1}(\cdot), \cdots, m_{zd_z}(\cdot)]$，且

$$\begin{aligned} q(\zeta_{it}, \theta, \xi) &= (\eta_{y,it} - \theta' \eta_{z,it}) \tilde{W}_{it} \\ &= \{[\Delta Y_{it} 0 m_y(U_{i,t-1}) + m_y(U_{i,t-2})] \end{aligned}$$

$$-\theta'[\Delta Z_{it}-m_z(U_{i,t-1})+m_z(U_{i,t-2})]\}\tilde{1}_{it}W_{it}$$

注意 $q(\zeta_{it},\theta,\hat{\xi})=(\hat{\eta}_{y,it}-\theta'\hat{\eta}_{z,it})\tilde{W}_{it}$ 并且由于技术原因，我们在上面的步骤中已经限制了观测值需满足 $U_{i,t-1}\in U$ 和 $U_{i,t-2}\in U$。显然地，

$$\hat{\theta}_{gmm}=(\hat{\eta}_z'\tilde{W}A_{NT}\tilde{W}'\hat{\eta}_z)^{-1}\hat{\eta}_z'\tilde{W}A_{NT}\tilde{W}'\hat{\eta}_y,$$

其中 $\tilde{W}\equiv(\tilde{W}_1',\cdots,\tilde{W}_N')'$，$\tilde{W}_i\equiv(\tilde{W}_{i3},\cdots,\tilde{W}_{iT})'$，$\hat{\eta}_a\equiv(\hat{\eta}_{a,1}',\cdots,\hat{\eta}_{a,N}')'$，且 $\hat{\eta}_{a,i}\equiv(\hat{\eta}_{a,i3},\cdots,\hat{\eta}_{a,iT})'$，$a=y,z$。由于 $A_{NT}=(\frac{1}{\tilde{n}}\tilde{W}'\tilde{W})^{-1}$，$\hat{\theta}_{gmm}$ 成了两阶段最小二乘估计量（2SLS）：

$$\hat{\theta}_{2SLS}=(\hat{\eta}_z'P_{\tilde{W}}\hat{\eta}_z)^{-1}\hat{\eta}_z'P_{\tilde{W}}\hat{\eta}_y \tag{5.26}$$

其中，$P_{\tilde{W}}\equiv\tilde{W}(\tilde{W}'\tilde{W})^{-1}\tilde{W}'$。对 $a=y,z$，定义 $\eta_{a,i}\equiv(\eta_{a,i3},\cdots,\eta_{a,iT})'$，且 $\eta_a\equiv(\eta_{a,1}',\cdots,\eta_{a,N}')'$。那么，$\theta_0$ 的不可行（infeasible）半参数 GMM 估计量为

$$\tilde{\theta}_{gmm}=(\hat{\eta}_z'\tilde{W}A_{NT}\tilde{W}'\hat{\eta}_z)^{-1}\hat{\eta}_z'\tilde{W}A_{NT}\tilde{W}'\hat{\eta}_y \tag{5.27}$$

在一些正则条件下，我们可以证明，$\hat{\theta}_{gmm}$ 和 $\tilde{\theta}_{gmm}$ 服从具有不同渐近方差的渐近正态分布。

（三）$m(u)$ 的最终估计量

到目前为止，为了简单符号，我们已经省略可行估计（$\hat{m}_y$，$\hat{m}_z$，$\hat{\theta}_{gmm}$）对带宽向量 $h=(h_0,h_1,\cdots,h_{d_x})$ 的依赖。如将看到的，要获得 $\hat{\theta}_{gmm}$ 的 $\sqrt{\tilde{n}}$ 的一致性，我们需要使用平滑不足（under-smoothing）的带宽（见假设 A.6）。对于非参数函数 $m(u)$ 的估计，遵循已有的大量文献，我们建议使用估计的最佳带宽。为了避免混淆，我们用 $b=(b_0,b_1,\cdots,b_{d_x})$ 来表示这一带宽。因此，当带宽 h 被 b 替代时，我们

使用 $\widehat{m}_y^b$ 和 $\widehat{m}_z^b$ 来替代 $\widehat{m}_y^h$ 和 $\widehat{m}_y^h$。

对于任意的 $u \in U$，将估计量 $\widehat{\theta}_{gmm}$ 代入 $\widehat{m}_\theta(u)$ 中，我们可以定义

$$\widehat{m}_{\widehat{\theta}_{gmm}}^b(u) \equiv \widehat{m}_y^b(u) - \widehat{m}_z^b(u)' \widehat{\theta}_{gmm}。$$

由于模型（5.2）不能识别 $m(\cdot)$ 的位置参数，因此，我们需要额外的识别条件。在下一小节的假设下 [A1（i）-（ii）]，我们采取 $E[m(U_{i,t-1})] = E(Y_{it} - Z_{it}' \theta_0)$ 作为识别条件。这促使我们中心化 $\widehat{m}_{\widehat{\theta}_{gmm}}^b(u)$ 来获取合适的估计量：

$$\widehat{m}_{\widehat{\theta}_{gmm}}^b(u) + \frac{1}{NT_1}\sum_{i=1}^{N}\sum_{t=2}^{T}[Y_{it} - Z_{it}' \widehat{\theta}_{gmm} - \widehat{m}_{\widehat{\theta}_{gmm}}^b(U_{i,t-1})]。$$

三 估计量的渐近性质

令 $Y_i \equiv (Y_{i1},\cdots,Y_{iT})'$。类似地，定义 Z_i、V_i、X_i 和 ε_i。回忆 $\eta_{y,it} = \Delta Y_{it} - \Delta m_{y,it}$，$E(\eta_{y,it} \mid U_{i,t-2}) = 0$，$\eta_{z,it} = \Delta Z_{it} - \Delta m_{z,it}$ 且 $E(\eta_{z_l,it} \mid U_{i,t-2}) = 0$。令 $\sigma_{\varepsilon,t-2}^2(u) \equiv Var(\Delta\varepsilon_{it} \mid U_{i,t-2} = u)$，$\sigma_{y,t-2}^2(u) \equiv Var(\eta_{y,it} \mid U_{i,t-2} = u)$ 且对 $l = 1,\cdots,d_z$，$\sigma_{z,t-2}^2(u) \equiv Var(\eta_{z_l,it} \mid U_{i,t-2} = u)$。若 q 为奇数，令 $\bar{q} = q$；若 q 为偶数，则为 $q+1$。我们对 $\{Y_{it}, X_{it}, Z_{it}, V_{it}, \alpha_i, \varepsilon_{it}\}$、未知函数 m、核函数 k 和带宽 b 做出如下假设。

假设 A1（i）对 $i = 1,\cdots,N$，$(Y_i, X_i, Z_i, V_i, \alpha_i, \varepsilon_i)$ 是 IID 的，$E(\alpha_i) = 0$；

（ii）$E(\varepsilon_{it} \mid \underline{Y}_{i,t-1}, \underline{X}_{it}, \underline{V}_{it}) = 0$；

（iii）PDF$f(\cdot)$ 在 U 上是一致有界且恒大于 0；

（iv）存在 $C_y, C_z < \infty$，使得 $\|m_y\|_2 \leqslant C_y$ 和 $\max_{1\leqslant l\leqslant d_z} \|m_{z_l}\|_2 \leqslant C_z$；

（v）对所有 $m \in L_2(f)$ 且 $m \neq 0$，$\int_U [m(\bar{U}) - m(u)]^2 f(u) f\bar{U} | u) d\bar{U} du > 0$；

(vi) $\int_U \int \left[\frac{f(\bar{U} \mid u)}{f(\bar{U})}\right]^2 f(\bar{U}) f(u) d\bar{U} du < \infty$；

(vii) $\sup_{\|m\|_2 \leq 1} \sup_{u \in U} \int |m(\bar{U})| f(\bar{U} \mid u) d\bar{U} < \infty$。

假设 A2 (i) 对 $t = 3, \cdots, T$，$f_{t-2}(\cdot)$ 在 U 上具有一致连续的 $\bar{q}+1$ 阶偏导数；

(ii) $m_y(\cdot)$ 和 $m_z(\cdot)$ 在 U 上具有一致连续的 $\bar{q}+1$ 阶偏导数；

(iii) 对 $t = 3, \cdots, T$，$\sigma^2_{\varepsilon,t-2}(\cdot)$，$\sigma^2_{y,t-2}(\cdot)$，$\sigma^2_{zl,t-2}(\cdot)$，$l = 1, \cdots, d_z$，在 U 上具有一致连续的二阶导数。

假设 A3 核函数 k：$\mathbb{R} \to \mathbb{R}$ 是一个具有紧支撑集的对称连续的 PDF。

假设 A4 令 $h! \equiv \prod_{l=0}^{d_x} h_l$ 且 $\|h\|^2 \equiv \sum_{l=0}^{d_x} h_l^2$。$T$ 固定，随着 $N \to \infty$，$\|h\| \to 0$，$Nh!/\log N \to \infty$，$N\|h\|^{2(\bar{q}+1)} h! \to C \in [0, \infty]$。

假设 A1 – A4 与 Su 和 Lu（2013）中的假设 A.1 – A.4 类似。A1 (i) 排除了横截面相关性，但是允许时间序列 $\{Y_{it}, X_{it}, Z_{it}, V_{it}, \varepsilon_{it}\}_{t=1}^T$ 具有非平稳性。后者允许观察到的数据具有随时间变化的边际或者转移密度函数。A1 (ii) 对 $\{X_{it}, V_{it}\}$ 施加了序贯的外生性。如典型的局部多项式所要求，A1 (iii) 要求 $f(\cdot)$ 在 U 上定义良好。A1 (iv) 在 $m(U_{i,t-1})$ 上施加了有限的二阶矩，因此可以很好地定义 $L_2(f)$。A1 (v) 对回归函数 $m(\cdot)$ 及混合密度函数 $f(\cdot)$ 和 $f(\cdot|\cdot)$ 的函数形式进行假设。它确保算子 $I-A$ 是一对一的，且式（5.10）成立。A1 (vi) 要求在混合转移密度函数 $f(\cdot|\cdot)$ 下 $U_{i,t-1}$ 和 $U_{i,t-2}$ 之间没有特别大的相关性，并且它保证了算子 A 式希尔伯特 – 施密特和 fortiori 紧集（更多讨论，请参见 Carrasco 等，2007）。A1 (vii) 给出算子 A 上的容易验证的限制。例如，如果 $\int m(u)^2 f(u) du < \infty$，$\sup_{u \in U} \int f(\bar{U} \mid u)^2 / f(\bar{U}) d\bar{U} <$

∞, 根据柯西 - 施瓦茨不等式，A1（vii）成立。

假设 A2 主要指定了 $f_{t-2}, m_y, m_z, \sigma^2_{\varepsilon,t-2}, \sigma^2_{y,t-2}, \sigma^2_{zl,t-2}$ 的平滑条件。假设 A3 要求核 k 是紧支撑的。当然，该要求是可以放松的。假设 A.4 指定了带宽和局部多项式的阶数（order）q 的选择需要满足的条件。当核函数 k 是对称的，我们将应用如下事实：如果 q 是奇数，则 q 阶局部多项式回归的误差为 $O(\|h\|^{q+1})$；如果 q 为偶数，则误差为 $O(\|h\|^{q+2})$。参见 Li 和 Racine（2007）的第 90—91 页。

令 $D_{m_\theta,it}(u) \equiv m_\theta(U_{i,t-2}) - m_\theta(u) - \sum_{1\leq |j| \leq q} \frac{1}{j!} m_\theta^{(j)}(u)(U_{i,t-2} - u)^j$。

定义

$$B_{\theta,NT}(u) \equiv \frac{1}{n}\sum_{i=1}^{N}\sum_{t=3}^{T} K_{it}(u) D\, m_{\theta,it}(u) \text{ 和 } V_{\theta,NT}(u) \equiv \frac{1}{n}\sum_{i=1}^{N}\sum_{t=3}^{T} K_{it}(u) \eta_{\theta,it}, \tag{5.28}$$

其中

$$\overline{K}_{it}(u) \equiv e_1'[\bar{S}_{NT}(u)]^{-1} 1_{it} K_h(U_{i,t-2} - u)\mu_h(U_{i,t-2} - u) \tag{5.29}$$

和 $\bar{S}_{NT}(u) \equiv E[S_{NT}(u)]$。注意，在 $V_{\theta,NT}$ 和 $B_{\theta,NT}$ 的定义中使用了非随机项 $\bar{S}_{NT}(u)$ 来进行渐近分析。类似地，在（5.28）中，用 $a = y, z_1, \cdots, z_{d_z}$ 代替 θ, 可以定义 $V_{a,NT}$ 和 $B_{a,NT}$。根据标准的局部多项式回归理论（如 Masry，1996；Hansen，2008），有

$$\sup_{\theta\in\Theta}\sup_{u\in U}|B_{\theta,NT}(u)| = O_p(\|h\|^{\tilde{q}+1}) \text{ 和 }$$

$$\sup_{\theta\in\Theta}\sup_{u\in U}|V_{\theta,NT}(u)| = O_p((\log n)^{\frac{1}{2}}(nh!)^{-\frac{1}{2}}) \tag{5.30}$$

当 $a = y, z_1, \cdots, z_{d_z}$ 时，$V_{a,NT}$ 和 $B_{a,NT}$ 也有类似的结论。

下面的定理描述了 $\widehat{m}_a(u), a = y, z_1, \cdots, z_{d_z}$ 和 $\widehat{m}_\theta(u)$ 的 Bahadur 型表示方式，确保高阶项在以后的研究中渐近可忽略。

定理5.1　假设A1－A4成立，则

（i）对 $a = y, z_1, \cdots, z_{d_z}$，

$$\sup_{u \in U} | \hat{m}_a(u) - m_a(u) - (I - A)^{-1} V_{a,NT}(u) - (I - A)^{-1} B_{a,NT}(u) | = O_p(v_n^2);$$

（ii）对于 $\hat{m}_\theta(u)$，

$$\sup_{\theta \in \Theta} \sup_{u \in U} | \hat{m}_\theta(u) - m_\theta(u) - (I - A)^{-1} V_{\theta,NT}(u) - (I - A)^{-1} B_{\theta,NT}(u) | = O_p(v_n^2),$$

其中 $v_n \equiv (nh!)^{-1/2} (\log n)^{1/2} + \|h\|^{\bar{q}+1}$。

注5.1　定理5.1（i）中的结果与Su和Lu（2013）中定理2.1当 $a = y$ 的结果类似。特别地，$(I - A)^{-1} V_{y,NT}(u)$ 和 $(I - A)^{-1} B_{y,NT}(u)$ 分别为 $\hat{m}_y(u)$ 的渐近方差和偏误项。用我们的符号来表示，Su和Lu（2013）证明了

$$\sup_{u \in U} | \hat{m}_y(u) - m_y(u) - V_{y,NT}(u) - (I - A)^{-1} B_{y,NT}(u) = O_p[n^{-\frac{1}{2}} (\log n)^{\frac{1}{2}} + v_n^2]。$$

他们的估计量和我们的估计量具有相同结构的渐近偏误项，但是渐近方差不同。可以观察到 $(I - A)^{-1} = I + A(I - A)^{-1}$，对于 $a = y$ 的情况，定理5.1（i）中的方差项可以分解为两项：

$$(I - A)^{-1} V_{y,NT}(u) = V_{y,NT}(u) + A(I - A)^{-1} V_{y,NT}(u) \qquad (5.31)$$

第一项 $V_{y,NT}(u)$ 代表局部多项式回归的通常方差项，对每个固定的 $u \in U$，它的随机阶数为 $O_p[(nh!)^{-1/2}]$，对整个 U 而言一致的随机阶数为 $O_p((\log n)^{1/2}(nh!)^{-1/2})$。第二项 $A(I - A)^{-1} V_{y,NT}(u)$ 频繁地在基于求解第二类Fredholm积分方程的核估计中出现（参见例如Linton和Mammen，2005；Su和Lu，2013），对每个固定的 $u \in U$ 阶数为 $O_p(n^{-1/2})$，对整个 U 而言一致的阶数为 $O_p((\log n)^{1/2}(n)^{-1/2})$。显然，

第二项的阶数比第一项的阶数要小，因此，Su 和 Lu（2013）在研究非参数动态面板数据模型的核估计时忽略了这一项。尽管它并不影响 $m(u)$ 的非参数估计量 $\widehat{m}_{\widehat{\theta}_{gmm}}(u)$ 的渐近方差，但由于它有助于计算 θ 的半参数 GMM 估计量 $\widehat{\theta}_{gmm}$ 的渐近方差，我们将第二项保留在式（5.28）中。与 Su 和 Lu（2013）一样，定理 5.1（i）中的渐近误差反映了迭代过程中不断积累的误差。

为了研究 $\widehat{\theta}_{gmm}$ 的渐近正态性质，我们需要介绍更多的符号。令 $Q_{NT,wz} \equiv \tilde{n}^{-1}\sum_{i=1}^{N}\sum_{t=3}^{T} W_{it}\,\eta_{z,it}'\,\tilde{1}_{it}$ 且 $Q_{wz} \equiv E(Q_{NT,wz})$。定义算子 $L(\bar{U},u)$ 为

$$(I-A)^{-1}m(u) = \int_U L(u,\bar{U})m(\bar{U})f(\bar{U})d\bar{U},$$

令 $\bar{L}(v,u) \equiv \int_U L(u,\bar{U})1(v\in U)\,e_1'\,\bar{S}_{NT}(\bar{U})^{-1}\mu_h(v-\bar{U})K_h(v-\bar{U})d\bar{U}$。

注意当 $q=1$ 时，$\bar{L}(v,u) \equiv \int_U L(u,\bar{U}) \times 1(v\in U)\,K_h(v-\bar{U})d\bar{U}$。

令 $\chi_{a,i} = (U_{i1}',\cdots,U_{iT}',W_{i3}',\cdots,W_{iT}',\eta_{a,i3},\cdots,\eta_{a,iT})$。对 $a=y,z_1,\cdots,z_{d_z}$，定义

$$\varphi_1(\chi_{a,i}) = \frac{-N(N-1)}{2n\tilde{n}}\sum_{s=3}^{T}\sum_{t=3}^{T} E_j\{[\bar{L}(U_{it},U_{j,s-1})-\bar{L}(U_{it},U_{j,s-2})]\,\tilde{1}_{js}\,W_{js}\}\,\eta_{a,it} \tag{5.32}$$

其中 E_j 表示对下标 j 的变量的期望。令 $\varphi_{1,z}(\chi_{z,i}) = [\varphi_1(\chi_{z1,i}),\cdots,\varphi_1(\chi_{zd_z,i})]$。注意，$\varphi_1(\chi_{y,i})$ 和 $\varphi_{1,z}(\chi_{z,i})$ 的维度分别为 $d_w\times 1$ 和 $d_w\times d_z$，它们反映了用核估计量 $\widehat{\eta}_{y,it}$ 和 $\widehat{\eta}_{z,it}$ 替代式（5.23）中的 $\eta_{y,it}$ 和 $\eta_{z,it}$ 所带来的估计误差。

我们添加如下假设。

假设 A5（i）随着 $N\to\infty$，$A_{NT}\xrightarrow{p}A>0$ 且 $Q_{NT,wz}\xrightarrow{p}Q_{wz}$，$Q_{wz}$ 是满秩

的，且秩为 d_z；

(ii) $\max_{3\leqslant t\leqslant T}E\|\tilde{W}_{it}\|<\infty$；

(iii) $\dfrac{1}{\sqrt{\tilde{n}}}\tilde{W}'\Delta\varepsilon+\dfrac{\sqrt{\tilde{n}}}{N}\sum_{i=1}^{N}[\varphi_1(\chi_{y,i})-\varphi_{1,z}(\chi_{z,i})\theta_0]\xrightarrow{d}N(0,\Omega_0)$。

假设 A6 随着 $N\to\infty$，$N\|h\|^{2(\bar{q}+1)}\to 0$ 且 $N(h!)^2/(\log N)^2\to\infty$。

假设 A5（i）－（ii）在 GMM 文献中是标准的。如果选择 $A_{NT}=(\tilde{n}^{-1}\tilde{W}'\tilde{W})^{-1}$，可以得到 $Q_{NT,w}\equiv\tilde{n}^{-1}\sum_{i=1}^{N}\sum_{t=3}^{T}W_{it}W_{it}'\tilde{1}_{it}\xrightarrow{p}E(Q_{NT,w})>0$。A5（iii）是一个较高水平的条件，但是在不同模型假设下是可以验证的。令 $\xi_{i,N}=\sum_{t=3}^{T}\tilde{W}_{it}\Delta\varepsilon_{it}+[\varphi_1(\chi_{y,i})-\varphi_{1,z}(\chi_{z,i})\theta_0]$。在大 N 和小 T 的框架下，一组确保 A5（iii）成立的条件为：（i）$\xi_{i,N}$ 在截面个体 i 之间相互独立且 $E(\xi_{i,N})=0$；（ii）对一些 $C<\infty$和 $\delta>0$，$E\|\xi_i\|^{2+\delta}<C$。零均值限制条件很容易满足。复杂之处在于验证 $\varphi_1(\chi_{y,i})$ 和 $\varphi_{1,z}(\chi_{z,i})$ 的矩条件，而且很难获得更原始的条件。由于当 $a=y,z$ 时在 θ 的半参数估计中使用了 $\hat{\eta}_{a,it}$，$\varphi_1(\chi_{y,i})-\varphi_{1,z}(\chi_{z,i})\theta_0$ 这一项表示参数估计的误差（parametric estimation error，PEE）。A6 的第一部分要求在非参数估计中使用欠平滑带宽，以便消除渐近偏差对第二阶段参数估计的影响，并且第二部分确保 $\tilde{n}v_n^2=o_p(1)$。

下面的定理建立了 $\hat{\theta}_{gmm}$ 的渐近正态分布。

定理 5.2　在假设 A1－A6 的条件下，我们有

$$\sqrt{\tilde{n}}(\hat{\theta}_{gmm}-\theta_0)\xrightarrow{d}N(0,(Q_{wz}'A\,Q_{wz})^{-1}Q_{wz}'A\,\Omega_0A\,Q_{wz}(Q_{wz}'A\,Q_{wz})^{-1})\tag{5.33}$$

注 5.2　我们基于半参数 GMM 估计量 $\hat{\theta}_{gmm}$ 和定理 5.1 证明了上述定理。正如预期的那样，$\hat{\theta}_{gmm}$ 以一般的参数速率 $\tilde{n}^{\frac{-1}{2}}$ 收敛到 θ_0，但是渐

近方差却与不可行 $\tilde{\theta}_{gmm}$ 不同，原因在于我们可以证明

$$\sqrt{\tilde{n}}(\tilde{\theta}_{gmm}-\theta_0)\xrightarrow{d}N(0,(Q_{wz}^{'}A\,Q_{wz})^{-1}\,Q_{wz}^{'}A\,\Omega_0^{*}A\,Q_{wz}(Q_{wz}^{'}A\,Q_{wz})^{-1}),$$

其中 $\Omega_0^{*}\equiv\lim_{N\to\infty}\frac{1}{\tilde{n}}Var(\tilde{W}^{'}\Delta\varepsilon)$。为了统计推断，我们需要 Q_{wz} 和 Ω_0 的相合估计量。显然地，可以用 $Q_{NT,wz}$ 来估计 Q_{wz}。但是，Ω_0 的估计非常复杂。遵循 Chen 等（2003）以及 Mammen 等（2015）的建议，在实际研究中可以使用 Bootstrap 方法。

注 5.3　另外，可以基于非参数生成的协变量（nonparametrically generated covariate）的半参数估计的文献建立上述结果；参见 Newey（1994），Ahn（1997），Chen 等（2013），Ichimura 和 Lee（2010），Kong 等（2010），Hahn 和 Ridder（2013），Escanciano 等（2014），Mammen 等（2016）等文献。在某些恰当条件下，可以证明估计量 $\widehat{\theta}_{gmm}$ 具有以下表示

$$\begin{aligned}&\sqrt{\tilde{n}}(\widehat{\theta}_{gmm}-\theta_0)\\&=-(Q_{NT}^{\theta'}A_{NT}\,Q_{NT}^{\theta})\epsilon^{-1}\,Q_{NT}^{\theta'}A_{NT}\\&\times\left\{\frac{1}{\sqrt{\tilde{n}}}\sum_{i=1}^{N}\sum_{t=3}^{T}q(\zeta_{it},\theta_0,\xi_0)+\sqrt{\tilde{n}}\,Q_{NT}^{\xi}[\widehat{\xi}-\xi_0]\right\}\\&+O_p(\|\widehat{\xi}-\xi_0\|_{\Xi}^{2})+o_p(1)\end{aligned}\tag{5.34}$$

这里，Q_{NT}^{θ} 表示 $Q_{NT}(\theta,\xi)$ 对 θ 的导数在真实值（θ_0，ξ_0）处的取值；$Q_{NT}^{\xi}[\xi]\equiv Q_{NT}^{\xi}(\theta_0,\xi_0)[\xi]$ 表示 $Q_{NT}(\theta,\xi)$ 在 ξ_0 处沿着 ξ 方向的方向导数，也就是对任意 ξ，使得当 $|\tau|$ 很小时 $\xi_0+\tau\xi\in\Xi$，$Q_{NT}^{\xi}[\xi]\equiv\lim_{\tau\to0}[Q_{NT}(\theta_0,\xi_0+\tau\xi)-Q_{NT}(\theta_0,\xi_0)]/\tau$；$\|\cdot\|_{\Xi}$ 表示在适当类别的光滑函数类 Ξ 上由上模（sup－norm）诱导的准模（pseudo－norm）。即对任意的 $\xi=(m_y,m_{z1},\cdots,m_{zd_z})\in\Xi$，

$$\|\xi\|_{\Xi} \equiv \sup_{u \in U} | m_y(u) | + \sup_{u \in U} \sum_{j=1}^{d_z} | m_y(u) |。$$

注意 $Q_{NT}^{\theta} = -Q_{NT,wz}$ 和 $\sum_{i=1}^{N}\sum_{t=3}^{T} q(\zeta_{it},\theta_0,\xi_0) = \tilde{W}\Delta\varepsilon$，式（5.33）的表述暗含了 $\widehat{\theta}_{gmm}$ 是一个 $\sqrt{\tilde{n}}$ 相合估计，且服从渐近方差为 $(Q_{wz}^{'}A\,Q_{wz})^{-1}Q_{wz}^{'}A\,\Omega_0 A\,Q_{wz}(Q_{wz}^{'}A\,Q_{wz})^{-1}$ 的渐近正态分布。该结论可表示为

$$\|\widehat{\xi} - \xi_0\|_{\Xi} = o_p(\tilde{n}^{-\frac{1}{4}}),$$

和

$$\frac{1}{\sqrt{\tilde{n}}}\tilde{W}^{'}\Delta\varepsilon + \sqrt{\tilde{n}}\,Q_{NT}^{\xi}[\widehat{\xi} - \xi_0] \xrightarrow{d} N(0,\Omega_0)。$$

给出定理 5.1 中的一致收敛结果，很容易验证式（5.34）。我们可以很容易地计算出 $Q_{NT}(\theta_0,\xi)$ 在 ξ_0 处的方向导数来获得

$$\sqrt{\tilde{n}}\,Q_{NT}^{\xi}[\widehat{\xi} - \xi_0] = \frac{1}{\sqrt{\tilde{n}}}\sum_{i=1}^{N}\sum_{t=3}^{T}\tilde{W}_{it}[(-\delta_{y,it} + \delta_{y,i,t-1}) - (-\delta_{z,it} + \delta_{z,i,t-1})^{'}\theta_0],$$

其中对 $a = y,z$，$\delta_{a,it} = \widehat{m}_a(U_{i,t-1}) - m_a(U_{i,t-1})$。在使用欠平滑带宽条件下，我们可以应用定理 5.1 并且证明

$$\sqrt{\tilde{n}}\,Q_{NT}^{\xi}[\widehat{\xi} - \xi_0] = \frac{\sqrt{\tilde{n}}}{N}\sum_{i=1}^{N}[\varphi_1(\chi_{y,i}) - \varphi_{1,z}(\chi_{z,i})\,\theta_0] + o_p(1), \tag{5.35}$$

其中 $\varphi_1(\chi_{y,i})$ 和 $\varphi_{1,z}(\chi_{z,i})$ 都是均值为 0 且平方可积的。

但是，我们在证明中未使用上述方法。主要有两点原因：第一，我们的半参数 GMM 估计量有明确的表达式，并且可以通过标准的渐近工具来建立它们的渐近分布且无须借助经验过程理论；第二，将结果应用到 Newey（1994）和 Chen 等（2003），我们必须限定在特定类别的平滑函数类上［例如，Ξ 是在 van der Vaart 和 Wellner（1996，第

154 页）中给出的非参数函数类］，并需要验证非参数估计量 $\widehat{m}_a, a = y, z_1, \cdots, z_d$ 以概率 1 也属于该类。众所周知，在涉及标准核估计（例如局部多项式分位数回归估计）中，这种验证是非常困难的。对于我们的估计量，$\widehat{m}_a$ 不具有闭式解，并且无法验证该估计量和它们的总体真值是否同时属于同一函数类。更多进一步的讨论，请参见 Escanciano 等（2014）。

在定理 5.2 中给出 $\widehat{\theta}_{gmm}$ 的渐近正态性结论后，下述定理中建立了 $\widehat{m}^b_{\widehat{\theta}_{gmm}}(u)$ 的一致收敛性和逐点的渐近正态性。

定理 5.3　如果假设 A1 – A6 成立，且假设用 $b = (b_0, b_1, \cdots, b_{d_x})$ 来替代 h 也满足假设 A4，则

（i）$\sup_{u \in U} | \widehat{m}^b_{\widehat{\theta}_{gmm}}(u) - m(u) | = O_p[(nb!)^{-\frac{1}{2}}(\log n)^{\frac{1}{2}} + || b ||^{\bar{q}+1}]$；

（ii）对任意 $u \in \mathrm{int}(U)$，

$$\sqrt{nb!}[\widehat{m}^b_{\widehat{\theta}_{gmm}}(u) - m(u) - (I - A)^{-1} B_0(u)] \xrightarrow{d} N(0, \frac{\sigma_0^2(u)}{f(u)} e_1' \mathbb{S}^{-1} \mathbb{K} \mathbb{S}^{-1} e_1) \tag{5.36}$$

其中 $B_0(u) \equiv e_1' \mathbb{S}^{-1} \sum_{|j|=\bar{q}+1} (j!)^{-1} m^{(j)}(u) \int K(\omega) \mu_h(\omega) (\omega \odot b)^j d\omega$，

$\mathbb{S} \equiv [f(u)]^{-1} \times \lim_{N \to \infty} E[\bar{S}_{NT}(u)]$，$\mathbb{K} \equiv \int K(\bar{U})^2 \mu(\bar{U}) \mu(\bar{U})' d\bar{U}$，和

$\sigma_0^2(u) = \sum_{t=3}^{T} (p_{t-2}/p) f_{t-2}(u) \times \sigma^2_{\varepsilon, t-2}(u)$。

注 5.4　上述结果符合预期，由于参数估计值 $\widehat{\theta}_{gmm}$ 以正常的参数速率收敛到 θ_0，因此对非参数分量 $m(u)$ 的估计没有渐近影响。如 Su 和 Lu（2013）所述，如果允许局部多项式回归中采用一般的阶数，同时对不同的协变量使用不同的带宽，因而定理 5.3 中的渐近偏误和方

差表现出复杂的形式。在 $q=1$ 的特殊情况，不难验证

$$\mathbb{S}=\begin{pmatrix} 1 & 0_{1\times(d_x+1)} \\ 0_{(d_x+1)\times 1} & I_{d_x+1}\int v^2k(v)dv \end{pmatrix} \text{和}$$

$$\mathbb{K}=\begin{pmatrix} \left[\int k(v)^2dv\right]^{d_x+1} & 0_{1\times(d_x+1)} \\ 0_{(d_x+1)\times 1} & I_{(d_x+1)\left[\int v^2k(v)^2dv\right]^{d_x+1}} \end{pmatrix}。$$

此时，$\frac{\sigma_0^2(u)}{f(u)}\left[\int k(v)^2dv\right]^{d_x+1}$ 为渐近方差，$B_0(u)=\frac{1}{2}\sum_{l=0}^{d_x}b_l^2\times\frac{\partial^2 m(u)}{\partial u_l^2}\int v^2k(v)dv$。

注 5.5　根据定理 5.3，再假定另一个 m 和有限维参数 θ_0 已知，下列模型

$$\Delta Y_{it}-\theta_0'\Delta Z_{it}=m(U_{i,t-1})-m(U_{i,t-2})+\Delta\varepsilon_{it} \qquad (5.37)$$

其中 m 的典型局部多项式估计量和 $\widehat{m}^b_{\hat{\theta}_{gmm}}(u)$ 具有相同的渐近方差结构。但是，由于算子 $(I-A)^{-1}$ 表示会累积偏误，$\widehat{m}^b_{\hat{\theta}_{gmm}}(u)$ 的渐近偏差和（5.37）的上述估计量是不同的。式（5.37）中的误差项 $\Delta\varepsilon_{it}$ 服从 MA（1）过程，故可以利用 MA（1）结构提出 $m(u)$ 的更有效的估计。但是由于过程 $\{\Delta\varepsilon_{it},t\geqslant 2\}$ 是不可逆的，Xiao 等（2003）与 Su 和 Ullah（2006b）提出的方法在这里并不适用。

注 5.6　值得指出的是，我们的方法同样可以用于估计具有个体和时间固定效应的部分线性模型：

$$Y_{it}=Z_{it}'\theta_0+m(Y_{i,t-1},X_{it})+\alpha_i+\omega_t+\varepsilon_{it} \qquad (5.38)$$

其中新出现的项 ω_t 表示不可观测的时间效应。一阶差分模型可以表示为

$$\Delta Y_{it}=\Delta Z_{it}'\theta_0+D_t'\omega+m(Y_{i,t-1},X_{it})-m(Y_{i,t-2},X_{i,t-1})+\Delta\varepsilon_{it},$$

$$= \Delta Z_{it}^{*'} \theta_0^* + m(Y_{i,t-1}, X_{it}) - m(Y_{i,t-2}, X_{i,t-1}) + \Delta \varepsilon_{it},$$

其中 $\omega = (\omega_1, \cdots, \omega_T)'$, $\theta_0^* = (\theta_0', \omega')'$, $\Delta Z_{it}^* = (\Delta Z_{it}', D_t')'$，特别地，对于 $t = 2, \cdots, T$, D_t 是一个第 t 维和第 $t-1$ 维分量分别为 1 和 -1 的 $T \times 1$ 维的向量。那么，可以将本章中的方法用于对 $m(\cdot)$ 和 θ_0 的联合估计。

第三节 筛分—工具变量估计

在这一部分，我们考虑 θ 和 m 的筛分—工具变量（Sieve - IV）一步估计量。

一 估计方法

由于 $m(\cdot)$ 是未知的，我们采用 Sieve - IV 方法来同时估计 $m(\cdot)$ 和 θ。进一步地，令 $\{p_l(u), l = 1, 2, \cdots\}$ 表示一系列已知基函数，它们的线性组合可以很好地近似任何平方可积函数。令 $L \equiv L_N$ 为一整数序列，随着 $N \to \infty$, $L \to \infty$。令 $p^L(u) \equiv [p_1(u), p_2(u), \cdots, p_L(u)]'$ 为由基函数组成的 $L \times 1$ 维向量。令 $p_{i,t-1} \equiv p^L(U_{i,t-1})$, $\Delta p_{i,t-1} = p_{i,t-1} - p_{i,t-2}$, $\Delta p_i \equiv (\Delta p_{i2}, \cdots, \Delta p_{i,T-1})'$，且 $\Delta p \equiv (\Delta p_1', \Delta p_2', \cdots, \Delta p_N')'$。显然，为了简化记号，我们忽略了 p_{it}, Δp_{it}, Δp_i 和 Δp 对 L、N 和 T 的依赖性。特别地，Δp_i 和 Δp 的维度分别为 $T_2 \times L$ 和 $N T_2 \times L$。

在相当弱的条件下，我们可以用 $L \times 1$ 的向量 β_m 构成的 $\beta_m' \Delta p_{i,t-1}$ 来近似式（5.3）中的 $m(U_{I,T-1}) - m(U_{i,t-2})$。这促使我们考虑下面的模型：

$\Delta Y_{it} = \Delta Z_{it}' \theta_0 + \beta_m' \Delta p_{i,t-1} + \Delta \varepsilon_{it} + R_{it}$,

其中 $R_{it} \equiv m(U_{i,t-1}) - m(U_{i,t-2}) - \beta_m' \Delta p_{i,t-1}$ 表示 Sieve 近似偏误。注意到 $\Delta p_{i,t-1}$ 与 $\Delta \varepsilon_{it}$ 是相关的，且如果 Z_{it} 不是严格外生的，Z_{it} 也和 $\Delta \varepsilon_{it}$ 相关。为了一致地估计上述模型中的 θ 和 β_m，我们把 ΔY_{it} 回归到 $\Delta p_{i,t-1}$ 和 Z_{it} 上，并用 $d_{\bar{W}} \times 1$ 维的向量 $\bar{W}_{it}$ 作为 $\Delta p_{i,t-1}$ 和 Z_{it} 的工具变量，其中 $d_{\bar{W}} \geqslant d_z + L$。注意，许多 $\underline{U}_{i,t-2}$ 的可测函数都可以作为 $\Delta p_{i,t-1}$ 的有效工具。在下文的模拟和应用中，遵循 Anderson 和 Hsiao（1982），当 Z_{it} 内生时，我们选择 $\bar{W}_{it} \equiv (V_{i,t-1}', p_{i,t-2}')'$；当 Z_{it} 严格外生时，我们选择 $\bar{W}_{it} \equiv (\Delta Z_{it}', p_{i,t-2}')'$。假设对某些 $c > 1$，有 $d_{\bar{W}} \leqslant cL$。

令 $\bar{W}_i \equiv (W_{i3}, \cdots, \bar{W}_{iT})'$，$\bar{W} \equiv (\bar{W}_1', \bar{W}_2', \cdots, \bar{W}_N')'$，$\Delta Y_i \equiv (\Delta Y_{i3}, \cdots, \Delta Y_{iT})'$，且 $\Delta Y \equiv (\Delta Y_1', \Delta Y_2', \cdots, \Delta Y_N')'$。相似地，定义 R_i 和 R。$(\theta', \beta_m')'$ 的 Sieve - IV 估计为：

$$(\hat{\theta}_{sieve}, \hat{\beta}_m')' \equiv [(\Delta Z, \Delta p)' P_{\bar{W}} (\Delta Z, \Delta p)]^- (\Delta Z, \Delta p)' P_{\bar{W}} \Delta Y \quad (5.39)$$

其中 $P_{\bar{W}} \equiv \bar{W}(\bar{W}' \bar{W})^- \bar{W}'$。令 $Y_w \equiv P_{\bar{W}} \Delta Y$，$Z_w \equiv P_{\bar{W}} \Delta Z$ 和 $p_w \equiv P_{\bar{W}} \Delta p$。通过分块回归的形式，我们有

$$\hat{\beta}_m = (p_w' M_{Z_w} p_w)^{-1} p_w' M_{Z_w} Y_w \text{ 和 } \hat{\theta}_{sieve} = (Z_w' M_{p_w} Z_w)^{-1} Z_w' M_{p_w} Y_w \quad (5.40)$$

那么，可以用 $\hat{m}_{sieve}(u) \equiv \hat{\beta}_m' p^L(u)$ 来估计 $m(u)$。按照如下形式将 $\hat{m}_{sieve}(u)$ 重新中心化：

$$\hat{m}_{sieve}(u) + \frac{1}{NT} \sum_{i=1}^{N} \sum_{t=2}^{T} [Y_{it} - Z_{it}' \hat{\theta}_{sieve} - \hat{m}_{sieve}(U_{i,t-1})]。$$

二　估计量的渐近性质

为了运用 sieve 估计方法，我们需要假设 $m(u)$ 满足一些平滑性

条件。令 $\mathcal{X} \equiv \mathcal{Y} \times \mathcal{X}_1 \subset \mathbb{R} \times \mathbb{R}^{d_x}$ 为（$Y_{i,t-1}, X_{it}$）的支撑集。早期的文献（如 de Jong，2002；Newey，1997）隐含或者明确地要求支撑集是紧集。但是，在动态过程中，无界的支撑集是非常常见的。为了允许 $\mathcal{X}$ 的无界性，我们采用 Chen 等（2005），Su 和 Jin（2012），以及 Lee（2014）的处理方式，使用如下加权的上界模（sup - norm），其具体定义为

$$\|m\|_{\infty,\bar{\omega}} \equiv \sup_{u \in \mathcal{X}} | m(u) | \left[1 + \|u\|^2\right]^{-\frac{\bar{\omega}}{2}}, \bar{\omega} \geqslant 0 \qquad (5.41)$$

如果 $\bar{\omega} = 0$，定义在式（5.41）的范数就是适合紧支撑集的一般上界模。

在文献中，典型的平滑性假设一般要求函数 $m: \mathcal{X} \to \mathbb{R}$ 属于某一 Hölder 空间。令 $\alpha \equiv (\alpha_1, \cdots, \alpha_{d_x+1})'$ 表示一个 $d_x \times 1$ 的非负整数向量，且 $|\alpha| = \sum_{l=1}^{d_x+1} \alpha_l$。对任意 $u = (u_1, \cdots, u_{d_x+1}) \in \mathcal{X}$，$m$ 的第 $|\alpha|$ 次导数可以表示为 $\nabla^\alpha m(u) \equiv \dfrac{\partial^{|\alpha|} m(u)}{\partial u_1^{\alpha_1} \cdots \partial u_{d_x+1}^{\alpha_{d_x+1}}}$。那么，$\gamma$ 阶（$\gamma > 0$）的 Hölder 空间 $\Lambda^\gamma(x)$ 由前 $\lceil\gamma\rceil$ 阶导数都有界且第 $\lceil\gamma\rceil$ 阶导数是以指数 $\gamma - \lceil\gamma\rceil$ Hölder 连续的函数构成。定义 Hölder 范数

$$\|m\|_{\Lambda^\gamma} \equiv \sup_{u \in \mathcal{X}} |m(u)| + \max_{|\alpha| = \lceil\gamma\rceil} \sup_{u \neq u^*} \frac{|\nabla^\alpha m(u) - \nabla^\alpha m(u^*)|}{\|u - u^*\|^{\gamma - \lceil\gamma\rceil}}。$$

下面的定义来自 Chen 等（2005）。

定义 5.1　令 $\Lambda^\gamma(\mathcal{X}, \bar{\omega}) \equiv \{m: \mathcal{X} \to \mathbb{R}, 使得 m(\cdot)[1 + \|\cdot\|^2]^{-\bar{\omega}/2} \in \Lambda^\gamma(\mathcal{X})\}$ 表示一个加权 Hölder 空间函数，一个半径为 c 的加权 Hölder 球（ball）为

$$\Lambda_c^\gamma(\mathcal{X}, \bar{\omega}) \equiv \{m \in \Lambda^\gamma(\mathcal{X}, \bar{\omega}) : \|m(\cdot)[1 + \|\cdot\|^2]^{-\frac{\bar{\omega}}{2}}\|_{\Lambda^\gamma \leqslant c < \infty}\}。$$

如果对某些 $\gamma > 0$，$c > 0$，$\bar{\omega} > 0$，函数 $m(\cdot)$ 属于一个加权的 Hölder 球 $\Lambda_c^\gamma(\mathcal{X}, \bar{\omega})$，则称其为在 $\mathcal{X}$ 上是 $H(\gamma, \bar{\omega})$ 平滑的。

我们进一步定义一些额外的符号。令 $Q_{NT,\bar{W}z} \equiv N^{-1}T_2^{-1}\sum_{i=1}^{N}\sum_{t=3}^{T}\bar{W}_{it}\Delta Z_{it}'$，$Q_{NT,\bar{W}} \equiv N^{-1}T_2^{-1}\sum_{i=1}^{N}\sum_{t=3}^{T}\bar{W}_{it}\bar{W}_{it}'$，且 $Q_{NT,\bar{W}p} \equiv N^{-1}T_2^{-1}\sum_{i=1}^{N}\sum_{t=3}^{T}\bar{W}_{it}\Delta p_{it}'$。令 $Q_{\bar{W}z} \equiv E(Q_{NT,\bar{W}z})$，$Q_w \equiv E(Q_{NT,\bar{W}})$ 且 $Q_{\bar{W}p} \equiv E(Q_{NT,\bar{W}p})$。定义

$$Q_1 \equiv Q_{\bar{W}z}'Q_{\bar{W}}^{-1}Q_{\bar{W}z} - Q_{\bar{W}z}'Q_{\bar{W}}^{-1}Q_{\bar{W}p}(Q_{\bar{W}p}'Q_{\bar{W}}^{-1}Q_{\bar{W}p})^{-1}Q_{\bar{W}p}'Q_{\bar{W}}^{-1}Q_{\bar{W}z},$$

$$Q_2 \equiv Q_{\bar{W}z}'Q_{\bar{W}}^{-1} - Q_{\bar{W}z}'Q_{\bar{W}}^{-1}Q_{\bar{W}p}(Q_{\bar{W}p}'Q_{\bar{W}}^{-1}Q_{\bar{W}p})^{-1}Q_{\bar{W}p}'Q_{\bar{W}}^{-1},$$

$$Q_3 \equiv Q_{\bar{W}p}'Q_{\bar{W}}^{-1}Q_{\bar{W}p} - Q_{\bar{W}p}'Q_{\bar{W}}^{-1}Q_{\bar{W}z}(Q_{\bar{W}z}'Q_{\bar{W}}^{-1}Q_{\bar{W}z})^{-1}Q_{\bar{W}z}'Q_{\bar{W}}^{-1}Q_{\bar{W}p},$$

$$Q_1 \equiv Q_{\bar{W}p}'Q_{\bar{W}}^{-1} - Q_{\bar{W}p}'Q_{\bar{W}}^{-1}Q_{\bar{W}z}(Q_{\bar{W}z}'Q_{\bar{W}}^{-1}Q_{\bar{W}z})^{-1}Q_{\bar{W}z}'Q_{\bar{W}}^{-1}.$$

令 $Q_{pp,\alpha} \equiv \int_{u\in X}p^L(u)p^L(u)'\alpha(u)du$，其中 $\alpha(u)$ 是一个非负加权函数。

为了建立 $\widehat{\theta}_{sieve}$ 的大样本性质，我们需要下列假设。

假设 A7（i）对一些 $\gamma > \frac{d_x+1}{2}$ 和 $\bar{\omega} \geqslant 0, m(\cdot)$ 在 X 上是 $H(\gamma,\bar{\omega})$ 平滑的。

（ii）对任意 $H(\gamma,\bar{\omega})$ 平滑的函数 $m(u)$，存在 Sieve 空间 $G_L \equiv \{m(\cdot) = \alpha' p^L(\cdot)\}$ 基函数的线性组合 $\prod_{\infty,L} m \equiv \beta_m' p^L(\cdot)$，使得对一些 $\bar{\bar{\omega}} > \overline{\omega} + \gamma, \left\|m - \prod_{\infty,L} m\right\|_{\infty,L} = O(L^{-\gamma/(d_x+1)})$。

（iii）$\mathrm{p}\lim_{(N,T)\to\infty}(NT_1)^{-1}\sum_{i=1}^{N}\sum_{t=2}^{T}(1+\|U_{i,t-1}\|^2)^{\bar{\omega}}\alpha(U_{i,t-1}) < \infty$。

（iv）存在紧集 U_N 和一个常数序列 $\zeta_0(L)$，满足 $\sup_{u\in U_N}\|u\| = O(\zeta_0(L)^{1/\bar{\omega}})$，$\sup_{u\in U_N}\|p^L(u)\| \leqslant \zeta_0(L)$，且随着 $N\to\infty$，$\zeta_0(L)^2L/N\to 0$。

假设 A8（i）对 $\chi_{it} = Z_{it}, \bar{W}_{it}, p_{it}$ $\sup_{2\leqslant t\leqslant T}E\|\chi_{it}\|^4 \leqslant C \leqslant \infty$。

（ii）$Q_{NT,\bar{W}} \xrightarrow{p} Q_{\bar{W}} > 0$，$Q_{NT,\bar{W}z} \xrightarrow{p} Q_{\bar{W}p}$，且 $Q_{NT,\bar{W}p} \xrightarrow{p} Q_{\bar{W}p}$。矩阵（$Q_{\bar{W}z}$，

$Q_{\bar{W}p}$）是满秩的，秩为 $d_z + L$。

（iii）$\Omega_1 \equiv Var[T_2^{-1/2}\sum_{t=3}^{T}\bar{W}_{1t}\Delta\varepsilon_{1t}] > 0$。

（iv）存在常数 $\underline{c}_{Q_1}$，$\bar{C}_{Q_1}$，$\underline{c}_{Q_3}$ 和 $\bar{C}_{Q_3}$ 使得对 $l = 1,3$，$0 \leqslant \underline{c}_{Q_l} \leqslant \lambda_{\min}(Q_{\epsilon_l}) \leqslant \bar{C}_{Q_l} < \infty$。

（v）$\lambda_{\max}(Q_{pp,\alpha}) < \infty$。

假设 A9 随着 $N \to \infty$，$L^3/N \to 0$，$\sqrt{N}L^{-\gamma/(d_x+1)} \to 0$。

假设 A7（i）–（iii）在非参数 sieve 文献中被广泛运用于无界的支撑集；详见 Chen 等（2005），Su 和 Jin（2012），Lee（2014）与 Su 和 Zhang（2015）等。假设 A7（iv）被用于获取 sieve 估计 $\widehat{m}_{sieve}$ 在一系列发散紧集上获得一致的收敛速度。假设 A8（i）施加了 Z_{it}，$\bar{W}_{it}$，p_{it} 的矩条件。假设 A8（ii）–（iii）是标准的假设；参见 Newey（1997）。假设 A8（iv）是一个高水平假设。A9 对 L 施加了更多的限制来控制 sieve 近似的误差和估计的方差。

我们在下列定理中建立 $\widehat{\theta}_{sieve}$ 的大样本性质。

定理 5.4　假设 A1（i）–（ii）以及 A7 – A9 成立，则有

$$\sqrt{NT_2}(\widehat{\theta}_{sieve} - \theta_0) \xrightarrow{d} N(0, Q_1^{-1}Q_2\Omega_1 Q_2' Q_1^{-1})。$$

注 5.7　上述定理给出了 $\widehat{\theta}_{sieve}$ 的渐近分布。Sieve – IV 估计量在估计过程中使用了所有的观测值，且比半参数 GMM 核估计更加方便。然而，由于使用了不同的样本量，很难从理论上比较两种估计量的效率。因此，我们通过蒙特卡洛模拟来比较二者在有限样本时的表现。

下面的定理给出了 $\widehat{m}_{sieve}$ 的收敛速率和渐近正态性。

定理 5.5　假设 A1（i）–（ii）以及 A7 – A9 成立，假设 $\|p^L(u)\| \geqslant c > 0$，则

(i) $\int[\widehat{m}_{sieve}(u)-m(u)]^2\alpha(u)du = O_p(L/N+L^{-\frac{2\gamma}{d_s+1}})$；

(ii) $\frac{1}{NT_1}\sum_{i=1}^{N}\sum_{t=2}^{T}[\widehat{m}_{sieve}(U_{i,t-1})-m(U_{i,t-1})]^2 = O_p(L/N+L^{-\frac{2\gamma}{d_s+1}})$；

(iii) $\sup_{u\in U_N}|\widehat{m}_{sieve}(u)-m(u)| = O_p\{[\zeta_0(L)](\sqrt{L/N}+L^{-\frac{\gamma}{d_s+1}})\}$；

(iv) $\sqrt{NT_2}A_L(u)^{-1/2}[\widehat{m}_{sieve}(u)-m(u)]\xrightarrow{d}N(0,1)$，

其中，$A_L(u)\equiv p^L(u)'Q_3^{-1}Q_4\Omega_1Q_4'Q_3^{-1}p^L(u)$。

注 5.8　根据 Newey（1997），我们也可以研究 m 的线性或非线性泛函的嵌入（plug - in）估计量的一致性和渐近正态性。这部分讨论是标准的，为了节省空间，我们不再赘述。为了提高非参数估计的有限样本性质，我们可以将 $\widehat{\theta}_{sieve}$ 当作真实值 θ_0，然后使用 Su 和 Lu（2013）来再次估计未知函数 $m(u)$。给定 $\widehat{\theta}_{sieve}$，可以求解下面的积分方程：

$$m(u) = Am(u)+[r_y(u)-\widehat{\theta}_{sieve}'r_z(u)]。$$

求解经验积分方程可以给出 $m(u)$ 的新的局部多项式估计 $\widehat{m}(u)$。当带宽被选择为 b 且使用与上文一致的核函数，使用第二部分定义的符号，$\widehat{m}(u)$ 可以写成 $\widehat{m}^b_{\widehat{\theta}_{sieve}}(u)$。根据迭代算法和非迭代算法，将这些估计量分别表示为 $\widehat{m}_{s,iter}$ 和 $\widehat{m}_{s,noniter}$。根据定理 5.4，很容易验证两个估计量具有与 $\widehat{m}^b_{\widehat{\theta}_{gmm}}(u)$ 相同的渐近分布。

注 5.9　如果使用 $\widehat{m}_{s,iter}$ 和 $\widehat{m}_{s,noniter}$ 估计量来代替如下一阶差分模型中的 m：

$$\Delta Y_{it}-[\widehat{m}_{s,iter}(U_{i,t-1})-\widehat{m}_{s,iter}(U_{i,t-2})] = \Delta Z_{it}'\theta_0+\Delta\varepsilon_{it},$$

$$\Delta Y_{it}-[\widehat{m}_{s,noniter}(U_{i,t-1})-\widehat{m}_{s,noniter}(U_{i,t-2})] = \Delta Z_{it}'\theta_0+\Delta\varepsilon_{it},$$

我们期望可以进一步改进 θ 的估计。如果 Z_{it} 是外生的，可以使

用之前的 IV，也就是说，使用与 ΔZ_{it} 相关的 IV（ $\bar{W}_{it}$ 的子向量）。如果 Z_{it} 是严格外生的，则 OLS 回归可以得到 θ 的一致估计量。但是，由于 $m(\cdot)$ 的 Sieve 估计只在紧集上有着较好的估计效果（蒙特卡洛模拟显示），在上述回归中使用 $U_{i,t-1}$ 和 $U_{i,t-2}$ 都落入 U 内的观测值。分别将这两个 θ 的估计量表示为 $\widehat{\theta}_{s,iter}$ 和 $\widehat{\theta}_{s,noniter}$。根据定理 5.2 的证明，在一些正则条件下，可以建立它们的 $\sqrt{N}$ －相合性和渐近正态性。为了节省空间，我们略过细节。

第四节 非参数分量的线性检验

在这一部分，我们假设部分线性面板数据模型是正确设定的，并考虑在部分线性模型中的检验非参数分量 $m(\cdot)$ 是否为线性函数。原假设为

$$H_0: 存在 (v_0, \gamma_0')' \in \Upsilon，使得 m(U_{i,t-1}) = v_0 + \gamma_0' U_{i,t-1}, a.s. \tag{5.42}$$

其中 $i = 1, \cdots, N$，$t = 2, \cdots, T$ 且 Υ 是 $\mathbb{R}^{d_s+2}$ 的一个紧的子集，而备择假设为

$$H_1: 对所有 (v, \gamma')' \in \Upsilon 存在 t = 2, \cdots, T 使 Pr[m(U_{i,t-1}) = u_0 + \gamma' U_{i,t-1}] < 1. \tag{5.43}$$

在非参数面板数据模型中已经存在多种关于线性设定的假设检验。在大 N 和大 T 的情况下，Lee（2013）使用基于残差项的检验统计量来考察线性动态模型设定的有效性。她的检验统计量需要广义谱微分的一致估计量，但是在固定 T 时是不可能的。沿着 Härdle 和 Mammen（1993）的工作，当 N 是大的且 T 固定时，Su 和 Lu（2013）

通过比较 H_0 约束下的估计量和 H_1 下无约束的估计量，构造了一个检验线性函数形式的非参数统计量。在大 N 和大 T 的情况下，Lin 等（2014）提出了一种静态面板数据模型中的线性检验统计量。该想法也被应用在 Su 和 Zhang（2015）。在大 N 和大 T 的情况下，他们提出了一种具有交互固定效应的非参数动态面板数据模型的线性检验统计量。除此之外，Li 等（2011）提出了在部分线性模型中检验非参数分量是否为线性的基准（fiducial）方法来获得 p 值。然而，据我们所知，对具有固定效应的动态线性面板数据模型，文献中还没有对非参数部分是否为线性的设定检验。

根据 Su 和 Lu（2013），我们考虑如下的平滑泛函：

$$\Gamma \equiv \int_U [m(u) - v_0 - \gamma_0' u]^2 a(u) f(u) du \tag{5.44}$$

其中 $a(u)$ 是定义在紧支撑集 U 上由用户确定的非负加权函数。显然，在 H_0 下有 $\Gamma = 0$；在 H_1 下有 $\Gamma > 0$。这促使我们建立一个基于 Γ 的检验统计量。在 H_0 下，对一阶差分模型使用一般的 IV/GMM 方法估计如下线性面板数据模型：

$Y_{it} = Z_{it}' \theta_0 + v_0 + \gamma_0' U_{i,t-1} + \alpha_i + \varepsilon_{it}$。

如果 Z_{it} 和 X_{it} 是严格外生的，可以根据 Anderson 和 Hsiao（1982），Arellano 和 Bond（1991）来获得 θ 和 γ 的 IV/GMM 估计。令 $(\breve{\theta},\breve{\gamma})$ 表示 IV/GMM 估计量，那么在识别条件 $E(\alpha_i) = E(\varepsilon_{it}) = 0$ 的限制下，用 $\breve{v} = (NT_2)^{-1}\sum_{i=1}^{N}\sum_{t=3}^{T}(Y_{it} - Z_{it}'\breve{\theta} - U_{i,t-1}'\breve{\gamma})$ 来估计 v。那么，我们有两个自然检验统计量

$$\Gamma_{NT,1} = \frac{1}{NT_1}\sum_{i=1}^{N}\sum_{t=2}^{T}[\hat{m}(U_{i,t-1}) - \breve{v} - U_{i,t-1}'\breve{\gamma}]^2 a(U_{i,t-1}),$$

$$\Gamma_{NT,2} = \frac{1}{NT_1}\sum_{i=1}^{N}\sum_{t=2}^{T}[\hat{\theta}' Z_{it} + \hat{m}(U_{i,t-1}) - Z_{it}'\breve{\theta} - \breve{v} - U_{i,t-1}'\breve{\gamma}]^2 a(U_{i,t-1}),$$

其中 $a(\cdot)$ 是一个非负加权函数，$\widehat{\theta}$ 是上面讨论过的估计量（$\widehat{\theta}_{gmm}$ 和$\widehat{\theta}_{sieve}$）中的一个，$\widehat{m}$ 是四个估计量 $\widehat{m}_{gmm,iter}$，$\widehat{m}_{gmm,noniter}$，$\widehat{m}_{s,iter}$ 和 $\widehat{m}_{s,noniter}$ 中的一个。根据模拟结果，我们不推荐使用 $\widehat{m}_{sieve}$。

注意到所有的参数估计在原假设下都具有通常的参数收敛速度。根据第二部分和第三部分的渐近结果以及 Su 和 Lu（2013）的分析，容易验证 $\Gamma_{NT,1}$ 和 $\Gamma_{NT,2}$ 在原假设下是渐近一致的，且在恰当标准化后，与 Su 和 Lu（2013）中的检验统计量 Γ_{NT} 在原假设下具有相同的渐近正态分布：在 H_0 下，对 $s=1,2$，

$$(NT_1(b!)^{1/2}\Gamma_{NT,s}-\mathbb{B}_{NT})\xrightarrow{d}N(0,\sigma_0^2),$$

其中 $\mathbb{B}_{NT}$ 和 σ_0^2 与 Su 和 Lu（2013）中式（3.7）和式（3.8）的定义一致。在 H_0 下，我们可以使用 $\widehat{\mathbb{B}}_{NT}$ 和 $\widehat{\sigma}_{NT}^2$ 来估计它们，形式也由上述文章给出。可行统计量为

$$J_{NT,s}\equiv(NT_1(b!)^{1/2}\Gamma_{NT,s}-\widehat{\mathbb{B}}_{NT})/\sqrt{\widehat{\sigma}_{NT}^2},\ s=1,2,$$

且该统计量在原假设下服从 $N(0,1)$。根据 Su 和 Lu（2013），我们也可以研究 $J_{NT,1}$ 和 $J_{NT,2}$ 的局部功效，证明它们可以检测到以速率 $(NT_1)^{-1/2}(b!)^{-1/4}$ 偏离原假设的局部备择假设。根据 Su 和 Lu（2013）的思路，我们也可以证明检验的全局相合性。为了节约空间，我们忽略细节。

注 5.10 （部分线性模型的设定检验）学者可能还对部分线性模型的整体是否正确设定感兴趣。简单起见，假设 $E(\varepsilon_{it}\mid Z_{it},U_{i,t-1},\alpha_i)=0$ 且 Z_{it} 是序贯外生的。在此情形下，原假设和备择假设为

$$H_0':E(Y_{it}\mid Z_{it},U_{i,t-1},\alpha_i)=Z_{it}'\theta_0+m_0(U_{i,t-1})+\alpha_i,a.s.$$

对某个 $\theta_0\in\Theta\in\mathbb{R}^{d_z}$ 和 $m_0\in M$，

$H_1^{'}: \Pr[E(Y_{it} \mid Z_{it}, U_{i,t-1}, \alpha_i) = Z_{it}^{'}\theta + m(U_{i,t-1}) + \alpha_i] < 1$

对所有 $\theta_0 \in \Theta \in \mathbb{R}^{d_z}$ 和 $m_0 \in M$，其中 M 是某个平滑函数族。在文献中，已经有多种方法可以用于构建上述检验。例如，可以遵循 Fan 和 Li（1996）的方法，构建一个基于残差的核平滑检验；根据 Delgado 和 Gonzalez－Manteiga（2001）与 Li 等（2003），依赖经验过程，提出基于残差的非平滑检验。或者，可以通过将原假设下函数的半参数估计与备择假设的完全非参数估计值进行比较，来构造基于加权平方距离的检验。这类思想已在非参数文献中频繁应用于构造横截面或时间序列数据中的参数或半参数模型的设定检验。与面板数据模型有关的一个主要问题是，在固定 T 的情况下，无法一致估计固定效应 α_i，因此，很难根据估计的残差构建检验。这促使 Su 和 Lu（2013）采用上述的第三种方法。显然，如果 $(Z_{it}, U_{i,t-1})$ 的维度 $d_z + d_x + 1$ 很高，这种方法也会有“维度诅咒”问题。当然，其他设定检验通常也会受到“维度诅咒”的影响。如何在此框架内进行一个可行检验仍然是一个悬而未决的问题，我们将其留待未来的研究。

注 5.11　（检验的 Bootstrap 形式）众所周知，基于原假设下的渐近正态分布的非参数检验统计量在有限样本中表现往往不佳。作为替代方案，可以依赖 Bootstrap 版本的 p 值进行推断。下面，我们提出一个 Bootstrap 程序来获用在有限样本下的更加可靠的 p 值。令 J_{NT} 为上面定义的 $J_{NT,1}$ 和 $J_{NT,2}$ 其中一个，构造步骤如下：

1. 在 H_0 下估计约束模型并获得残差 $\breve{\varepsilon}_{it} = Y_{it} - Z_{it}^{'}\breve{\theta} - \breve{v} - (Y_{i,t-1}, X_{it}^{'})\breve{\gamma}$，其中 $\breve{\theta}, \breve{v}, \breve{\gamma}$ 为 θ, v, γ 在原假设下的 IV 或 GMM 估计值。使用原始样本计算检验统计量 J_{NT}。令 $\breve{\alpha}_i \equiv \breve{\varepsilon}_i \equiv T^{-1}\sum_{t=1}^{T}\breve{\varepsilon}_{it}$。

2. 对于 $i = 1, \cdots, N$, $t = 2, \cdots, T$，获得 Bootstrap 误差 $\varepsilon_{it}^{*} \equiv (\breve{\varepsilon}_{it} -$

$\breve{\bar{\varepsilon}}_{\cdot t}) \epsilon_{it}$，其中 $\breve{\bar{\varepsilon}}_i \equiv N^{-1}\sum_{i=1}^{N} \breve{\varepsilon}_{it}$ 和 ϵ_{it} 在 i 和 t 上都是 IID 且服从一个两点分布：以 $\frac{1+\sqrt{5}}{2\sqrt{5}}$ 的概率取 $\epsilon_{it} = \frac{1-\sqrt{5}}{2}$，以 $\frac{\sqrt{5}-1}{2\sqrt{5}}$ 的概率取 $\epsilon_{it} = \frac{\sqrt{5}+1}{2}$。生成 Y_{it} 的 Bootstrap 对应物 Y_{it}^* 为 $Y_{it}^* = Z_{it}'\breve{\theta} + \breve{v} + (Y_{i,t-1}^*, X_{it}')\breve{\gamma} + \breve{\alpha}_i + \varepsilon_{it}^*$，其中 $Y_{i1}^* = Y_{i1}$，$i = 1, \cdots, N, t = 2, \cdots, T$。

3. 给出 Bootstrap 样本 $\{Y_{it}^*, X_{it}, Z_{it}, V_{it}\}$，估计约束（线性）和无约束（半参数）估计量，计算 J_{NT} 的 Bootstrap 版本统计量 J_{NT}^*。

4. 重复 B 次步骤 2 和步骤 3 并标注 Bootstrap 检验统计量为 $\{J_{NT,l}^*\}_{l=1}^{B}$，此时，p 值可由 $p^* \equiv B^{-1}\sum_{l=1}^{B} 1(J_{NT,l}^* > J_{NT})$ 给出。

注意到，我们在步骤 2 中施加了线性动态面板数据模型的原假设。在已知数据的条件下，$(Y_{it}^*, \varepsilon_{it}^*)$ 在 i 上独立但不同分布，且 ε_{it}^* 在 t 上是独立分布的。因此，我们需要 INID 数据的二阶 U 统计量使用 CLT（例如 de Jong，1987）来验证 Bootstrap 方法的渐近有效性。更多讨论，请详见 Su 和 Lu（2013）。

第五节 蒙特卡洛模拟

在这一部分中，我们通过蒙特卡洛模拟来检验本书提出的估计量和检验统计量的有限样本表现。

一 数据生成过程

首先，我们考虑如下三个数据生成过程（Data Generating Process,

DGP)，其中 Z_{it} 和 X_{it} 都是严格外生的：

DGP 1：$Y_{it} = 0.5Z_{it} + 0.25Y_{i,t-1} + X_{it} + \alpha_i + \varepsilon_{it}$；

DGP 2：$Y_{it} = 0.5Z_{it} + \varphi(Y_{i,t-1}) + X_{it}^2 + \alpha_i + \varepsilon_{it}$；

DGP 3：$Y_{it} = 0.5Z_{it} + \varphi(Y_{i,t-1} - Y_{i,t-1}^2)[1.5 + \varphi(X_{it})] + \alpha_i + \varepsilon_{it}$；

其中 $\varphi(\cdot)$ 是标准正态分布的概率密度函数，ε_{it} 在 i 和 t 上独立同分布（IID），服从 $N(0,1)$。α_i 服从 IID $U(-0.5,0.5)$。$X_{it} = 0.25\alpha_i + \varepsilon_{x,it}$，其中 $\varepsilon_{x,it}$ 服从 IID$N(0,1)$ 且独立于 $\{\alpha_i\}$ 和 $\{\varepsilon_{it}\}$，$Z_{it} = 0.25\alpha_i + \varepsilon_{z,it}$，其中 $\varepsilon_{z,it}$ 服从 IID $N(0,1)$ 且独立于 $(\alpha_i, \varepsilon_{x,it}, \varepsilon_{it})$。DGP 1 是一个线性动态面板数据模型，而 DGP 2 -3 是部分线性动态面板数据模型。在 DGP 2 中，滞后因变量 $Y_{i,t-1}$ 和自变量 X_{it} 以可加形式进入模型，在 DGP 3 中则以乘法形式进入模型。

接下来，我们考虑另外三个 DGP，其中，X_{it} 是外生，Z_{it} 是内生的：

DGP 4：$Y_{it} = 0.5Z_{it} + 0.25Y_{i,t-1} + X_{it} + \alpha_i + \varepsilon_{it}$；

DGP 5：$Y_{it} = 0.5Z_{it} + \varphi(Y_{i,t-1}) + X_{it}^2 + \alpha_i + \varepsilon_{it}$；

DGP 6：$Y_{it} = 0.5Z_{it} + \varphi(Y_{i,t-1} - Y_{i,t-1}^2)[1.5 + \varphi(X_{it})] + \alpha_i + \varepsilon_{it}$；

它们的回归方程依次与 DGP 1 -3 相同，$\{\alpha_i, X_{it}\}$ 生成过程与 DGP 1 -3 相同，内生自变量 Z_{it} 由下式生成

$$Z_{it} = 0.25\alpha_i + V_{it} + \varepsilon_{z,it}, (\varepsilon_{it}, \varepsilon_{z,it})' \text{ 服从 IID } N\left[\begin{pmatrix}0\\0\end{pmatrix}, \begin{pmatrix}1 & 0.3\\0.3 & 1\end{pmatrix}\right],$$

V_{it} 服从 IID $N(0,1)$ 且独立于 $\{\varepsilon_{it}, \varepsilon_{z,it}\}$。

显然，m 按如下定义：在 DGP 1 和 DGP 4 中，$m(y,x) = 0.25y + x$，在 DGP 2 和 DGP 5 中，$m(y,x) = \varphi(y) + x^2$，在 DGP 3 和 DGP 6 中，$m(y,x) = \varphi(y - y^2)[1.5 + \varphi(x)]$。全部六个 DGP 都用于评估对函数

$m(\cdot)$ 的估计和 $m(\cdot)$ 的线性检验的有限样本表现。在检验 $m(\cdot)$ 的非线性时，DGP 1 和 DGP 4 用于 size 研究，而其他四个 DGP 用于比较功效（power）。

二　具体操作细节

在估计中，我们考虑下述的 θ 和 $m(\cdot)$ 的估计量：

1. $\widehat{\theta}_{gmm,iter}$ 和 $\widehat{m}_{gmm,iter}$：分别用半参数 GMM 和局部二次多项式估计 θ 和 m；二者均基于对 $m_y(u)$ 和 $m_z(u)$ 的局部二次多项式估计量的迭代算法。在 DGP 1－3 中选择 $W_{it} = (\Delta Z_{it}, U'_{i,t-2})'$，在 DGP 4－6 中选择 $W_{it} = (V_{i,t-1}, U'_{i,t-2})'$。

2. $\widehat{\theta}_{gmm,noniter}$ 和 $\widehat{m}_{gmm,noniter}$：分别用半参数 GMM 和局部二次多项式估计 θ 和 m；二者均基于对 $m_y(u)$ 和 $m_z(u)$ 的局部二次多项式估计的迭代算法。在 DGP 1－3 中选择 $W_{it} = (\Delta Z_{it}, U'_{i,t-2})'$，在 DGP 4－6 中选择 $W_{it} = (V_{i,t-1}, U'_{i,t-2})'$。

3. $\widehat{\theta}_{sieve}$ 和 $\widehat{m}_{sieve}$：Sieve－IV 估计 θ 和 m。在 DGP 1－3 中选择 $\bar{W}_{it} = (\Delta Z_{it}, p'_{i,t-2})'$，在 DGP 4－6 中选择 $\bar{W}_{it} = (V_{i,t-1}, p'_{i,t-2})$。

4. $\widehat{m}_{s,iter}$ 和 $\widehat{m}_{s,noniter}$：分别通过迭代算法和非迭代算法，找到式（5.40）的经验解，可以得到 m 的局部二次多项式估计，详见注 5.8。

5. $\widehat{\theta}_{s,iter}$ 和 $\widehat{\theta}_{s,noniter}$：分别用式（5.41）和式（5.42）进行 IV 或者 OLS 估计 θ，更多细节详见注 5.9。

为了获得 $\widehat{\theta}_{gmm,iter}$ 和 $\widehat{\theta}_{gmm,noniter}$，在 θ 的半参数回归估计中，我们选定 $A_{NT} = (\frac{1}{\tilde{n}} \tilde{W}' \tilde{W})^{-1}$ 的。当使用局部多项式回归时，我们总是用局部二次多项式回归，因此 $q = 2$。对于非参数分量的所有迭代局部二次估

计，我们根据 Su 和 Lu（2013）选择 Sieve – IV 估计量作为初始估计量。在 Sieve 估计中，我们选择 cubic B – spline 作为 Sieve 的基，并以张量积来近似二元函数 $m(y,x)$。沿着 $m(\cdot)$ 的每个维度，选择 L_0 项基函数，其中 $L_0 = \lfloor (NT_2)^{1/4} \rfloor + 1$，$\lfloor a \rfloor$ 表示 a 的整数部分。对于迭代算法，我们采用如下收敛准则：如果

$$\frac{\sum_{j=1}^{J}[m_a^{(l+1)}(u_j) - m_a^{(l)}(u_j)]^2}{\sum_{j=1}^{J}[m_a^{(l)}(u_j)]^2 + 0.0001} < 0.001, a = y, z_1, \cdots, z_{d_z}$$

其中 $u_j, j = 1,\cdots,J$ 为 J 个评估点，则停止迭代。在实证研究中，学者们可以根据需要自行选择评估点。这里，我们考虑每个维度上有 25 个网格点，共 625 个评估点。对每个 DGP，评估点在循环过程中固定，并且均匀地分布在数据点的 0.2 分位数和 0.8 分位数之间。注意到 Nielsen 和 Sperlich（2005），Henderson 等（2008），Mammen 等（2009）与 Su 和 Lu（2013）等也采用了类似的收敛准则。在识别 m 的位置参数时，我们选择 U 上的数据点作为评估点。

在估计和检验中，我们都需要选择核函数和带宽序列。具体地，我们使用 Epanechnikov 核函数 $k(z) = 0.75(1 - z^2)1(|z| \leqslant 1)$，并根据 Silverman 的经验法则来选择带宽：

$$h = 2.35 S_U (NT_2)^{-1/[2(q+2)-0.5]} \text{ 和 } b = 2.35 S_U (NT_2)^{-1/[2(q+2)+d_x+1]}$$

其中 $d_x = 1$，$q = 2$，$S_U = (S_Y, S_X)$ 且 S_Y 和 S_X 分别表示 $\{Y_{i,t-1}\}$ 和 $\{X_{it}\}$ 的标准误。注意到，h 满足平滑不足的要求，并且 b 对于局部二次多项式回归具有最佳性。诚然，对于估计或检验问题，这样的带宽序列通常不是最佳的。通过数据驱动来选取最佳带宽序列，可以改善我们的估计和检验。但是，众所周知，对于估计问题的最佳带宽序列通常不是检验的最优带宽，因此必须分别考虑这两个问题。考虑到核估计的复杂性，我们不考虑在本书中解决这些问题，拟将其留作将

来的研究。

在 Sieve－IV 估计中，我们使用 Cubic B－spline，在 $m(\cdot)$ 中的协变量的每一个维度选择 $L_0 = \lfloor (NT_2)^{1/4} \rfloor + 1$ 项基函数，且用张量积来近似多元函数。同时，我们需要选取紧集 U。我们在 $U_{i,t-1}$ 或 $U_{i,t-2}$ 的每个维度上截断两侧5%尾部的数据，且用于构造我们的检验统计量。在这种情况下，加权函数 $a(\cdot)$ 是一个指标函数：如果 $U_{i,t-1}$ 位于 U 中，则取值为1；其他情况取值为0。通过比较非线性假设下 $m(\cdot)$ 的半参数估计与线性假设下 Anderson－Hsiao 型 IV 估计值，来构造检验统计量。考虑到模拟中 $\widehat{m}_{sieve}$ 的表现较差，我们仅考虑 $m(\cdot)$ 的其他四个估计值：$\widehat{m}_{gmm,iter}$，$\widehat{m}_{gmm,noniter}$，$\widehat{m}_{s,iter}$ 和 $\widehat{m}_{s,noniter}$，并分别表示相应的 J 检验统计量为 $J_{gmm,iter}$，$J_{gmm,noniter}$，$J_{s,iter}$ 和 $J_{s,noniter}$。

对于 (N,T) 组合，我们考虑 $N = 25,50,100$ 且 $T = 4,6$。对每种情况下的估计，我们考虑1000次重复（replications）实验；在假设检验中，我们使用500次重复实验和200次 Bootstrap 再抽样来考察检验的 size，并使用250次重复和200次 Bootstrap 再抽样来考察检验的功效。

三　估计和检验结果

表5－1报告了 θ 各估计量的偏误（Bias）和均方误差（RMSE）。从表5－1，我们发现：首先，对于所有 DGP，RMSE 随 N 或 T 的增加而降低，并且大致为 N 减少4倍时减半；其次，对线性 DGP（1和4），$\widehat{\theta}_{s,iter}$ 和 $\widehat{\theta}_{s,noniter}$ 的 RMSE 往往比 $\widehat{\theta}_{sieve}$，$\widehat{\theta}_{gmm,iter}$ 和 $\widehat{\theta}_{gmm,noniter}$ 的小；最后，对于非线性 DGP，$\widehat{\theta}_{sieve}$ 通常具有最小的 RMSE，但在所有考察的估计量中，$\widehat{\theta}_{s,iter}$ 和 $\widehat{\theta}_{s,noniter}$ 的偏误最大，当 N 较小时，RMSE 往往比 $\widehat{\theta}_{gmm,iter}$ 和 $\widehat{\theta}_{gmm,noniter}$ 小。

表5-1　　有限维参数 θ 的估计结果

DGP	T	N	$\widehat{\theta}_{gmm,iter}$		$\widehat{\theta}_{gmm,noniter}$		$\widehat{\theta}_{sieve}$		$\widehat{\theta}_{s,iter}$		$\widehat{\theta}_{s,noniter}$	
			Bias	RMSE	Bias	RMSE	Bias	RMSE	Bias	RMSE	Bias	RMSE
1	4	25	-0.035	0.195	-0.033	0.195	-0.089	0.236	-0.043	0.185	-0.041	0.184
		50	-0.027	0.136	-0.026	0.137	-0.049	0.150	-0.028	0.129	-0.028	0.129
		100	-0.035	0.097	-0.035	0.097	-0.024	0.094	-0.034	0.095	-0.095	0.095
	6	25	-0.026	0.134	-0.025	0.134	-0.043	0.147	-0.029	0.128	-0.028	0.128
		50	-0.027	0.094	-0.027	0.094	-0.019	0.095	-0.027	0.090	-0.027	0.090
		100	-0.029	0.070	-0.028	0.069	-0.015	0.066	-0.027	0.067	-0.027	0.067
2	4	25	0.009	0.285	0.006	0.266	-0.071	0.239	0.000	0.260	-0.002	0.242
		50	0.007	0.201	0.007	0.189	-0.035	0.155	0.002	0.187	0.004	0.176
		100	0.003	0.134	0.001	0.122	-0.014	0.097	0.001	0.129	0.001	0.118
	6	25	0.005	0.203	0.002	0.190	-0.027	0.154	0.003	0.188	0.000	0.177
		50	0.009	0.140	0.004	0.129	-0.001	0.098	0.007	0.132	0.005	0.123
		100	0.002	0.095	-0.003	0.088	-0.004	0.065	0.001	0.091	0.002	0.086
3	4	25	0.000	0.181	0.001	0.184	-0.099	0.234	-0.015	0.174	-0.016	0.174
		50	0.006	0.127	0.006	0.130	-0.061	0.158	0.000	0.123	-0.001	0.124
		100	0.000	0.086	0.000	0.086	-0.030	0.100	-0.001	0.085	-0.002	0.085
	6	25	0.004	0.132	0.004	0.132	-0.047	0.155	-0.001	0.127	-0.001	0.128
		50	0.003	0.088	0.002	0.088	-0.022	0.096	0.000	0.085	0.001	0.085
		100	0.000	0.061	0.001	0.061	-0.013	0.067	0.000	0.060	0.000	0.060
4	4	25	-0.075	0.297	-0.070	0.298	0.059	0.180	0.095	0.159	0.096	0.161
		50	-0.065	0.197	-0.062	0.194	0.051	0.137	0.081	0.129	0.082	0.129
		100	-0.068	0.145	-0.067	0.146	0.030	0.104	0.036	0.095	0.036	0.095
	6	25	-0.060	0.182	-0.058	0.182	0.072	0.147	0.086	0.132	0.087	0.132
		50	-0.051	0.133	-0.050	0.134	0.035	0.104	0.046	0.099	0.045	0.099
		100	-0.059	0.104	-0.058	0.103	0.019	0.073	0.017	0.071	0.018	0.072
5	4	25	0.014	0.371	0.011	0.367	0.080	0.183	0.145	0.237	0.143	0.228
		50	-0.002	0.246	0.002	0.230	0.078	0.149	0.122	0.195	0.129	0.193
		100	0.003	0.172	-0.004	0.162	0.045	0.110	0.082	0.157	0.092	0.163
	6	25	0.011	0.243	0.011	0.229	0.091	0.156	0.123	0.201	0.134	0.202
		50	0.011	0.171	0.009	0.160	0.059	0.115	0.102	0.170	0.111	0.174
		100	0.004	0.115	0.000	0.106	0.033	0.078	0.064	0.124	0.073	0.130

续表

DGP	T	N	$\widehat{\theta}_{gmm,iter}$		$\widehat{\theta}_{gmm,noniter}$		$\widehat{\theta}_{sieve}$		$\widehat{\theta}_{s,iter}$		$\widehat{\theta}_{s,noniter}$	
			Bias	RMSE	Bias	RMSE	Bias	RMSE	Bias	RMSE	Bias	RMSE
6	4	25	0.009	0.236	0.007	0.244	0.056	0.171	0.135	0.185	0.134	0.185
		50	0.000	0.161	0.001	0.159	0.047	0.137	0.120	0.154	0.120	0.154
		100	0.001	0.111	0.000	0.112	0.029	0.105	0.083	0.117	0.081	0.116
	6	25	0.014	0.151	0.014	0.152	0.075	0.148	0.128	0.163	0.127	0.163
		50	0.007	0.108	0.006	0.108	0.042	0.105	0.092	0.121	0.091	0.120
		100	-0.002	0.073	-0.002	0.073	0.020	0.074	0.063	0.087	0.062	0.086

表5－2列出了非参数分量 m 估计的中位数和均方误差的均值。显然，我们可以看到，$\widehat{m}_{sieve}$ 的RMSE均值和中位数均比其他估计量大得多。$\widehat{m}_{s,iter}$ 和 $\widehat{m}_{s,noniter}$ 可以显著改善原始 $\widehat{m}_{sieve}$ 的估计值。不出所料，大多数DGP的 $\widehat{m}_{s,iter}$ 和 $\widehat{m}_{s,noniter}$ 都有与 $\widehat{m}_{gmm,iter}$ 和 $\widehat{m}_{gmm,noniter}$ 类似的表现。请注意，在DGP 2和DGP 5中，$\widehat{m}_{gmm,iter}$ 和 $\widehat{m}_{s,iter}$ 的中位数和均值RMSE比其非迭代的估计量大得多，这可能是由于迭代算法收敛性差所导致的。在经验应用中，可以报告基于迭代和非迭代算法的估计。当两个估算值之间存在较大差异时，当 NT_2 不太大（例如 $NT_2 < 1000$）时，我们建议使用非迭代算法，否则建议使用迭代算法。

表5－2　　无限维参数 m 的估计结果

DGP	T	N	$\widehat{m}_{gmm,iter}$		$\widehat{m}_{gmm,noniter}$		$\widehat{m}_{sieve}$		$\widehat{m}_{s,iter}$		$\widehat{m}_{s,noniter}$	
			Median	Mean	Median	Mean	Median	Mean	Median	Mean	Median	Mean
1	4	25	0.410	0.390	0.392	0.369	0.751	0.732	0.399	0.381	0.408	0.384
		50	0.320	0.304	0.310	0.295	0.625	0.614	0.311	0.295	0.320	0.307
		100	0.250	0.241	0.246	0.236	0.444	0.437	0.245	0.235	0.253	0.241
	6	25	0.306	0.289	0.294	0.278	0.633	0.618	0.297	0.284	0.298	0.285

续表

DGP	T	N	$\widehat{m}_{gmm,iter}$		$\widehat{m}_{gmm,noniter}$		$\widehat{m}_{sieve}$		$\widehat{m}_{s,iter}$		$\widehat{m}_{s,noniter}$	
			Median	Mean	Median	Mean	Median	Mean	Median	Mean	Median	Mean
		50	0. 243	0. 233	0. 235	0. 224	0. 441	0. 439	0. 236	0. 227	0. 239	0. 229
		100	0. 190	0. 184	0. 186	0. 179	0. 362	0. 354	0. 186	0. 179	0. 189	0. 184
2	4	25	0. 707	0. 680	0. 438	0. 412	0. 712	0. 690	0. 459	0. 432	0. 457	0. 430
		50	0. 621	0. 602	0. 324	0. 311	0. 611	0. 590	0. 353	0. 336	0. 341	0. 320
		100	0. 543	0. 540	0. 244	0. 231	0. 437	0. 429	0. 278	0. 264	0. 254	0. 239
	6	25	0. 594	0. 581	0. 320	0. 305	0. 608	0. 597	0. 344	0. 329	0. 323	0. 305
		50	0. 515	0. 504	0. 240	0. 228	0. 434	0. 423	0. 271	0. 258	0. 247	0. 234
		100	0. 454	0. 449	0. 179	0. 173	0. 359	0. 356	0. 211	0. 203	0. 184	0. 178
3	4	25	0. 381	0. 364	0. 377	0. 351	0. 703	0. 679	0. 378	0. 356	0. 380	0. 358
		50	0. 302	0. 291	0. 301	0. 288	0. 597	0. 578	0. 304	0. 291	0. 306	0. 296
		100	0. 236	0. 227	0. 234	0. 227	0. 440	0. 437	0. 235	0. 230	0. 236	0. 229
	6	25	0. 293	0. 280	0. 292	0. 276	0. 604	0. 589	0. 295	0. 282	0. 292	0. 281
		50	0. 231	0. 220	0. 230	0. 221	0. 432	0. 423	0. 232	0. 225	0. 231	0. 223
		100	0. 181	0. 174	0. 182	0. 175	0. 360	0. 353	0. 183	0. 175	0. 184	0. 177
4	4	25	0. 397	0. 375	0. 404	0. 380	0. 727	0. 698	0. 388	0. 370	0. 395	0. 375
		50	0. 313	0. 296	0. 312	0. 296	0. 625	0. 613	0. 304	0. 292	0. 312	0. 301
		100	0. 243	0. 234	0. 245	0. 238	0. 445	0. 439	0. 238	0. 233	0. 245	0. 238
	6	25	0. 302	0. 290	0. 300	0. 286	0. 623	0. 611	0. 291	0. 277	0. 292	0. 277
		50	0. 239	0. 232	0. 236	0. 230	0. 431	0. 423	0. 232	0. 224	0. 236	0. 236
		100	0. 190	0. 183	0. 189	0. 181	0. 365	0. 360	0. 185	0. 177	0. 188	0. 181
5	4	25	0. 717	0. 690	0. 455	0. 425	0. 704	0. 672	0. 450	0. 431	0. 453	0. 425
		50	0. 633	0. 617	0. 338	0. 318	0. 613	0. 602	0. 348	0. 335	0. 342	0. 325
		100	0. 544	0. 536	0. 254	0. 242	0. 441	0. 427	0. 278	0. 268	0. 259	0. 246
	6	25	0. 601	0. 592	0. 334	0. 315	0. 603	0. 589	0. 341	0. 325	0. 328	0. 312
		50	0. 523	0. 518	0. 248	0. 238	0. 424	0. 415	0. 268	0. 256	0. 250	0. 239
		100	0. 461	0. 454	0. 184	0. 178	0. 357	0. 354	0. 212	0. 205	0. 186	0. 179
6	4	25	0. 367	0. 352	0. 381	0. 370	0. 710	0. 687	0. 369	0. 353	0. 372	0. 363
		50	0. 288	0. 276	0. 295	0. 290	0. 622	0. 595	0. 292	0. 280	0. 294	0. 281
		100	0. 223	0. 216	0. 232	0. 223	0. 428	0. 421	0. 230	0. 221	0. 231	0. 224
	6	25	0. 287	0. 270	0. 296	0. 281	0. 616	0. 606	0. 292	0. 272	0. 288	0. 270
		50	0. 228	0. 219	0. 233	0. 222	0. 433	0. 426	0. 232	0. 220	0. 232	0. 217
		100	0. 179	0. 174	0. 181	0. 177	0. 359	0. 354	0. 181	0. 176	0. 181	0. 177

表5-3给出了本书提出的非参数检验的经验拒绝概率。从该表中，我们可以看到，线性DGP 1和DGP 4的水平(size)表现相当不错。对于DGP 1，所有四个检验统计量的size略小(undersize)，而对于DGP 4，则所有检验统计量的size都过大。DGP 2-3和DGP 5-6检测了检验统计量的经验功效。可以看到，在备择假设下四个检验的功效都相当不错。

表5-3　　线性检验的经验拒绝频率

DGP	T	N	$J_{s,iter}$			$J_{s,noniter}$			$J_{gmm,iter}$			$J_{gmm,noniter}$		
			0.01	0.05	0.1	0.01	0.05	0.1	0.01	0.05	0.1	0.01	0.05	0.1
1	4	25	0.008	0.042	0.074	0.012	0.036	0.066	0.008	0.034	0.056	0.010	0.036	0.064
		50	0.012	0.032	0.060	0.008	0.030	0.056	0.008	0.026	0.038	0.006	0.032	0.070
		100	0.008	0.040	0.058	0.002	0.024	0.060	0.008	0.028	0.060	0.002	0.020	0.062
	6	25	0.012	0.040	0.060	0.010	0.040	0.080	0.016	0.036	0.062	0.008	0.042	0.086
		50	0.006	0.042	0.084	0.010	0.044	0.084	0.008	0.050	0.092	0.012	0.036	0.080
		100	0.010	0.058	0.088	0.014	0.046	0.086	0.014	0.036	0.086	0.018	0.036	0.078
2	4	25	0.020	0.116	0.192	0.100	0.268	0.392	0.004	0.024	0.060	0.076	0.236	0.376
		50	0.080	0.276	0.472	0.364	0.592	0.696	0.024	0.056	0.132	0.316	0.556	0.696
		100	0.380	0.676	0.792	0.804	0.932	0.980	0.064	0.192	0.312	0.804	0.952	0.980
	6	25	0.168	0.396	0.584	0.464	0.708	0.840	0.112	0.260	0.400	0.416	0.716	0.836
		50	0.376	0.712	0.848	0.932	0.992	1.000	0.308	0.542	0.692	0.900	0.992	1.000
		100	0.572	0.840	0.996	0.992	0.996	1.000	0.760	0.920	0.956	1.000	1.000	1.000
3	4	25	0.024	0.100	0.184	0.016	0.056	0.128	0.032	0.100	0.204	0.020	0.052	0.120
		50	0.104	0.212	0.300	0.052	0.160	0.268	0.104	0.232	0.316	0.048	0.164	0.244
		100	0.152	0.288	0.392	0.116	0.224	0.312	0.136	0.276	0.416	0.124	0.228	0.292
	6	25	0.080	0.200	0.296	0.052	0.168	0.288	0.088	0.220	0.336	0.028	0.144	0.264
		50	0.144	0.288	0.420	0.112	0.248	0.360	0.136	0.320	0.420	0.096	0.232	0.316
		100	0.360	0.584	0.688	0.284	0.528	0.612	0.416	0.572	0.708	0.244	0.420	0.624
4	4	25	0.032	0.070	0.130	0.026	0.066	0.116	0.034	0.070	0.136	0.028	0.078	0.120
		50	0.018	0.046	0.088	0.020	0.052	0.102	0.020	0.068	0.114	0.018	0.062	0.110
		100	0.018	0.066	0.100	0.014	0.054	0.104	0.014	0.048	0.110	0.028	0.074	0.126

续表

DGP	T	N	$J_{s,iter}$		$J_{s,noniter}$			$J_{gmm,iter}$			$J_{gmm,noniter}$			
			0.01	0.05	0.1	0.01	0.05	0.1	0.01	0.05	0.1	0.01	0.05	0.1
	6	25	0.024	0.060	0.114	0.024	0.074	0.102	0.032	0.078	0.116	0.024	0.060	0.122
		50	0.016	0.050	0.122	0.014	0.058	0.098	0.020	0.060	0.104	0.020	0.062	0.112
		100	0.012	0.060	0.112	0.020	0.072	0.108	0.022	0.078	0.116	0.016	0.076	0.124
5	4	25	0.020	0.108	0.236	0.076	0.240	0.364	0.012	0.024	0.056	0.084	0.232	0.312
		50	0.100	0.288	0.432	0.280	0.512	0.688	0.020	0.072	0.124	0.244	0.484	0.624
		100	0.276	0.576	0.728	0.700	0.868	0.928	0.048	0.128	0.248	0.656	0.860	0.932
	6	25	0.040	0.204	0.396	0.396	0.628	0.752	0.012	0.084	0.184	0.324	0.588	0.732
		50	0.188	0.424	0.600	0.824	0.972	0.984	0.088	0.240	0.328	0.792	0.932	0.972
		100	0.544	0.856	0.904	0.980	1.000	1.000	0.268	0.532	0.724	0.984	1.000	1.000
6	4	25	0.052	0.108	0.176	0.036	0.076	0.104	0.044	0.092	0.144	0.020	0.068	0.108
		50	0.064	0.180	0.284	0.056	0.144	0.236	0.104	0.208	0.316	0.044	0.120	0.224
		100	0.148	0.292	0.472	0.096	0.220	0.328	0.156	0.304	0.424	0.112	0.216	0.340
	6	25	0.048	0.192	0.288	0.056	0.140	0.244	0.088	0.208	0.276	0.036	0.152	0.248
		50	0.196	0.380	0.496	0.132	0.344	0.448	0.196	0.400	0.536	0.116	0.260	0.420
		100	0.388	0.708	0.776	0.336	0.592	0.700	0.384	0.636	0.776	0.312	0.544	0.672

第六节　实证应用：知识产权保护对经济增长的影响

一　研究动机

在这一节，我们将用部分线性动态面板数据模型研究知识产权保护（IPR）如何影响经济增长这一经典问题。知识产权作为知识和发明的使用和销售权，旨在为创新者和创造者保证足够的回报，在经济政策的长期争论中占据了非常重要的位置。在制定保护知识产权的政策时，存在一个典型的博弈：如果知识产权保护很强，只有知识和创新的设计所有者才能使用它，那么对经济增长的影响会较小；如果知识产权保护力度较弱，则知识和技术的扩散与转移会得到加速，而采用者可以在没有支付足够费用的情况下受益，这可能会导致较高的经济增长，同时也会削弱创新的动力，从而导致创新不足，进而降低对经济增长的促进作用。许多增长理论模型都讨论了这一主题，但尚无明确和统一的结论。一些人主张加强知识产权保护改革，而另一些人反对。例如，Dinopoulos 和 Segerstrom（2010）建立了一个内生的经济增长模型来评估发展中国家加强知识产权保护的效果，并认为加强南方国家的知识产权保护可以促进全球经济的创新，同时也可以解释一些发展中国家为什么具有更快的增长率。在南北国家贸易模型中，Branstetter，Fisman 和 Foley（2006）以及 Glass 和 Wu（2007）也支持专利改革将永久性地提高经济增长率的观点。但是，Furukawa（2007）证明，在无成本模仿的内生经济增长模型中，知识产权不能促进经济增长；而 Eicher 和 Garcia－Peñalosa（2008）表明，知识产权与经济之间的关系是模棱两可的。另外，大量的经验研究也没有得到一致的结论。例如，Chen 和 Puttitanun（2005）发现 IPR 对发展中国家经济增长的积极影响，Park 和 Ginarte（1997）以及 Kanwar 和 Evenson（2003）发现了在大多数国家存在着普遍的积极影响，而 Groizard，Foster 和 Greenaway（2009）与 Falvey 等（2009）发现了一个模糊的关系。另外，对知识产权保护与经济增长之间的非线性关系也有一些研究。参见 Furukawa（2007）和 Panagopoulos（2009）的倒 U 形关系，Chen 和 Puttitanun（2005）的最优 IPR 与发展中国家经济增长之间的 U 形关系，Falvey 等（2009）的非线性关系取决于其他变量，例如发展水平、模仿能力和进口国的市场规模。总之，从理论或经验的角度来看，知识产权与经济增长之间没有结论性的关系。注意，关于这个问题的大多数实证研究都使用线性模型，并排除了动态设定。在本研究中，我们使用部分线性动态面板数据模型对这个主题进行重新研究，该模型允许滞后因变量和IPR进入非参数部分，而控制变量以线性形式影响经济增长。

二　数据和变量

该数据集涵盖了1975—2005年的93个国家或地区。我们主要考虑五年经济增长率，并令 $\Delta\ln GDP_{it} = \ln GDP_{i,s_t} - \ln GDP_{i,s_t-5}$ 表示第 t 个五年期 $[s_t-5, s_t]$ 内国家 i 的增长率，其中 GDP_{i,s_t} 和 GDP_{i,s_t-5} 分别表示国家 i 在终止年 s_t 和起始年 s_t-5 的实际人均GDP。例如，$s_1 = 1980$，$\Delta\ln GDP_{i1} = \ln GDP_{i,1980} - \ln GDP_{i,1975}$。除了滞后增长率 $\Delta\ln GDP_{i,t-1}$，我们还包括两组回归变量。第一组包括我们主要关注的变量IPR（IPR_{it}），由更新的Ginarte - Park专利权指数（Park，2008）衡量，该变量与 $\Delta\ln GDP_{i,t-1}$ 一起进入模型的非参数部分。第二组包括线性控制变量 $(Z_{1,it},\cdots,Z_{9,it}) = (FDI_{it}, FDI_{it}^2, Schooling_{it}, Invest_{it}, GonvC_{it}, Institutions_{it}, Openness_{it}, POP_{it}, INF_{it})$，其中，$FDI_{it}$ 表示向内FDI流入，FDI_{it}^2 是它的平方项，$Schooling_{it}$ 表示人力资本的平均值（以中学入学人数占总人口的百分比衡量），$Invest_{it}$ 表示以总资本形成率衡量的国内投资占GDP的比例，$GonvC_{it}$ 表示政府最终消费支出占GDP的比重，$Institutions_{it}$ 是对市场扭曲的一种度量，由弗雷泽学院的法律结构和产权安全指数（Fraser Institute's Index of Legal Structure and Security of Property Rights）代表，$Openness_{it}$ 是通过进口加出口占GDP的比重来衡量的，POP_{it} 是人口增长率，INF_{it} 表示通货膨胀率，是由GDP指数的百分比变化来衡量的。根据有关经济增长的相关文献，我们考虑 IPR_{it} 和所有控制变量的

年度平均值的五年平均值。有关国家/地区列表以及所有变量的来源，请参见 Su 和 Zhang（2016）的附录 7。表 5－4 提供了有关数据集的基本统计信息。从表 5－4 中我们可以看到，五年 GDP 增长率（非年度）为 53.44% 至 55.93%。五年平均 IPR 也有相当大的变化，最小值为 0，最大值为 4.88。表中还列出了控制变量的基本统计信息。

表 5－4　　变量的基本统计量

变量	均值	中位数	标准差	最大值	最小值
GDP growth	0.0846	0.0884	0.1430	0.5593	－0.5344
IPR	2.5683	2.3850	1.1016	4.8800	0.0000
FDI	0.0183	0.0101	0.0253	0.2079	－0.0335
Domestic investment	0.2116	0.2097	0.0625	0.5182	0.0248
Schooling	0.2766	0.2545	0.1689	0.7523	0.0053
Government consumption	0.1553	0.1494	0.0572	0.4036	0.0409
Population growth rate	0.0177	0.0187	0.0111	0.0631	－0.0464
Institutions	5.4397	5.3800	2.0275	9.6200	1.1400
Openness	5.9992	6.1350	2.2893	9.7200	0.0000
Inflation	0.3942	0.0799	2.6733	48.2871	－0.0673

三　估计结果

我们考虑下面的具有固定效应的部分线性动态面板数据模型：

$$\begin{aligned}\Delta lnGDP_{it} &= m(\Delta lnGDP_{i,t-1}, IPR_{it}) + \theta_1 FDI_{it} + \theta_2 FDI_{it}^2 \\ &\quad + \theta_3 Schooling_{it} + \theta_4 Invest_{it} + \theta_5 GonvC_{it} + \theta_6 Institutions_{it} \\ &\quad + \theta_7 Openness_{it} + \theta_8 POP_{it} + \theta_9 INF_{it} + \alpha_i + \varepsilon_{it}\end{aligned}$$

$i=1,\cdots,93$，$t=2,\cdots,6$。在估计和检验的过程中，我们采用第五节中的设置，并考虑参数分量的五个估计量，非参数分量的五个估计，以及四个检验统计量用于检验非参数分量是线性或二次型的。为了进行统计推断，我们计算基于 Bootstrap 的标准误差，报告 t 值。在抽样过程中，我们对 N 个国家/地区进行了重新采样，并考虑400 次自助法抽样样本。我们的估计和检验的实施细节与模拟中的相同。

表5 –5 给出了参数部分的半参数估计以及基于 Anderson – Hsiao 估计量的参数估计结果。如第五节中所述，我们报告了 5 个半参数估计：$\widehat{\theta}_{sieve}$ 、$\widehat{\theta}_{s,iter}$ 、$\widehat{\theta}_{s,noniter}$ 、$\widehat{\theta}_{gmm,iter}$ 和 $\widehat{\theta}_{gmm,noniter}$，其中括号中的数字是基于 Bootstrap 的 t 值。在最后两列，我们报告了线性和二次估计 $\widehat{\theta}_{linear}$ 和 $\widehat{\theta}_{quadratic}$，其中括号中汇报的是基于400 次 Wild Bootstrap 再抽样给出的 t 值，并在 Bootstrap 生成的样本中施加了估计的参数形式。我们将主要发现总结如下：第一，除了 $\widehat{\theta}_{sieve}$，估计结果在所有估计过程中都非常稳健；第二，对于半参数估计，只有投资和 *GonvC* 的估计系数在5% 的水平上显著；第三，大多数控制变量在5% 的水平上并不显著，可能是由于模型中包含了滞后因变量；第四，控制变量 *FDI*，FDI^2，*Schooling*，*Institutions*，*Openness* 和 *POP* 的参数与半参数估计值之间存在很大差异，可能是模型设定所导致；第五，在线性和二次型模型中，知识产权保护对经济增长率的负面影响在 5% 水平上不显著；第六，在二次型模型中看到，知识产权与经济增长率之间存在着 U 形关系，但是在统计上不显著。这与 Chen 和 Puttitanun（2005）的发现相似。

表5 –5　　参数部分估计结果

被解释变量：5 年人均 GDP 增长率							
变量\ 系数估计	$\widehat{\theta}_{sieve}$	$\widehat{\theta}_{s,iter}$	$\widehat{\theta}_{s,noniter}$	$\widehat{\theta}_{gmm,iter}$	$\widehat{\theta}_{gmm,noniter}$	$\widehat{\theta}_{linear}$	$\widehat{\theta}_{quadratic}$
FDI	0. 3882	0. 6254	0. 6417	0. 5176	0. 5574	2. 3772	2. 3875
	-0. 8692	*1. 6878*	*1. 7245*	*1. 2643*	*1. 3236*	*4. 9943*	*4. 9363*
FDI^2	-0. 5619	-0. 3876	-0. 4907	-0. 4074	-0. 4876	-7. 1854	-7. 3474
	-2. 1829	*-0. 9846*	*-1. 2886*	*-1. 2252*	*-1. 5242*	*-2. 8423*	*-2. 8347*

续表

被解释变量：5 年人均 GDP 增长率							
变量\ 系数估计	$\widehat{\theta}_{sieve}$	$\widehat{\theta}_{s,iter}$	$\widehat{\theta}_{s,noniter}$	$\widehat{\theta}_{gmm,iter}$	$\widehat{\theta}_{gmm,noniter}$	$\widehat{\theta}_{linear}$	$\widehat{\theta}_{quadratic}$
Schooling	0. 0050	-0. 1367	-0. 0747	-0. 1242	-0. 0827	0. 3041	0. 2987
	-0. 0274	*-0. 6889*	*-0. 4031*	*-0. 6149*	*-0. 4157*	*2. 2252*	*2. 2043*
Investment	0. 9915	0. 8973	0. 9018	0. 8746	0. 9144	1. 0011	1. 0017
	3. 3873	*3. 5642*	*3. 4605*	*3. 1678*	*3. 3107*	*4. 3078*	*4. 2820*
GonvC	-1. 0128	-1. 0427	-1. 0181	-1. 0843	-0. 9291	-0. 8670	-0. 8808
	-3. 0822	*-3. 4668*	*-3. 3812*	*-3. 4157*	*-2. 9157*	*-2. 9374*	*-2. 9478*
Institutions	0. 0000	0. 0035	0. 0026	0. 0035	0. 0030	0. 0073	0. 0073
	0. 0001	*0. 4465*	*0. 3172*	*0. 4060*	*0. 3396*	*1. 1756*	*1. 1654*
Openness	0. 0003	-0. 0044	-0. 0030	-0. 0060	-0. 0048	0. 0021	0. 0023
	0. 0393	*-0. 6566*	*-0. 4359*	*-0. 8376*	*-0. 6764*	*0. 3807*	*0. 4151*
Inflation	-0. 0022	-0. 0023	-0. 0026	-0. 0027	-0. 0028	-0. 0045	-0. 0045
	-0. 2752	*-0. 2709*	*-0. 3078*	*-0. 2562*	*-0. 2811*	*-3. 2430*	*-3. 2569*
Population	-0. 8022	-1. 0487	-0. 9330	-1. 0934	-0. 9765	-0. 4786	-0. 4951
	-1. 5938	*-1. 4287*	*-0. 9484*	*-1. 6077*	*-1. 4023*	*-0. 4481*	*-0. 4590*
Lag of growth rate	—	—	—	—	—	0. 0155	0. 0193
						0. 2411	*0. 3000*
IPR	—	—	—	—	—	-0. 0250	-0. 0402
						-1. 9342	*-0. 9043*
IPR^2	—	—	—	—	—	—	0. 0029
							0. 3793

注：斜体的数值是基于 Bootstrap 估计出来的标准差所计算的 t 值。

在图 5 -1 中，我们绘制了 $m(\cdot,\cdot)$ 的估计曲面来表示经济增长率和 IPR 与滞后 5 年的经济增长率之间的关系。显然，图 5 -1（a）的估计与其他四个估计不同。图 5 -1（b）—（e）清楚地表明了经济增长率与知识产权保护和滞后增长率之间存在非线性关系。与参数估计结果形成鲜明对比的是，经济增长率与知识产权保护之间似乎存在着（基本上）正相关性，这与许多经验研究相吻合，并隐含着知识产权的积极影响占主导地位。

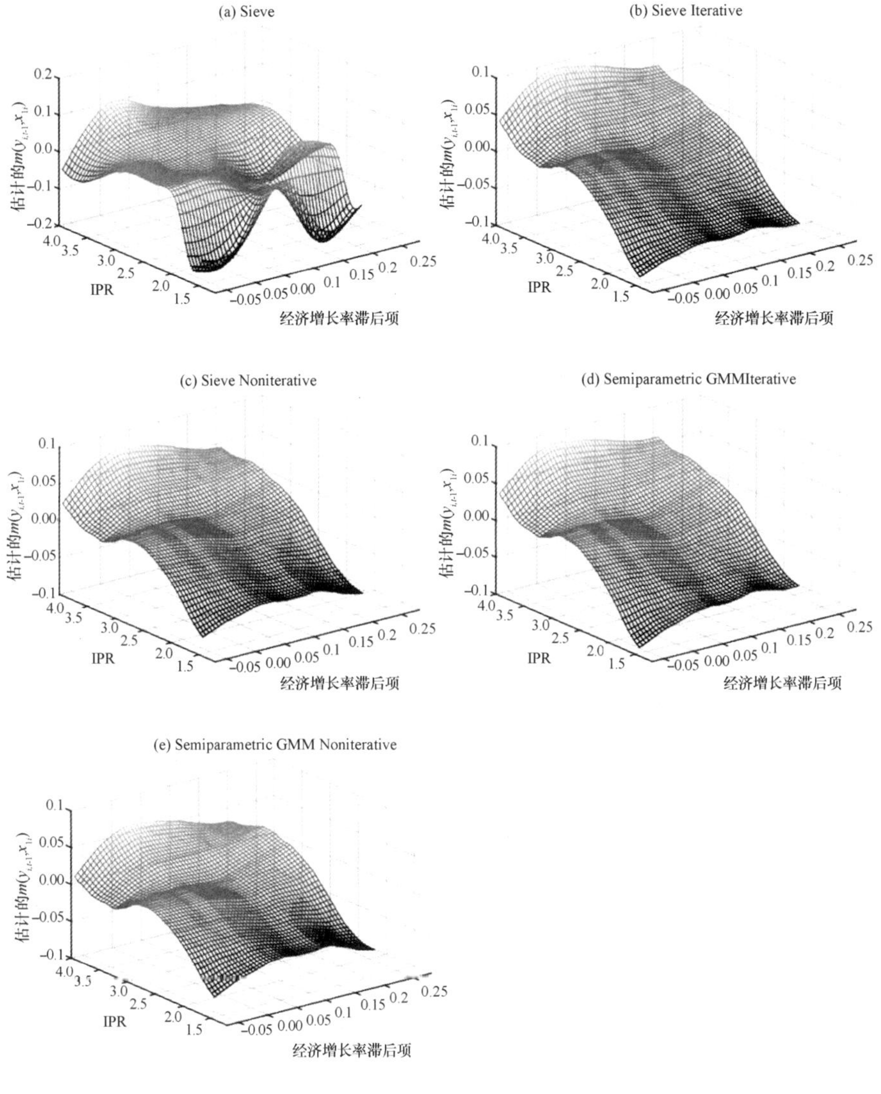

图 5 -1　由不同方法估计得到的非参数曲面

图 5 -2 分别给出了经济增长率与其滞后项、IPR 之间两维关系估计。由于模拟发现 Sieve 估计的准确性较差，我们仅报告其他四个非参数分量的估计量。图 5 -2（a）、（c）和（e）分别显示了当 IPR 固定

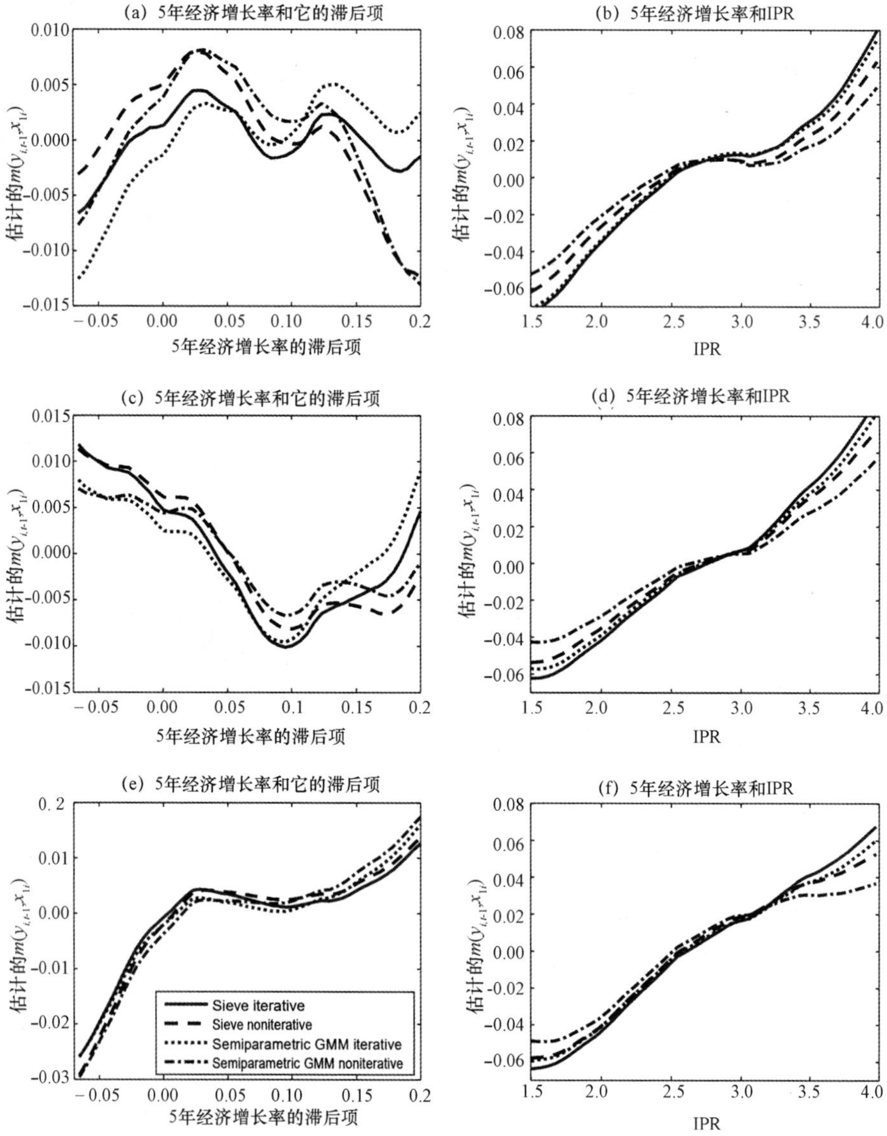

图5－2　由不同方法估计的非参数曲线（两两关系）

为0.25、0.5 和0.75 的样本分位数时，经济增长率与其滞后项之间的关系。具体来说，它们显示了 $m(\cdot;IP\ R_{0,25})$，$m(\cdot;IP\ R_{0,5})$ 和 $m(\cdot;IP$

$R_{0,75}$）的估计，其中 IPR_{α} 是数据 $\{IPR_{ir}\}$ 的第 α 位经验分位数。我们将主要发现总结如下：首先，可以清楚地看到经济增长率与其滞后项之间存在显著的非线性关系，并且 $\widehat{m}(\cdot;IPR_{\alpha})$ 的形状在 $\alpha=0.25,0.5,0.75$ 时截然不同。这意味着经济增长率的动态模式似乎随着知识产权保护水平的变化而变化。图 5－2（b）、（d）和（f）分别给出了当滞后增长率分别固定在 0.25、0.5 和 0.75 的样本分位数时，经济增长率与 IPR 之间的估计关系。首先，我们发现经济增长率与 IPR 之间的细微非线性关系；其次，IPR 对经济增长率产生了全球性的积极影响，这与参数模型中的发现不一致；最后，随着 IPR 增加，所有三条估计曲线的一阶导数既不单调递增也不单调递减，说明 IPR 与经济增长率的关系既不是倒 U 形的也不是 U 形的。

四　非参数函数形式检验结果

基于本书的检验步骤，我们考虑检验两种实证研究中最常用的形式，即线性和二次形式。线性和二次函数形式的原假设如下：

$H_0:m(Y_{i,t-1},IPR_{it})=\rho Y_{i,t-1}+\theta IPR_{it}$，对一些 $(\rho,\theta)\in\mathbb{R}^2$，

$H_0':m(Y_{i,t-1},IPR_{it})=\rho Y_{i,t-1}+\theta_1 IPR_{it}+\theta_2 IPR_{it}^2$，对一些 $(\rho,\theta_1,\theta_2)\in\mathbb{R}^3$。

表 5－6 报告了基于 2000 次自助法抽样的 Bootstrap－p 值，其中我们在构造检验过程中考虑不同的估计量。对于 $J_{s,iter}$，$J_{s,noniter}$ 和 $J_{noniter}$ 统计量，可以在 5% 的显著性水平上拒绝 H_0 和 H_0'；对于 J_{iter} 统计量，可以在 10% 的显著性水平上拒绝 H_0 和 H_0'。我们可以得出结论，至少在 10% 的显著性水平上，非参数部分，即 IPR 对经济增长的影响，既不是线性的也不是二次型的。

表5－6　自助法抽样的 p 值（2000 次 Bootstrap 再抽样）

检验统计量	$J_{s,iter}$	$J_{s,noniter}$	J_{iter}	$J_{noniter}$
线性检验	0.0055	0.0075	0.0575	0.0110
二次型检验	0.0075	0.0070	0.0560	0.0105

第七节　结论

本书提供了部分线性动态面板模型的两种估计方法，一种是基于第二类 Fredholm 积分方程的解，而另一种是基于 Sieve－IV 估计量。在适当的条件下，我们证明了参数分量估计量服从渐近正态性，非参数分的估计量具有一致性并且服从渐近正态性。此外，为了检验非参数部分是否为线性的，我们提供了基于半参数和参数两个估计量之间的加权平方距离的非参数检验。蒙特卡洛模拟显示本书的估计量和检验在有限样本中的表现相当不错。我们将本书的模型和估计方法应用于知识产权保护与经济增长之间关系的经验分析。

在本书研究的基础上，有不少方向值得进一步的研究。首先，如何解决最佳 IV 的选择问题。由于我们在参数分量估计和非参数分量估计中都需要 IV，这就需要分别考虑 IV 的选择。由于第一种方法的性质，我们将非参数分量的 IV 选择为 $U_{i,t-2}$，以便得出第二类 Fredholm 积分方程。尽管对参数估计的最优 IV 的选择已经有比较完善的研究，但对于非参数估计的最佳 IV 选择仍需要更多的研究。其次，可以允许内生变量进入面板数据框架中的非参数部分，此时，自然会带来不适当的逆问题，此时估计量和假设检验的理论性质值得深入研究。

参考文献

Ahn Seung Chan, Young Hoon Lee and Peter Schmidt, "GMM Estimation of Linear Panel Data Models with Time-Varying Individual Effects", *Journal of Econometrics*, 101, 2001.

Ahn Seung Chan, Young Hoon Lee and Peter Schmidt, "Panel Data Models with Multiple Time-Varying Individual Effects", *Journal of Econometrics*, 174, 2013.

Ai Chunrong and Xiaohong Chen, "Efficient Estimation of Models with Conditional Moment Restrictions Containing Unknown Functions", *Econometrica*, 71, 2003.

Anderson W. Tobin and Cheng Hsiao, "Estimation of Dynamic Models with Error Components", *Journal of the American Statistical Association*, 76, 1981.

Andrews W. K. Donald, "Cross-Section Regression with Common Shocks", *Econometrica*, 73, 2005.

Arellano Manuel and Stephen Bond, "Some Tests of Specification for Panel Data: Monte Carlo Evidence and an Application to Employment Equations", *Reviews of Economic Studies*, 58, 1991.

Atak Alev, Oliver B. Linton and Zhijie Xiao, "A Semiparametric Panel Data Model for Unbalanced Data with Application to Climate Change in the United Kingdom", *Journal of Econometrics*, 164, 2011.

Zafaroni Paolo, "Generalized Least Squares Estimation of Panel with Common Shocks", *Working Paper*, 2010, Imperial College London.

Bacigál Tomas, "Testing for Common Deterministic Trends in Geodetic Data", *Journal of Electrical Engineering*, 12, 2005.

BaglanDennis, "Efficient Estimation of a Partially Linear Dynamic Panel Data Model with Fixed Effects: Application to Unemployment Dynamics in the U. S. ", *Working Paper*, 2010, Department of Economics, Howard University.

Bai Jushan, "Panel Data Models with Interactive Fixed Effects", *Econometrica*, 77, 2009.

Bai Jushan, "Likelihood Approach to Dynamic Panel Models with Interactive Effects", *Working Paper*, 2013, Columbia University.

Bai Jushan and Kunpeng Li, "Statistical Analysis of Factor Models of High Dimension", *Annals of Statistics*, 40, 2012.

Bai Jushan and Kunpeng Li, "Theory and Methods of Panel Data Models with Interactive Effects", *Annals of Statistics*, 42, 2014.

Bai Jushan, Yuan Liao and Jisheng Yang, "Unbalanced Panel Data Models with Interactive Effects", In Baltagi, Bandi. H. (eds.), *The Oxford Handbook of Panel Data*, Oxford University Press, Chapter 5, 2015.

Bai Jushan and Serena Ng, "Determining the Number of Factors in Approximate Factor Models", *Econometrica*, 70, 2002.

Bai Jushan and Serena Ng, "Evaluating Latent and Observed Factors in Macroeconomics and Finance", *Journal of Econometrics*, 131, 2006.

Baltagi H. Bandi and Young-Jae Chang, "Incomplete Panels: A Comparative Study of Alternative Estimators for the Unbalanced One-Way Error Component Regression Model", *Journal of Econometrics*, 62, 1994.

Baltagi H. Bandi and Seuck Heun Song, "Unbalanced Panel Data: A Survey", *Statistical Papers*, 47, 2006.

Baltagi H. Bandi, Javier Hidalgoand Qi Li, "A Nonparametric Test for Poolability Using Panel Data", *Journal of Econometrics*, 75, 1996.

Baltagi Bandi H. and Dong Li, "Series Estimation of Partially Linear Panel Data Models with Fixed Effects", *Annals of Economic and Finance*, 3, 2002.

Baltagi Bandi H. and Qi Li, "On Instrumental Variable Estimation of Semiparametric Dynamic Panel Data Models", *Economics Letters*, 76, 2002.

Banerjee Anindya, "Panel Data Unit Roots and Cointegration: An Overview", *Oxford Bulletin of Economics and Statistics*, 61, 1999.

Barro Robert J., "Economic Growth in a Cross Section of Countries", *Quarterly Journal of Economics*, 106, 1991.

Barro Robert J. and Jong Wha Lee, "A New Data Set of Educational Attainment in the Wrld, 1950 – 2010", *Journal of Development Economics*, 104, 2013.

Bernstein Dennis S., *Matrix Mathematics: Theory, Facts, and Formulas with Application to Linear Systems Theory*, Princeton University Press, Princeton, 2005.

Bierens Herman J., "Consistent Model Specification Tests", *Journal of Econometrics*, 20, 1982.

Bierens Herman J. , "A Consistent Conditional Moment Test of Functional Form", *Econometrica*, 58, 1990.

Bond Stephen, Asli Leblebicioglu and Fabio Schiantarelli, "Capital Acumulation and Gowth: A New Look at the Empirical Evidence", *Journal of Applied Econometrics*, 25, 2010.

Branstetter Lee G. , Raymond Fisman and C. Fritz Foley, "Do Stronger Intellectual Property Rights Increase International Technology Transfer? Empirical Evidence from U. S. Firm-Level Panel Data?", *The Quarterly Journal of Economics*, 121, 2006.

Breitung Jorg. , and M. Hashem Pesaran, "Unit Roots and Cointegration in Panels", In Matyas, L. , and Sevestre, P. (eds.), *The Econometrics of Panel Data* (3rd edition), Springer, 2008.

Cai Zongwu, "Trending Time-Varying Coefficients Time Series Models with Serially Correlated Errors", *Journal of Econometrics*, 136, 2007.

Carneiro, P. , Hansen, K. , and Heckman, J. , "Estimating Distributions of Counterfactuals with an Application to the Returns to Schooling and Measurement of the Effect of Uncertainty on Schooling Choice", *International Economic Review*, 44, 2003.

Carrasco Marine, Jean-Pierre Florens, and Eric Renault, "Linear Inverse Problems in Structural Econometrics Estimation Based on Spectral Decomposition and Regularization", In J. J. Heckman and E. Leamer (eds), *Handbook of Econometrics*, Vol. 6, 2007, North Holland, Amsterdam.

Chen Jia, Jiti Gao and Degui Li, "Semiparametric Trending Panel Data Models with Cross-Sectional Dependence", *Journal of Econometrics*, 171, 2012.

Chen Jia, Jiti Gao and Degui Li, "Estimation in Partially Linear Single-Index Panel Data Models with Fixed Effects", *Journal of Business & Economic Statistics*, 31, 2013a.

Chen Jia, Jiti Gao and Degui Li, "Estimation in a Single-Index Panel Data Model with Heterogeneous Link Functions", *Econometric Reviews*, 33, 2013b.

Chen Jia, Degui Li and Jiti Gao, "Non-and Semi-Parametric Panel Data Models: A Selective Review", *Working Paper*, 2013, University of York.

Chen Songxi and Jiti Gao, "An Adaptive Empirical Likelihood Test for Parametric Time Series Regression Models", *Journal of Econometrics*, 141, 2007.

Chen Xiaohong, "Large Sample Sieve Estimation of Semi-Nonparametric Models", In J. J. Heckman and E. Leamer (eds), *Handbook of Econometrics*, Vol. 6, 2007, North Holland, Amsterdam.

Chen Xiaohong, Han Hong and Elie Tamer, "Measurement Error Models with Auxiliary Data", *Review of Economic Studies*, 72, 2005.

Chen Xiaohong and Demian Pouzo, "Estimation of Nonparametric Conditional Moment Models with Possibly Nonsmooth Generalized Residuals", *Econometrica*, 80, 2012.

Chen Xiaohong, Oliver B. Linton and Ingrid Van Keilegom, "Estimation of Semiparametric Models When the Criterion Function is not Smooth", *Econometrica*, 71, 2003.

Chen Yongmin and Thitima Puttitanun, "Intellectual Poperty Rights and Innovation in Developing Countries", *Journal of Development Economics*, 78, 2005.

Chudik Alexander and M. Hashem. Pesaran, "Common Correlated Effects Estimation of Heterogenous Dynamic Panel Data Models with Weakly Exogenous Regressors", *Journal of Econometrics*, 188, 2015.

Cunha Flavio, James J. Heckman and Salvador Navarro, "Separating Uncertainty from Heterogeneity in Life Cycle Earnings", *Oxford Economic Papers*, 57, 2005.

Darolles Serge, Yanqin Fan, Jean-Pierere Florens, and Eric Renault, "Nonparametric Instrumental Regression", *Econometrica*, 79, 2011.

de Jong Peter, "A Central Limit Theorem for Generalized Quadratic Form", *Probability Theory and Related Fields*, 75, 1987.

de Jong Robert M., "A Note on 'Convergence Rates and Asymptotic Normality for Series Estimators': Uniform Convergence Rates", *Journal of Econometrics*, 111, 2002.

Delgado, Miguel A., and Wenceslao González-Manteiga, "Significance Testing in Nonparametric Regression Based on the Bootstrap", *Annals of Statistics*, 29, 2001.

Dinopoulos Elias and Paul Segerstrom, "Intellectual Property Rights, Multinational Firms and Economic Growth", *Journal of Development Economics*, 92, 2010.

Dong Chaohua, Jiti Gao and Bing Peng, "Semiparametric Single-Index Panel Data Regression", *Working Paper*, 2014, Monash University.

Dong Chaohua, Jiti Gao and Bing Peng, "Estimation in a Semiparametric Panel Data Model under Cross-Sectional Dependence and Nonstationarity", *Working Paper*, 2015, Monash University.

Eicher Theo and Cecilia Garcia-Peñalosa, "Endogenous Strength of Intellectual Property Rights: Implications for Economic Development and Growth", *European Economic Review*, 52, 2008.

Engle Robert F., Cliver W. J. Granger, John Rice, and Andrew Weiss, "Semiparametric Estimates of the Relation Between Weather and Electricity Sales", *Journal of the American Statistical Association*, 81, 1986.

Escanciano Juan C., David T. Jacho-Chάvez and Arthur Lewbel, "Uniform Convergence of Weighted Sums of Non-and Semiparametric Residuals for Estimation and Testing", *Journal of Econometrics*, 178, 2014.

Fan Yanqin and Qi Li, "Consistent Model Specification Tests: Omitted Variables and Semiparametric Functional Forms", *Econometrica*, 64, 1996.

Falvey Rod, Neil Foster, and David Greenaway, "Trade, Imitative Ability and Intellectual Property Rights", *Review World Economics*, 145, 2009.

Feldstein Martin and Charles Horioka, "Domestic Saving and International Capital Flows", *The Economic Journal*, 90, 1980.

Feng Guohua, Jiti Gao, Bin Peng and Xiaohua Zheng, "A Varying Coefficient Panel Data Model with Fixed Effects: Theory and an Application to the US Commercial Banks", *Journal of Econometrics*, 196, 2017.

Florens Jean-Pierre, Jan Johannes and Sébastien Van Bellegem, "Instrumental Regression in Partially Linear Models", *Econometrics Journal*, 15, 2012.

Freyberger Joachim, "Nonparametric Panel Data Models with Interactive Fixed Effects", *Review of Economic Studies*, 85, 2018, pp. 1824 – 1851.

Fomby Thomas B. and Timothy J. Vogelsang, "Tests of Common Deterministic Trend Slopes Applied to Quarterly Temperature Data", *Advances in Econometrics*, 17, 2003.

Furukawa Yuichi, "The Protection of Intellectual Property Rights and Endogenous Growth: Is Stronger Always Better?", *Journal of Economic Dynamic & Control*, 31, 2007.

Gagliardini Patrick and Christian Gouriéroux, "Efficiency in Large Dynamic Panel Models with Common Factor", *Econometric Theory*, 30, 2014.

Gao Jiti and Irene Gijbels, "Bandwidth Selection in Nonparametric Kernel Testing", *Journal of the American Statistical Association*, 103, 2008.

Gao Jiti and Hawthorne Kim, "Semiparametric Estimation and Testing of the Trend of Temperature Series", *The Econometrics Journal*, 9, 2006.

Giannone Domenico and Michele Lenza, "The Feldstein-Horioka Fact", Reichlin L. and K. West (eds.), *The NBER International Seminar on Macroeconomics*, University of Chicago Press, 2010.

Glass Amy Jocelyn and Xiaodong Wu, "Intellectual Property Rights and Quality Improvement", *Journal of Development Economics*, 82, 2007.

Greenaway-McGrevy Ryan, Chirok Han and Donggyu Sul, "Asymptotic Distribution of Factor Augmented Estimators for Panel Regression", *Journal of Econometrics*, 169, 2012.

Groizard Jose L., "Technology Trade", *Journal of Development Studies*, 45, 2009.

Gwartney, J., Hall, D., Joshua, C., and Lawson, R., Economic Freedom Dataset, Economic Freedom Network, 2010.

Hahn Jinyong and Guido Kuersteiner, "Bias Reduction for Dynamic Nonlinear Panel Models with Fixed Effects", *Econometric Theory*, 27 (6), 2011.

Hahn Jinyong and Geert Ridder, "Asymptotic Variance for Semiparametric

Estimators with Generated Regressors", *Econometrica*, 81, 2013.

Hall Peter and Christopher C. Heyde, *Martingale Limit Theory and Its Applications*, Academic Press, New York, 1980.

Hansen Bruce E., "Testing for Linearity", *Journal of Economic Surveys*, 13, 1999.

Hansen Bruce E., "Testing for Structural Change in Conditional Models", *Journal of Econometrics*, 97, 2000.

Hansen Bruce E., "Uniform Convergence Rates for Kernel Estimation with Dependent Data", *Econometric Theory*, 24, 2008.

Härdle Wolfgang and Enno Mammen, "Comparing Nonparametric Versus Parametric Regression Fits", *Annals of Statistics*, 21, 1993.

Hausman, Jerry A., 1978. "Specification Testing in Econometrics", *Econometrica*, 46, 1978.

Hayakawa Kazuhiko, "GMM Estimation of Short Dynamic Panel Data Model with Interactive Fixed Effects", *Journal of the Japan Statistical Society*, 42, 2012.

Hayakawa Kazuhiko, Hashem M. Pesaran and Vanessa L. Smith, "Transformed Maximum Likelihood Estimation of Short Dynamic Panel Data Models with Interactive Effects", *Working Paper*, USC, 2014.

Henderson Daniel J., Raymond J. Carroll and Qi Li, "Nonparametric Estimation and Testing of Fixed Effects Panel Data Models", *Journal of Econometrics*, 144, 2008.

Hjellvik Vidar, Qiwei Yao and Dag Tjøstheim, "Linearity Testing using Local Polynomial Approximation", *Journal of Statistical Planning and Inference*, 68, 1998.

Hjellvik Vidar and Dag Tjøstheim, "Nonparametric Tests of Linearity for Time Series", *Biometrika*, 82, 1995.

Hong Yongmiao and Halbert White, "Consistent Specification Testing via Nonparametric Series Regression", *Econometrica*, 63, 1995.

Horowitz Joel L. and Vladimir G. Spokoiny, "An Adaptive, Rate-Optimal Test of a Parametric Mean-Regression Model against a Nonparametric Alternative", *Econometrica*, 69, 2001.

Hsiao Cheng, *Analysis of Panel Data*, 3nd edition, Cambridge University Press, 2014.

Hsiao Cheng, Qi Li and Jeffrey S. Racine, "A Consistent Model Specification Test with Mixed Discrete and Continuous Data", *Journal of Econometrics*, 140, 2007.

Huang Xiao, "Nonparametric Estimation in Large Panels with Cross Sectional Dependence", *Econometric Reviews*, 32, 2013.

Ichimura Hidehiko and Sokbae Lee, "Characterization of the Asymptotic Distribution of Semiparametric M-Estimators", *Journal of Econometrics*, 159, 2010.

Jin Sainan and Liangjun Su, "A Nonparametric Poolability Test for Panel Data Models with Cross Section Dependence", *Econometric Reviews*, 32, 2013.

Jones Charles I., "Time Series Tests of Endogenous Growth Models", *Quarterly Journal of Economics*, 110, 1995.

Juodis Artūras and Vasilis Sarafidis, "Fixed T Dynamic Panel Data Estimators with Multi-Factor Errors", *Econometric Reviews*, 37 (8), 2018.

Kapetanios George and Hashem M. Pesaran, "Alternative Approaches to

Estimation and Inference in Large Multifactor Panels: Small Sample Results with an Application to Modelling of Asset Returns", *The Refinement of Econometric Estimation and Test Procedures: Finite Sample and Asymptotic Analysis*, Cambridge University Press, Ch. 11, 2007.

Kanwar Sunil and Robert Evenson, "Does Intellectual Property Protection Spur Technological Change?", *Oxford Economic Papers*, 55, 2003.

Kim Nam Hyun and Patrick Saart, "Estimation in Partially Linear Semiparametric Models with Parametric and/or Nonparametric Endogeneity", *Working Paper*, University of Adelaide, 2013.

Kong Efang, Oliver B. Linton and Yingcun Xia, "Uniform Bahadur Representation for Local Polynomial Estimates of M-Regression and Its Application to the Additive Model", *Econometric Theory*, 26 (5), 2010.

Kress, R. , *Linear Integral Equation*, Springer, New York, 1997.

Lee, A. J. , *U-Atatistics: Theory and Practice*, Marcel Dekker, New York, 1990.

Lee Yoonseok, "Nonparametric Estimation of Dynamic Panel Models with Fixed Effects", *Econometric Theory*, 30 (6), 2014.

Lee Lung-fei and Jihai Yu, "Estimation of Spatial Panels", *Foundations and Trends in Econometrics*, 4, 2011.

Lee YoonJin, "Testing a Linear Dynamic Panel Data Model Against Nonlinear Alternatives", *Journal of Econometrics*, 178, 2014.

Li Degui, Jia Chen and Jiti Gao, "Nonparametric Time-Varying Coefficient Panel Data Models with Fixed Effects", *Econometrics Journal*, 14 (3), 2011.

Li Qi, Cheng Hsiao and Joel Zinn, "Consistent Specification Tests for

Semiparametric/Nonparametric Models Based on Series Estimation Methods", *Journal of Econometrics*, 112 (2), 2003.

Li Qi and Jeffrey Scott Racine, *Nonparametric Econometrics: Theory and Practice*, Princeton University Press, 2007.

Li Qi and Thanasis Stengos, "Semiparametric Estimation of Partially Linear Panel Data Models", *Journal of Econometrics*, 71, 1996.

Li Qi and Aman Ullah, "Estimating Partially Panel Data Models with One-Way Error Components", *Econometric Reviews*, 17 (2), 1998.

Li Qi and Suojin Wang, "A Simple Consistent Bootstrap Test for a Parametric Regression Function", *Journal of Econometrics*, 87 (1), 1998.

Li Na, Xingzhong Xu and Pei Jin, "Testing the Linearity in Partially Linear Models", *Journal of Nonparametric Statistics*, 23 (1), 2011.

Lin Zhongjian, Qi Li and Yiguo Sun, "A Consistent Nonparametric Test of Parametric Regression Functional Form in Fixed Effects Panel Data Models", *Journal of Econometrics*, 178, 2014.

Linton Oliver B. and Enno Mammen, "Estimating Semiparametric ARCH (∞) Model by Kernel Smoothing Methods", *Econometrica*, 73 (3), 2005.

Liu Zhenjuan and Thanasis Stegnos, "Non-Linearities in Cross-Country Growth Regression: a Semiparametric Approach", *Journal of Applied Econometrics*, 14 (5), 1999.

Lu Xun and Liangjun Su, "Shrinkage Estimation of Dynamic Panel Data Models with Interactive Fixed Effects", *Journal of Econometrics*, 190 (1), 2016.

Lucas Robert, "On the Mechanics of Economic Development", *Journal of Monetary Economics*, 22, 1988.

Ludvigson Sydney C. and Serena Ng, "Macro Factors in Bond Risk Premia", *The Review of Financial Studies*, 22, 2009.

Ludvigson Sydney C. and Serena Ng, "A Factor Analysis of Bond Risk Premia", *Handbook of Empirical Economics and Finance*, Ullah A. & D. Giles (eds.), Chapman and Hall, 2011.

Mammen Enno, Oliver B. Linton, and Jens Perch Nielsen, "The Existence and Asymptotic Properties of a Backfitting Projection Algorithm under Weak Conditions", *Annals of Statistics*, 27, 1999.

Mammen Enno, Christoph Rothe, and Melanie Schienle, "Semiparametric Estimation with Generated Covariates", *Econometric Theory*, 32 (5), 2016.

Mammen Enno, Bård Støve and Dag Tjøstheim, "Nonparametric Additive Models for Panels of Time Series", *Econometric Theory*, 25 (2).

Mammen Enno and Kyusang Yu, "Nonparametric Estimation of Noisy Integral Equations of the Second Kind", *Journal of the Korean Statistical Society*, 38 (2), 2009.

Masry Elias, "Multivariate Local Polynomial Regression for Time Series: Uniform Strong Consistency Rates", *Journal of Time Series Analysis*, 17 (6), 1996.

Moon Hyungsik Roger and Martin Weidner, "Dynamic Linear Panel Regression Models with Interactive Fixed Effects", *Econometric Theory*, 33, 2017.

Moon Hyungsik Roger and Martin Weidner, "Linear Regression for Panel with Unknown Number of Factors as Interactive Fixed Effects", *Econometrica*, 83, 2015.

Newey Whitney K, "The Asymptotic Variance of Semiparametric Estima-

tors", *Econometrica*, 62, 1994.

Newey Whitney K., "Convergence Rates and Asymptotic Normality for Series Estimators", *Journal of Econometrics*, 79 (1), 1997.

Nielsen Jens Perch and Stefan Sperlich, "Smooth Backfitting in Practice", *Journal of the Royal Statistical Society*, *Series B*, 67 (1), 2005.

Onatski Alexei, "Testing Hypotheses about the Number of Factors in Large Factor Models", *Econometrica*, 77 (5), 2009.

Panagopoulos Andreas, "Revisiting the Link between Knowledge Spillovers and Growth: An Intellectual Property Perspective", *Economics of Innovation and New Technology*, 18 (6), 2009.

Park Walter G., "International patent protection: 1965 – 2005", *Research Policy*, 37, 2008.

Park Walter G. and Juan Carlos Ginarte, "Intellectual Property Rights and Economic Growth", *Contemporary Economic Policy*, 15 (3), 1997.

Pesaran M. Hashem, "Estimation and Inference in Large Heterogenous Panels with Multifactor Error Structure", *Econometrica*, 74 (4), 2006.

Pesaran M. Hashem and Elisa Tosetti, "Large Panels with Common Factors and Spatial Correlation", *Journal of Econometrics*, 161 (2), 2011.

Phillips Peter C. B., "Trending Time Series and Macroeconomic Activity: Some Present and Future Challenges", *Journal of Econometrics*, 100, 2001.

Phillips Peter C. B., "Challenges of Trending Time Series Econometrics", *Mathematics and Computers in Simulation*, 68, 2005.

Phillips Peter C. B, "Regression with Slowly Varying Regressors and Nonlinear Trends", *Econometric Theory*, 23, 2007.

Phillips Peter C. B, "The Mysteries of Trend", *Macroeconomic Review*, IX, 2010.

Phillips Peter C. B. and Donggyu Sul, "Transition Modeling and Econometric Convergence Tests", *Econometrica*, 75, 2007.

Phillips Peter C. B. and Donggyu Sul, "Economic Transition and Growth", *Journal of Applied Econometrics*, 24 (7), 2009.

Prakasa Rao B. L. S., "Conditional Independence, Conditional Mixing and Conditional Association", *Annals of the Institute of Statistical Mathematics*, 61 (2), 2009.

Qian Junhui and Le Wang, "Estimating Semiparametric Panel Data Models by Marginal Integration", *Journal of Econometrics*, 167 (2), 2012.

Ramsey James Bernard, "Tests for Specification Errors in Classical Linear Least Squares Regression Analysis", *Journal of the Royal Statistical Society*, *Series B*, 31 (2), 1969.

Romer Paul M., "Increasing Returns and Long-Run Growth", *Journal of Political Economy*, 94 (5), 1986.

Robinson Peter M., "Root-n-Consistent Semiparametric Regression", *Econometrica*, 56, 1988.

Robinson Peter M., "Nonparametric Trending Regression with Cross-Sectional Dependence", *Journal of Econometrics*, 169 (1), 2012.

Ross Stephen A., "The Arbitrage Theory of Capital Asset Pricing", *Journal of Economic Theory*, 13, 1976.

Roussas George G., "On Conditional Independence, Mixing and Association", *Stochastic Analysis and Applications*, 26 (6), 2008.

Rust John, "Nested Fixed-Point Algorithm Documentation Manual", *Un-*

published Manuscript, Version 6, 2000.

Sarafidis Vasilis, and Tom Wansbeek, "Cross-Sectional Dependence in Panel Data Analysis", *Econometric Reviews*, 31 (5), 2012.

Solow Robert M., "A Contribution to the Theory of Economic Growth", *Quarterly Journal of Economics*, 70 (1), 1956.

Song Minkee, "Asymptotic Theory for Dynamic Heterogeneous Panels with Cross-Sectional Dependence and its Applications", *Working Paper*, Columbia University, 2013.

Stinchcombe Maxwell B. and Halbert White, "Consistent Specification Testing with Nuisance Parameters Present only Under Alternative", *Econometric Theory*, 14 (3), 1998.

Stock James H. and Mark W. Watson, "Testing for Common Trends", *Journal of the American Statistical Association*, 83, 1988.

Su Liangjun and Qihui Chen, "Testing Homogeneity in Panel Data Models with Interactive Fixed Effects", *Econometric Theory*, 29 (6), 2013.

Su Liangjun and Sainan Jin, "Sieve Estimation of Panel Data Model with Cross Section Dependence", *Journal of Econometrics*, 169, 2012.

Su Liangjun and Xun Lu, "Nonparametric Dynamic Panel Data Models: Kernel Estimation and Specification Testing", *Journal of Econometrics*, 176 (2), 2013.

Su Liangjun and Aman Ullah, "Profile Likelihood Estimation of Partially Linear Panel Data Models with Fixed Effects", *Economics Letters*, 92, 2006a.

Su Liangjun and Aman Ullah, "More Efficient Estimation in Nonparametric Regression with Nonparametric Autocorrelated Errors", *Econometric The-*

ory, 22, 2006b.

Su Liangjun and Aman Ullah, "Nonparametric and Semiparametric Panel Econometric Models: Estimation and Testing", *Handbook of Empirical Economics and Finance*, 2011.

Su Liangjun and Aman Ullah, "A Nonparametric Goodness-of-Fit-Based Test for Conditional Heteroskedasticity", *Econometric Theory*, 29 (1), 2013.

Su Liangjun and Yonghui Zhang, "Nonparametric Dynamic Panel Data Models with Interactive Fixed Effects: Sieve Estimation and Specification Testing", *Working Paper*, Renmin University of China.

Sun Shan and Ching-Yuan Chiang, "Limiting Behavior of the Perturbed Empirical Distribution Functions Evaluated at U-statistics for Strongly Mixing Sequences of Random Variables", *Journal of Applied Mathematics and Stochastic Analysis*, 10 (1), 1997.

Sun Yixiao, "Robust Trend Inference with Series Variance Estimator and Testing-optimal Smoothing Parameter", *Journal of Econometrics*, 164 (2), 2011.

Sun Yiguo., Yu Y. Zhang, and Qi Li, "Nonparametric Panel Data Regression Models", In B. H. Baltagi (eds.), *The Oxford Handbook of Panel Data Econometrics*, Oxford University Press, 2015.

Van der Vaart, A., and Jon A. Wellner, *Weak Convergence and Empirical Processes with Applications to Statistics.* Springer, New York, 1996.

Vogelsang Timothy J. and Philip Hans Franses, "Testing for Common Deterministic Trend Slopes", *Journal of Econometrics*, 126, 2005.

Wansbeek Tom and Arie Kapteyn, "Estimation of the Error-Components

Model with Incomplete Panels", *Journal of Econometrics*, 41, 1989.

Westerlund Joakim and Jean-Pierrem Urbain, "Cross-Sectional Averages versus Principal Components", *Journal of Econometrics*, 185, 2015.

White Halbert, *Asymptotic Theory for Econometricians*. 2nd Ed., San Diego: Academic Press, 2001.

White Halbert and Clive W. J. Granger, "Consideration of Trends in Time Series", *Journal of Time Series Econometrics*, 3 (1), Article 2, 2011.

Wooldridge M. Jeffrey, "A Test for Functional Form against Nonparametric Alternatives", *Econometric Theory*, 8, 1992.

Xiao Zhijie, Oliver B. Linton, Raymond J. Carroll and Enno Mammen, "More Efficient Local Polynomial Estimation in Nonparametric Regression with Autocorrelated Errors", *Journal of American Statistical Association*, 98, 2003.

Xu Ke-Li, "Robustifying Multivariate Trend Tests to Nonstationary Volatility", *Journal of Econometrics*, 169, 2012.

Yao Feng and Zhang Junsen, "Efficient Kernel-Based Semiparametric IV Estimation with an Application to Resolving a Puzzle on the Estimation of the Return to Schooling", *Empirical Economics*, 48, 2015.

Yatchew Adonis John, "Nonparametric Regression Tests Based on Least Squares", *Econometric Theory*, 8, 1992.

Zheng Xu, "Consistent Test of Functional Formvia Nonparametric Estimation Technique", *Journal of Econometrics*, 75, 1996.